アーネスト・S・ウルフ

安村直己　角田豊 訳

新装版
自己心理学入門
コフート理論の実践

TREATING THE SELF
Elements of Clinical Self Psychology
Ernest S.Wolf

Ψ金剛出版

イナへ捧ぐ

TREATING THE SELF: Elements of Clinical Self Psychology

by

Ernest S.Wolf

Copyright © 1988 The Guilford Press

Japanese translation published by arrangement with The Guilford Press Inc.
c/o Mark Paterson and Associates through The English Agency (Japan) Ltd.

序　文

　安村氏，角田氏の手によるこのウルフの翻訳の序文を書かせていただくという，大変光栄な依頼をお受けした。そしてこの機会にコフート理論について考え直してみた。

　私の中には確かにコフート派の部分がある。本訳書に目を通して改めてそう思った。そのひとつの大きな理由はコフート理論の背後にある，一種の謙虚さ，ないしは平等主義の考え方である。彼は患者の示す「抵抗」という概念を嫌う。それは決して治療者が患者の側に立たず，むしろ一段高い立場から見おろした概念だからだという。そして治療者が患者の側に立ち，共感によりその世界を共有することからしか治療は始まらないとする。治療者は決して患者に対して特権的な位置にはいず，むしろ同じように弱い存在であり，自分の存在を照り返してくれるような（自己）対象を常に求める存在だからだ。

　コフートの理論には難解で観念的なものも含まれるが，その背景にあるのはこの非常に自然な考え方であり，従来の科学主義的な精神分析の伝統へのアンチテーゼとして，このような理論を提唱することの意義は非常に大きかった。このコフートに勇気を得ることで，米国ではその後さまざまな革新的な（しかしある意味では非常に常識的な）分析理論が提唱されるようになったのである。

　コフートの理論は精神分析の内外から批判の対象になりやすいのも事実である。カウンセリングの側からは，それが依然としてメタサイコロジカルで，知的な解釈にこだわっていると言われやすい。また分析の内部からはそれが表面的で，無意識的な幻想や欲動ないしは攻撃性を軽視すると批判される。しかしコフートがこのような形での理論を提出することによって，精神分析の世界の内部に認知され続け，影響力を発揮したということを，それらの批判は十分理解しているとはいえない。（コフート理論と多くの点を共有しながら，分析家たちからは読むにすら値しないものと扱われる傾向にあるロジャースの位置を考えればわかるだろう。）

　ウルフによる本書を読み進めていくうちに，さらに私がコフート理論に親和性をもつもうひとつの理由に気がついた。それはコフートの理論が，おそらく彼自身の

苦しみの体験（そして広くは彼が共感するところの人間の苦しみ）に由来している
からである。そして彼の理論が自分自身の情緒的な体験に近いぶんだけ，彼がさま
ざまな用語や概念を用いて主張しようとしたことが透けて見えるのである。

　この苦しみの体験についてもう少し述べてみる。私のコフートの読み方は特
殊かもしれないが，私はこれを一種の対人恐怖の理論として読んでいるところ
がある。コフートが定式化して，本書でウルフが雄弁にしかもわかりやすく解
説している諸体験，たとえば「自己がバラバラになる」という体験や「自己が
弱くなる」という体験も，対人場面で相手（自己対象）からの応答が得られな
い場合の突き落とされていくような体験として，体験的によくわかるものであ
る。私はウルフの本を通してそのことを再認識した。

　古典的精神分析やクライン派が問題にしなかったそれらの体験，1980 年代に
なって米国により急速に研究されるようになった恥の問題やいわゆる自意識的
感情 self-conscious affect の問題も，コフートが間接的な形ではあれ先鞭をつけ
たものである。コフート理論がウィニコットやフェアバーンその他の英国中間
学派の理論に似ている部分があるにもかかわらず，彼の著作ではそれらに対し
て敬意が十分払われていないという指摘がある。しかし私はコフートは対象関
係論を自意識的の感情の文脈で論じたことにその独創性があったと考えている。

　この他ウルフのこの著書には，コフートの解説を超えた独創性がある。それ
が第 12 章における現実をめぐる豊かな議論である。私にはこのウルフの主張
が，彼の師とも言うべきコフートを一歩超える試みのように感じられた。

　訳者のひとり安村氏とは，米国のメニンガー・クリニックにおけるトレーニ
ング時代に一緒に勉強させていただいた仲である。彼は私がそれまで交流する
ことのあまりなかった臨床心理士という職種に携わる人々に対する深い敬意を
最初に植え付けてくれた。極めて誠実かつ温厚な彼が秘めている情熱が，この
丁寧で行き届いた訳を通して伝わってくるようでうれしい。彼とこれまでに交
わした長い対話を思い出せば，私は彼がどうしてこのウルフの著書を訳す気持
ちになったかがよくわかる気がする。ウルフを通して彼が主張しようとしてい
る治療論を今後もさらに展開されることを期待している。

　　　平成 13 年　盛夏

　　　　　　　　　　　　　　　　　　　　　　　　　　　　　岡野憲一郎

日本の読者の皆さまへ

　この本は，最初，Guilford Press から英語版で 1988 年に出版され，その後イアリア語版（Astrolabio, 1993）とドイツ語版（Suhrkamp, 1996）が出版されている。ここでさらに日本語版が加わることで，本書は世界中のより多くの人々の目に触れ，読まれることになる。本書は非常にわかりやすく，受け容れやすいことで，これまで好評を博してきた。本書をベストセラーと考えても，おそらく自己愛的過ぎることはないだろう。

　精神分析は，ここ数十年来，多くの重要な側面において大きな変貌を遂げてきた。こうした変化の多くは，ハインツ・コフートの考えがもたらした多大な影響に反応したものだったといえる。しかし，そうした精神分析の理論と実践における進歩的発展はコメントされることが少なく，さらに，数々の現代精神分析の概念を生み出した存在としてコフートがめったに言及されないのは，驚くべきことである。すべての現代科学や人知に関する分野と同様に，精神分析も絶え間なく流動し，変化している。その結果，被分析者を苦しめているより広い範囲の問題に対して，精神分析的治療の適用が広がり，きちんと訓練された精神分析家の治療的効果性は向上してきている。この変化の動きは，これからも続いていくことだろう。私は，われわれに共通したこの進歩発展に対して日本からの貢献が加わることを，心より楽しみにしている。

　2001 年 1 月 3 日

アーネスト・S・ウルフ

はじめに

　この本は精神分析的な自己心理学の視点から，分析者はどのように分析をするかについて書かれたものである。精神分析家は現在すでに豊富な文献に恵まれているので，近年のあまりある多くの出版物や過去の重要な著作の上に，さらにここでもう一冊を加える必要があるのかと読者が問われるのは，やむを得ないことだと思われる。しかし私は，このおびただしい精神分析の文献の中には，あるギャップが存在しているのではないかと考えている。本当に必要とされているのは，精神分析の豊富な理論に関する議論と，さまざまな見方や臨床的発見をともなう多くの臨床例との間にあるこのギャップに，橋をかけるテキストだと思うのである。私はこの本の中で，さらに理論化をおし進めることは避け，コフート Kohut と彼の共同研究者たちによって過去 20 年の間に発表されてきた精神分析的自己心理学理論の主要部分をそのまま踏襲した。むしろ，私の主な焦点は，心に関する自己心理学的な概念の精神分析的な治療行為への適用に向けられている。しかしそれは，本書が精神分析の実践に関するハウ・ツー的な本であることを意味してはいない。本書は，治療理論も含めて，セラピーについて考えるためのエキスとなるようなガイドラインなのである。

　本書で示す精神分析的アプローチの有効性を伝えるためには，読者に，分析者と被分析者の双方が抱く精神分析体験が伝わるようにしなければならない。書き言葉の限界の中で，私はこの目的をなし遂げようと努力したつもりである。精神分析は，理論の領域においても制約されないオープンな探究精神をもつことで，もっとも進歩・発展する。理想的には，分析者は平等に漂う注意を維持し，被分析者は自由に連想を続ける。しかし，それらは目標とすることはできても，完全にそれを行うことは，不可能とまでは言えないにしても，非常に困難なことである。したがって私は，分析的な治療を行う際に前もって広範囲にわたる診断的な調査に基づいた詳細な治療計画を立てることが有効だとは思わない。むしろ，臨床においては，診断や治療は，被分析者との相互作用のプロセスの中で展開していくことがもっとも望ましい。それでもやはり，ものごとを発見的に学ぶ目的のためには，ある程度の分類と体系化を避けることはでき

ない。とくに書物においては，章立てて論題と概念をまとめ，分類して記述されるのでそうなるだろう。しかしながら，実際の治療は，決してそのようには行われないのである。せいぜい分析が終結した後，起こったことを系統立てて描写し，回顧的に構成できるに過ぎない。そのような記述は，後になって初めて，精神分析の理論や実践を人々に伝えるのに役立つのである。

　分析者がどのように分析するかについて書くことは，必然的に，非常に個人的な陳述にならざるを得ない。精神分析という行為は，分析者と被分析者の双方の微妙な関与によって徐々に浸透していく試みである。したがって，臨床に関する豊富なディスカッションは，分析者の科学的な視点だけでなく，必然的に分析者自身の人格をも表してしまう。すでに述べたように，私の考えを啓発し導いた精神分析の理論は，自己の精神分析的心理学として知られるようになった一連の認識である。自己心理学は，ハインツ・コフート Heinz Kohut が明確な形に表し，彼の共同研究者や学生らが推敲，修正，発展させた，コフートの業績の集大成といえる。この本を書く際に，私はハインツ・コフートや彼の共同研究者の著作からだけでなく，私自身の以前の出版物からも，たくさんの引用，言い替えなどを行った。適切と思われる際には，いつもコフートや彼の共同研究者らの著作に言及した。しかし，そこには，私の不注意のために重要な見落としがあるだろうことをお詫びしておかなければならない。

　精神分析家たちの自己心理学に関するディスカッションで時おり起こるいくぶん執拗な論争にもかかわらず，その主要な概念の周辺で生じている論争は，徐々に収まりつつあるようである。コフートの概念は，多くの精神分析家や心理療法家の理論や実践を徐々に修正している。伝統を重んじる精神分析家に，コフートの用語を使うことへの抵抗があることは理解できることである。しかし，そこでも，表向きは古典的な分析理論の用語がコフート派の趣意を組み入れて微妙に再定義されるなどして，コフートの概念は表に姿を現してきている。このように，自己心理学の考えが精神分析の主流に次第に取り入れられてきている点から見て，私はコフートの概念を，精神分析的治療を行う際の正統派の方法と比較することが時に重要であることに気づくようになった。これには二つの理由がある。一つは発見的に学ぶ上で，そうした比較は気づかれないままできた違いを劇的にはっきりと際立たせてくれる。二つ目は，コフートの功績

は，彼が行った精神分析理論の修正にあることを確かめたいからである。（ハインツ・コフートは1981年に亡くなった。読者は，ストロザイアー Strozier (1985)，ミラー Miller (1985)，メヤース Meyers (1988) らの著作から，彼の人生や仕事をいくらか垣間見ることができるかもしれない。）　精神分析の歴史やジークムント・フロイトについての伝記的な研究に寄与した私の論文は，私たちの科学を創始した天才に対する，いささかも減ることのない私の尊敬の念を表している。しかしながら，私はさらにこの先，もっと新しい包括的な考えが見出され，さらに精神分析的作業が進歩するその日までは，精神分析の主流は，私たちが今，自己心理学と呼んでいる考えに極めて近づいていくだろうと確信している。

アーネスト・ウルフ

Ernest Wolf

目　　次

序　文　3
日本の読者の皆さまへ　5
はじめに　6

第1部　自己の心理学

第1章　イントロダクション：歴史的展開 ……………………15

第2章　全体的オリエンテーション：人間の内的生活 ………22

概　　説　23
自己を体験すること　25
理論の役目についての全般的コメント　30
精神分析のデータ　31
分析プロセスへの批判的視点　33

第3章　自己心理学の基本概念 ……………………………38

はじめに　38
自己対象基盤への依存　44
臨床における自己心理学の起源　45
双極性自己　46
自己心理学は古典的精神分析をいかに修正したか　47
自己心理学の起源　63

第4章　自己と自己対象 …………………………………67

自己の構造　67

自己対象体験　　72

要　　約　　81

第5章　自己対象関係障害：自己の障害 ┈┈┈┈┈┈┈┈┈┈83

定　　義　　83

病因論　　83

分　　類　　86

精神病理（自己の状態）　　88

性格論（行動パターン）　　91

行動化　　93

分類の限界　　94

第6章　自己愛憤怒 ┈┈┈┈┈┈┈┈┈┈┈┈┈┈┈┈┈┈┈┈┈┈96

個人の憤怒　　96

グループの憤怒　　101

第2部　治　　療

第7章　場面設定┈┈┈┈┈┈┈┈┈┈┈┈┈┈┈┈┈┈┈┈┈┈┈┈107

状況，雰囲気，プロセス　　107

価　　値　　110

第8章　原　　則┈┈┈┈┈┈┈┈┈┈┈┈┈┈┈┈┈┈┈┈┈┈┈┈115

自己の損傷からの影響を解く　　115

中立性と禁欲　　119

介　　入　　121

第9章　治療プロセス┈┈┈┈┈┈┈┈┈┈┈┈┈┈┈┈┈┈┈┈┈┈124

目　　的　　124

成功か失敗か　　130

治療プロセス　　131

断絶一修復プロセス　　132

退　　行　141

治療的雰囲気についての追加コメント　　144

第10章　自己対象転移 ……………………………147

自己対象転移のタイプ　　147

映し返しの技術的側面　　150

映し返しの利用と誤用　　154

第11章　逆転移の問題 ………………………………160

被分析者の恐れ　　160

分析者の恐れ　　161

分　　類　164

第12章　分析における現実 ………………………171

直示的な認識と記述的な認識　　171

現実に関する体験の食い違い　　175

現実か錯覚か：クリスの概念「個人的神話」の再検討　　183

第13章　終　　結 ……………………………………194

文　　献　200

付録1　薬物治療　　206

付録2　第三者関係　　208

自己心理学の用語解説　　210

訳者あとがき　　219

索　　引　223

第 1 部

自己の心理学

第 1 章

イントロダクション：歴史的展開

　精神分析は，ジーグムント・フロイト Sigmund Freud によって創造された
ものである。19 世紀の終わり頃に定式化され，20 世紀初頭の 40 年間にさらに
推敲が重ねられたフロイトの考えは，精神分析の理論と実践とその応用を生み
出し，その後も今日まで，これらの領域の頂点に位置し続けている。精神を，
意識だけでなく，広大な無意識も含めた存在とした新しい概念は，精神分析的
であることを標榜するすべての心理学理論において必要条件であり続けた。無
意識という概念が，実際どの程度，西洋社会の大衆文化の中に，たとえ暗黙の
うちにでも受け入れられ，必須のものとなっているかが，フロイトの概念がど
の程度社会に浸透し，永続的な変革を引き起こしたかを示しているといえる。
　すべての科学のパイオニアたちに共通することだが，フロイトの業績もまた
先人の功績に負っている。フロイトが無意識的経験の概念を創り出したのでも
なければ，最初にそれに気づいた訳でもなかった。おそらく，フロイトは，こ
の発見をセルバンテス，シェイクスピア，ゲーテといった詩人たちの功績によ
ることを認めただろう。フロイトは彼らに魅了されて心理学者になったのであ
る (Gedo & Pollock, 1976)。同時に，フロイトの他の基本概念も，彼の患者に
関する，そしてとくに彼自身に関する体系的な研究の結果であるのと同じくら
いに，彼が悲劇や小説に深く没頭した中から生み出されたものであった。エデ
ィプス・コンプレックスの概念の起源を尋ねたなら，彼はきっとソフォクレス
かシェイクスピアのハムレットと答えたことだろう (Jones, 1954)。フロイト
の功績は，それが西洋文化の伝統を形成していると彼が考えた無意識の力とい

16 第1部 自己の心理学

うものを真剣に取り上げたことにある。彼は，それらを体系的に研究し，精神分析と呼ばれる，不規則さやあいまいさを内包した偉大な理論的構造物に創り上げたのである。

　しかしながら，精神分析は概念システム以上の，また無意識的な動機や体験の探究のための手段以上のものであった。つまりそれは，心理的な障害への心理学的な治療方法でもある。精神分析は，フランスの神経学者ベルネーム Bernheim，ジャネ Janet，フロイトの共同研究者だったシャルコー Charcot らの催眠療法的な試みから発展したと考えられている（Ellenberger, 1970, Miller, 1969）。しかし，とくに，精神分析の臨床的方法の起源は，実際には，ブロイアー Breuer の有名な患者アンナ・Oとの治療的取り組みに見出される。フロイトも始めのうちはそれを行っていたが，ブロイアーはその頃，記憶を引き出すために催眠を用いていた（Pollock, 1968）。しかしブロイアーは，より好ましい，すぐれた情報収集の手段として，持続的な共感的専心を催眠プロセスの代わりとする根本的な技法の改良にすでに着手していた。そして，それは後に精神分析と呼ばれるようになるのである。フロイトは，精神分析の基本的な臨床上の発見をブロイアーの功績としている。ブロイアーは天分に恵まれた有名な科学者であり，研究者であった。彼は，たとえば前庭システムの研究や，彼の名前を取った呼吸システムであるヘリング−ブロイアー Hering-Breuer 反射の研究などにおいて，基本的な神経生理学的現象を発見し，記載した。ブロイアーは，フロイトのように，その時代のすぐれた医学研究者の一人だった。しかし彼はまた，さまざまな幅広い実践活動に多忙な臨床家でもあった。ブロイアーが精神分析の臨床に重要な貢献をなしたのは，後者の能力によるものだった。考えてみると，そのような多忙な内科医が，アンナ・Oを毎日毎日，毎週毎週訪問し，その間中，観察や記録をしつつ彼女の症状や話を忍耐強く聞き続けるという，エネルギーと時間をさくことができたのは驚きである。当然，これは，内科医がヒステリーの患者を治療する際の通常のやり方ではなかった。アンナ・O自身は，非常にユニークな人物だった。何年か後にブロイアーは，フロイトにこの類いまれな女性との出会いについて報告している。そしてフロイトは，ブロイアーのこのただ一人の患者との体験を，心の探究と治療のための体系的な方法に変換したのである。このようにしてフロイトの哲

学的－理論的な定式化が，ブロイアーの臨床的発見によってより豊かになり，フロイトによって体系的に研究された時，精神分析は生まれたのである。こうした理論と臨床の相互交流は，今日でも精神分析の特徴であり続けている。

　精神分析は，このように単なる理論だけではなく，人間の心の深淵を探るための方法であり，さらに，この方法は治療として大きな可能性をもっていたのである。フロイトは，自分が内科医であることに満足しなかった。彼は最初，基礎生理学的，神経解剖学的な領域で，彼の理想とする指導者に強い親近感を抱きながら，著名な実験研究者になった。しかし彼は，妻や成長していく子どもたちを養わなければならないため，しぶしぶ開業することを決意したのである。それでも彼は研究者としての姿勢を崩さず，治療に対して大きな熱意をもつことはなかった。ところが神経学の研究の中で，われわれが今日神経症と呼ぶ，困惑させられる患者の状態に直面したフロイトは，ブロイアーのアンナ・Oとの経験からヒステリーの治療方法を発展させ，それは後に他の神経症の治療にまで拡大されたのである。フロイトは，症状や夢や言い間違いなどの分析を集めて，精神神経症的な現象の構造的な基本モデルを提唱した。彼は，神経症的症状を，本質的には妥協の構造であると考えた。フロイトは，神経症的症状とは，抑圧の防壁を飛び越え，自我への脅威となったため，防衛としての修正や中和化によって押さえ込まれてきた幼児的な性的欲動から成り立っていると考えたのである。

　ここで一つの例を挙げよう。それは，圧縮され，単純化されているが，教育的には役に立つケースであり，私が，かなり以前に治療した男子の例である。

　生来，好奇心の強い少年は，性の神秘や赤ん坊がどこからやってくるのかといったことに非常な興味を抱くものである。しかし19世紀末のウィーンのブルジョア家庭においては，そのようなことは，とくに子どもの前では，直接的にもオープンにも話されないことだった。私が会ったその少年は，幼少期に，好奇心に負けて，入浴中の妹をのぞき見して，ひどく叱られたことがあった。それから数年たった思春期の頃，彼は，突然に目が見えなくなったのである。しかしその失明に，器質的・生物学的な原因は発見されなかった。ヒステリー性の失明であるとの診断は，彼の視力が心理学的な治療で回復したことで確かめられた。少年の失明は，彼が恐れている，受け入れ難い性への興味が生じてし

まうような，誘惑的な状況の中で起こったことが明らかになったのである。症状形成についての伝統的な精神分析的モデルに従えば，少年の幼少期ののぞき見は，イドから生じた幼児の性的願望を表している。つまり，これらの幼児の性的願望は，彼ののぞき見によって受けた叱責が去勢恐怖の空想とつながったために，無意識の中に抑え込まれなければならなくなったと仮定することができる。思春期の少年にとって性的に刺激的な状況が，少年の抑圧されていた衝動の活動を再び目覚めさせた時，それは自我の中に侵入し，今再び去勢恐怖と結びついて，自衛の手段である防衛が呼び起こされたのである。少年の中の良心の命令，つまり超自我によって，自我は見る能力の喪失，つまり失明という防衛的反応を活発化させた。しかし少年は今やたとえ目が見えなくても，見たい衝動を満足させることはできるのであり，そこには症状の妥協的構造が明らかに見て取れるのである。

　精神分析は，このような比較的単純な症状の神経症の治療においては，解釈を通して無意識を意識たらしめる方法により，多くの成功を収めた。しかし，精神分析がすべての情緒的な精神障害への治療になるとの期待は，すぐに打ち砕かれた。治療が困難で治療結果のよくない，より複雑な人格や行動の障害をもった患者が，ますます増加してきたのである。そこで理論や技法に多くの工夫が加えられるようになった。しかし米国の分析者たちは，いわゆる自己愛状態および境界状態の一群は，たとえ修正された精神療法が助けにはなっても，彼らを分析することは不可能だと考えた。（英国の分析家は，対象関係論の影響から，もっと楽観的である。）

　1960年代，70年代のコフートによる自己の概念の発展は，現代における精神分析をよりパワフルな治療手段にしたといえる。また同時に現代精神分析理論，とくに自己心理学の理論は，初期の古典的な分析理論以上に，人間に迫る他のさまざまな現代科学の研究成果と非常に接近してきている。たとえば発達心理学の概念が乳幼児と母親の観察から明らかになるにつれて，それらは自己心理学の理論とぴったり一致してきているのである（Beebe & Lachmann, 1988; Demos, 1988; Lichtenberg, 1983; Stern, 1985; M. Tolpin, 1986）。

　自己心理学の展開に関する包括的な研究は，これからの重要な課題の一つである。まずは「自己」の概念を，精神分析が展開してきた文脈の中にはっきり

と位置づけてみよう。フロイトは，精神分析の初期の時代には，口語的な意味での自己と，科学的概念としての自我との区別を明確にはしていなかった。ドイツ語の言葉である das Ich（私）は，その頃，その両方を意味していた。フロイトが最初に自己愛の概念を仮定した時，彼はまだ自我を心の中の構造化されたシステムとしては見ておらず，das Ich という言葉を「自己」もしくは「その人全体 whole person」を言及するために用いていた。自己愛（Freud, 1914）は，子どものリビドー（性的エネルギー）が自分自身（des Ich）に備給（カセクシス）されている心理的な発達の一つの段階として定義された。1920 年代の初期に三つの構造，つまり自我，イド，超自我として精神装置を定義する構造的視点が導入され，das Ich はもはや自己を意味するものではなく，構造化されたシステム自我を指すようになった。

　この精神分析の構造モデルの改訂の中にさらに新しい洞察を統合する試みとして，ハルトマン Hartmann（1950）は，自己愛をシステム自我ではなく自己へのリビドー備給として再定義することを試みた。ハルトマンにとって自己は，対象表象と類似した，自我の中にある全体としての人間という表象である。英国で優勢となり，後にいわゆる対象関係学派となる，より急進的な改革派に対して，ハルトマンの再定義は，少なくとも部分的にはフロイト派の考えを擁護しようとする保守的な改訂の試みであったかもしれない。

　この点に関して，フェアバーン Fairbairn（1944）によるフロイトの自我の概念の修正は，大変興味深い。ガントリップ Guntrip（1961, p.279）は，フェアバーンのいう自我を，「原初的な全体性における最初の心的自己 psychic self であり，その全体性は，生まれて後，対象関係の体験の強い影響のもとで，構造化されたパターンに分化していく」と表現している。こうしてフェアバーンの出現によって，対象との関係を詳細に考察することは，対象にエネルギーを付与する本能欲動を考察することよりも重要なものとなったのである。一方フェアバーンによるフロイト理論の修正は，正統派の理論を創り直すことを自身も進めていたウィニコット Winnicott（1954）によって批判された。ウィニコットは，生まれたばかりの乳児の自己は，母親によって提供される抱える環境 holding environment と結びついていると考えた。乳児が予想している満足という幻覚 hullucination と，母親によって与えられた満足という現実との一致

は，ウィニコットによれば，乳児がその中で自分自身を全能と体験する「錯覚の瞬間」となる。つまりこの体験は，力強く健康な自己の発達の源泉になるのである。ウィニコットの言う錯覚の重要性は，フラストレーションが発達を押し進めると強調したフロイトの幻覚的満足の仮説からの方向転換を意味するものであった。母－乳幼児関係の変遷と自己の発達に関するウィニコットの洞察の多くは，その後のコフートの定式化と非常に類似しており，コフートの考えの方向性（Brandchaft, 1986 参照），とくに彼が最初，自己愛人格障害と呼び（Kohut, 1968），後に自己の障害と呼ぶようになった患者の研究（Kohut & Wolf, 1978）をすでに先取りしているものといえる。

　自己愛障害は，最近，精神分析の中で非常によく議論される問題となった（Basch, 1986）。これまでの数十年間，対象リビドーの発達とその変遷の領域において，フロイトが行った膨大な発見は，古典的な精神神経症と神経症的性格の病理に対する研究と議論を活性化させた。しかし，フロイトによる自己愛とその発達や発達不全に関する発見は，もちろん注目されてはきたが，自己愛障害の徹底的な探究までには発展しなかった。それは，おそらく自己愛神経症は，精神分析的治療にはそれほど反応しなかったためと考えられる。自己愛障害や境界例のような患者の，非常に困難で要求がましい特徴は，より治療可能で扱いやすい神経症の患者に向けられた探究と同じくらいの注目をそれら患者に向けることを，分析者にしばしば思い止まらせたのだろう。実際，フェニケル Fenichel（1945, p.574）も，この「通例」には重大な例外があると指摘しつつも，自己愛神経症に精神分析は適用できないという当時流布していた見解を支持していたようである。

　しかし私は，自己愛障害へのさらなる徹底した研究に立ちふさがるこれらの困難に加えて，そこには自己愛的な患者の治療を報われないものとする，科学的でない，もっと個人的な他の要因の存在を指摘したい。私は，ユダヤ－キリスト教文化の道徳的な風潮の中で育った。そこでは性的なものであろうとも攻撃的なものであろうとも，自分自身の情欲の犠牲となった人間には許しと救いを与えようとはするが，自惚れた優越者や尊大で独善的な人間に対しては公平に耳を傾けるということが非常に困難であった。フロイトの影響でわれわれは，それが過剰な破壊的あるいは性的な逸脱として表された時でさえも，人を愛す

ることに失敗した者の宿命に対しては，より理性的な態度を少しは取れるよう
になった。しかしそれに類した，自分を愛することの失敗については，最近ま
で，道徳的な疑惑の目をもって見られてきた。また，それは真剣な科学者が関
心を向けるような適切なテーマでもなかったのである。実際，一時期の，性の
タブーに目を向けたフロイトに対する当時の偏見のこもった非難を思えば，自
己愛や自己の概念もまた，利己主義や自惚れが連想されるために，それらを研
究することは現代でさえ，ためらいが生じてしまうのであろう。しかしとうと
う，われわれは，自分自身の自己愛に直面する時代が来たのである。

第 2 章

全体的オリエンテーション：人間の内的生活

　精神分析とは，分析者にとっても被分析者にとっても，非常に大胆な冒険的試みである。分析を受けたことのある人々は，それがユニークで強烈な体験であることを知っている。しかし行為として見た時，精神分析の特徴はその定義の不確定さにあるといえる。精神分析の方法と理論の両方が，人間のさまざまな試みを安易に分類することをしりぞけるのである。精神分析について語り，記述することは，個人的な知覚を公の領域に反映させ，そこで共有されることができる言語的な表現を見つけることを必要とする。それは自然現象のプロセスの客観的な観察者というよりも，詩人の仕事といえる。フロイト自身も，このことに気づいていた。彼は，自分の書いたケース・ヒストリーが短編小説のように読まれ，科学に重要な特性を欠いているように思われることに違和感を抱いていた (Freud, 1895)。もちろんフロイトは，今日，われわれが神経科学と呼ぶ領域で高い訓練を受けた研究者だった。人生の後半，フロイトはゲーテ文学賞を受賞したが，繰り返し彼は，自分の研究が芸術的なものとして言及されることを拒み，そのようなほのめかしを分析に対する抵抗や拒否と受け取ったのである。しかし，精神分析の科学としての位置づけは，議論の的であり続けた (Grünbaum, 1984)。個人が知覚した体験を扱う分野は，いくらそれが体系的で客観的であろうと，実証的な物理的現象を扱う分野とは明らかに基本的に異なっている。この違いは重要であり，それが本書の中で私が精神分析的自己心理学の理論と実践を提示する方法を決定づけている。たとえばそれは一般的に言うならば，私は自分が使っている概念や言葉をはっきりと正確に定義す

ることができない，ということを意味している。専門用語で記述するだけでは
何も得られないところに，臨床的実践が加わることで意味が生まれるように，
定義の明確さというものは，その用語の使われ方によってもたらされるに違い
ない。そのような身近な表現に馴染まなければならないという必要性は，これ
までの慣習からすれば，一見不便で非科学的なもののように思われるかもしれ
ないが，それはまったく不測の事態にある訳ではない。言葉上の固定された定
義が欠如しているということは，概念が凍りついたドグマになることを防いで
くれているのである。フロイトは，もっとも基本的な用語の意味を何度も繰り
返し変更した。絶え間ない変更や発展につながる流動性を快く思っていない
人々の最善の努力にもかかわらず，一世紀に渡り展開してきた精神分析のスタ
ンダードな理論や実践というものは，まったく現れていないのである。逆説的
に聞こえるかもしれないが，精神分析という仕事は，非常に若く健康で活気に
満ちているからゆえに，いまだ何が精神分析で何が精神分析でないかの合意さ
え存在していないのである。

　理想的には，精神分析も精神分析的自己心理学も，書物からではなく体験す
ることによって学ぶものである。しかし，もし本書における議論が精神分析の
体験を理解し，概念化することを助け，それらを豊かにできるならば，本書は
役に立つだろう。もっと重要なことは，分析者としてであろうと被分析者とし
てであろうと，本書によって読者が刺激を受け，分析的な体験をさらに追求し，
自己心理学によって発展した概念を自分自身で確かめたいと思うようになるこ
とを私は望んでいる。私の目標は，自己心理学の概念をより近づきやすいもの
にすることである。

　どうしても分析的な用語には不正確な性質がつきまとうが，主題である「自
己心理学の臨床的体験」に入りやすくなる手段としては，やはりまず自己心理
学の概念や用語を概説することが必要だろう。本書の末尾にある用語集は，そ
れらを見失わないための助けとなるだろう。

概　　　説

　人間は，その個人の身体的な欲求 needs と心理的な欲求をそれぞれ満たし

てくれる環境との間の身体的・心理的な相互交流に積極的に参入するために，前もって環境に順応できるよう生まれている。身体的欲求と心理的欲求の両方が，生存には必要なのである。

生まれた時から新生児は，快または不快の体験を示すサインをもって刺激に反応する。養育者は，意識としては実際に一人の人物であるかのように乳児を扱うが，出生時にはおそらく乳児の自己感 sense of self はまだ存在していないといえるだろう。コフートはこの現象を，虚像 virtual image という光学上の現象に大まかになぞらえて，乳児の**虚像としての自己** virtual self と呼んだ。近年の乳幼児研究における大きな進歩によって，初期心理発達の研究における多くの隙間が埋められた（Lichtenberg, 1983; Stern, 1985）。現在これらの研究データと自己心理学理論との統合が，さし迫った課題となっている。

明らかに，体験を組織化 organize するという人間の傾向が，心理学的構造を生み出している。そしてその構造の中で，物事についての主観的な体験に「意味が付与される」のである。自己心理学は，生後 2 年間に自分というものの感覚 sense of selfhood の出現を観察している。したがってそれは心理学的構造，つまり自己 self の存在を示しているといえよう。自己心理学とは，この自己の構造とその主観的な現れ，そしてその変遷の研究なのである。

自己心理学のもっとも根本的な発見は，自己の出現は，体験を組織化する生まれつきの傾向以上のものを必要とするということである。すなわち，専門的には**対象** objects として表現される他者が必要とされ，この他者が，自己の出現とその存続を**喚起する**特定の体験を提供することが必要なのである。これらのことを表す，おそらく少し扱いにくい用語は，通常，**自己対象** selfobjects として省略されている**自己対象体験** selfobject experiences という用語である。適切な自己対象体験は，構造的な**凝集性** cohesion とエネルギーである**活力** vigor を自己に賦与し，自己対象体験の失敗は，自己の**断片化** fragmentation と**空虚化**を促進する。すべての人間は，乳幼児期から人生の終焉まで，食料や酸素と同じく，その年齢に即した自己対象体験が必要なのである。乳幼児は，適切な自己対象体験の提供者である養育者的対象の物理的な存在を必要とするが，成熟した大人は，最初に自己が呼び起こされた体験を象徴するような表象から生み出された自己対象体験によって，自己の構造的統合を保持することが

できる。

　ここに示された基本概念と用語のアウトラインを精神分析的自己心理学の道しるべとすることによって，読者はこの後に取り上げる複雑な心の状態，そしてその病理と治療をたどっていくことができるだろう。さし当たりこれから，読者にも馴染みのある体験と響き合うような描写を使いながら，これらの概念の基本的アウトラインを詳しく説明していくことにしよう。

自己を体験すること

　私は一人の人格であり，一個の個人である。私は，考え，感じ，体験する。時おり，私は自分自身に力が充ちわたったり，幸福感や楽天的な気持ちで一杯になったりする。またある時には，私は抑うつ的になり，力なく，自分で考えることに集中することさえできなくなる。そのような時，私は苦痛を感じ，私の動作は鈍くなり，おそらく私は自分の健康を心配しだし，自分自身や世界に対して，全般的に低い評価しかもてなくなる。未来はわびしいものに見え，言葉にできない不安が広がるだろう。

　まず最初に，この短い描写で，虹のような自己状態の両極における，自己体験の二つの状態を表してみた。一方の極は至福の状態であり，他方の極は不安な抑うつの状態である。これらの大雑把なスケッチは，ほとんどの人々にとって馴染みある体験だと思う。実際，私が自分の自己のさまざまな状態に言及したり，他の人々の自己の状態を推測している時，私は自分の言っていることが当然相手に理解されるだろうと思っている。ここで私は何の懸念もなしに，私自身についての語りから「自己」についての語りに，そして，自分の体験についての語りから「自己」の状態についての語りに，つまり本質的には，主観的な報告から，私自身の体験の背後にあたかも存在していると想定されている何かについてのより客観化された描写に，いつの間にか移行していることに注目してほしい。ここで理論を用いることが必要となる。つまり私は，ひとつの心理学的構造である私の自己を，私の体験を生み出すひとつの心理学的システムあるいは組織体の一部として想定しているのである。

　私が怪我をして出血した時，その出血を説明するのに，それが血液循環組織

システムの一部であることや、傷ついた血液循環組織の存在を想定している。しかし経験的にいえば、とくに問題なくそれがうまく機能している時には、私は血液循環システムの存在をまったく意識していない。これは自己についても当てはまる。組織がうまく働いていない時には、私は特定の症状を体験する。自分の脈をとり、私の血液循環の状態について何らかの推測をたてるのと同様に、私は、私の思考や気分に注意を向け、私の自己に何が起こっているのかを推測するのである。このようにして私は、私の自己、その構造、構成要素、機能、発達、そして、それらと自己自身や他者の自己との関係などに関するいくつかの理解に到達することができる。こうして誰もが、自ら、自分なりのひとつの自己心理学を発展させており、そのような自分自身の自己理論をもっているといえる。そして、それらは毎日の生活の中で、自分自身の自己や他者に想定された自己を扱ううえで役に立っているのである。

　しかし、自分で自分の自己の観察をするには限界がある。私は、ある特定の他者の存在が、いつも私の幸福感を高めてくれていることに気づく。またそれとは対照的に、ある人々の存在が、控えめに言っても、私を混乱した状態に陥らせる。しかし、私自身のこれらの観察にともなうプロセスの概念化は、また別の問題である。このために私は、ハインツ・コフートが発展させた精神分析的自己心理学を用いることを学んだ。コフートは、フロイトのように、それまでの古い周知の観察を新鮮な視点から見直し、心理学的データの観察と再構成のアプローチを組み立てた、数少ない天才の一人である。コフートの自己心理学を用いると、幸福な状態にある自己体験は、自己の**凝集性**に由来するものと言うことができる。繰り返すが、この表現は、自己は構造であって、ずっと存続するものであり、比較的ゆっくりと変化するものであるという説を含んでいる。つまり、自己は、過去、現在、未来へと続くひとつの歴史をもっているのである。この理論的陳述は明らかに、私自身の自己観察とも一致する。私はずっと何年もの間、同じであり続け、また将来も同じであり続けるだろうと想定される同一人物として、自分自身を体験している。たとえいかなる大きな変化があったとしても、また将来にわたって変化し続けたとしても、私は自分を同じ人間として体験する。もちろん私は「自己」という言葉のメタファーを、私の自己体験を生じせしめる心理的な組織体の名称として認識している。そして

第2章　全体的オリエンテーション　27

私は，自己の構造や構成要素や凝集性に言及しているが，それらはメタファーであることも知っている。フロイトもずいぶん昔に語っていることだが（1926），比喩やアナロジーを使うことは極めて役に立ち，またおそらくそれは避けられないことなのである。

> 心理学において，われわれは，アナロジーの助けを借りてのみ，ものごとを描写することができる。これには特別な事情など何もない。他の場合においても，それはまた当てはまる。しかし，これらのアナロジーのどれも長くはもたないので，われわれは，絶え間なくこれらを変え続けなければならないのである。（Freud, 1926, p.195）

　時おり起こる，不安で，エネルギーがなく，憂うつで，集中できない，混乱した私の自己体験について話を戻すことにしよう。この感覚を形式ばらずに言うならば，自分がバラバラになっていく感覚と表現することができるかもしれない。コフート派は，この状態を**断片化 fragmentation** と呼ぶ。すなわち，その人の自己体験のさまざまな側面が，もはやひとつにまとまって調和していない，あるいは，ぴったり適合していない状態として表現される。比喩的に言うならば，自己の構造は，その部分部分の断片にバラバラに砕け散っている，と概念化することができる。私は，私の自己や他人の自己が，時にはひどく，時にはそれほどひどくなくとも，断片化を感じている多くの例を見てきた。それらは真空の中で起こっていることではない。自己の断片化は，周囲で起こっていること，もしくはそこで起こるはずのことが起こらなかったことに対する反応として生じているのである。

　私が通りを歩いていて友人と出会い，その友人は私が存在していないかのようにすれ違うとする。その友人は何かに気を取られていて，私に気づかなかったというのなら，それは大した問題ではないだろう。だがその瞬間，私の自己は以前よりも弱くなっているのである。それは，「どうして今日はそんなに調子悪そうなの？」と尋ねられることによる影響に似ている。たとえどんな愛情のこもった思いやりから，同情的にそのように尋ねられたとしても，私は突然，自己イメージの一部，つまり私自身の存在を確認するのに必要な反応を剥奪されたように感じるのである。実際，自己心理学では，周囲の反応の欠損や失敗

28 第1部 自己の心理学

——とにかく，その時の私の必要性からすれば欠損や失敗である——を，自己の構造を失うことと同等に考えている。私は，幸福感を体験するためには，周囲の環境からの私への特定の反応が必要であると結論する。もしくは自己心理学の言葉でいうならば，私の自己は，自己の構造の完全性と凝集性を得るために，そのような反応を必要とするといえるだろう。これらの自己支持的な反応による体験は，**自己対象体験**と呼ばれる。なぜならそれらは，対象，つまり人々や象徴やその他の体験から生じるからであり，私の自己の形成，維持，そして完全性のために必要だからである。このように精神分析的自己心理学の理論は，支持的な自己対象体験をもつ結果，自己は生まれ，統一性を持続することができると仮定している。この適切な自己対象体験をもたらす周囲の状況から離れて，自己は凝集した構造として存在することはできず，幸福な体験を生み出すこともできない。

　小さな子どもと時間を過ごしたほとんどの人々が出会ったことのあるだろう場面を思い出してみてほしい。おそらく2歳くらいの小さな子どもは，母親が用事で忙しくしている間，一人で満足して玩具で遊んでいるだろう。鋭い観察者は，一見，両者とも相手の存在に注意を払っていないように見えても，母と子がお互いを確認し合う，すばやい目線の交換に気づくかもしれない。もし母親が部屋を出て行き，子どもからもはや母親が見えなくなると，子どもはおそらく母親の後を追おうとするか，それができなければ泣き出すことだろう。そのような状況で，母親があやす声や身振りとともに再び現れると，子どもの幸福な状態は通常は回復するものである。

　この出来事は，さまざまに解釈することができる[1]。自己心理学によれば，これは母親の不在によって，必要な自己対象体験，すなわち母親が自分に対して自発的に優しく関心を向けてくれていると感じることが，一時的に幼児から奪われたのだと概念化される。自己対象体験は，子どもの主観的な自己感を確かなものにする。もしくは客観的な言葉で言うならば，自己対象体験，すなわち母親の適切な応答性 responsiveness が，自己の構造と凝集性を支え，維持

1）精神分析的な理論家の中で，マーラー M. Mshler とボゥルビー J. Bowlby の概念化が，これらの考察にもっとも関連している。

するのである。1年後，子どもが3歳くらいの頃には，家の中に母親がいることを物音か何かで子どもが感じ取っている限り，母親は子どもに自己への不安や脅威を体験させることなく，しばらくの間，部屋を離れていることができるだろう。さらに2，3年後には，「買い物に行ってくるけど，すぐに帰ってくるね」との短い言葉で，おそらく母親は家を離れることが可能になるだろう。不安というほどではないが，緊張感の高まりは，自己の構造の統合が失われることなく体験できる不快さの限界点を示しているかもしれない。その年齢に応じて自己の発達が生じ，必要とされる自己対象体験の形態も，それに合わせて変化してゆく。養育者の現実の物理的な存在は，長期間，必要とされるが，耐えられる不在の間隔はより長くなっていく。子どもの自己対象体験への必要性は減少しないが，記憶や注意の範囲が拡大し，その結果，自己対象体験が自己を支える効果はより長く持続するようになる。またその他の体験が，子どもの養育者との具体的で直接的な体験の代わりとなる。それは玩具であるかもしれず，自宅の慣れ親しんだ環境であったり，兄弟であったり，オーブンの中で焼けているステーキから漂ういい匂いであったり，毎日の連続テレビ番組であったりする。これらはすべて，自己対象体験の機能を担っていると考えられる。周囲の状況が自己対象体験を提供する程度によって区別して言えば，いくつもの自己対象関係 selfobject relationships のネットでおおわれている状態が，自己対象的雰囲気 selfobject ambience であるといえる[2]。

　大人であっても，なお，自己対象体験は必要とされるが，その形態は，5歳の子どもにとって適切なものからは著しく発達している。私自身の自己評価が低下した時，私はいつも音楽を聞いたり，読書したりすると，それが引き上げられることに気づく。私にとっての支持的な自己対象的雰囲気を提供する周囲の環境には，家族や友人だけでなく，私の仕事や学会などの組織も含まれる。またさらにコミュニティーに所属することやその文化や価値を共有することも，自己の大きな確証となるのである。

2）現代の乳幼児研究は，自己対象の概念にまとめられた仮説を支持するような豊富な観察やデータを提示している（とくに，スターン Stern, 1985 を参照のこと）。

理論の役目についての全般的コメント

理論による手引きは，混沌とした知覚の中から有用なデータを集めることを可能にする。そして理論によって，そのデータを定式化し，診断や治療に合理的に接近する概念化が可能となる。心理学においても，理論はいくつかのレベルに区別される。もっとも一般的なレベルは，意識的でも無意識的でもある，社会文化的な仮説である。たとえば，人々が「正常」な行動として平均的に予測される範囲に反した行動を取った時には，一般的に，彼らはどうかしている，と考えられる。「どこか調子が悪いのですか？」の「どこか」に対して，広範な西洋社会では，グループが異なれば異なった答えが返ってくるだろう。同じ「異常」とされる行動でも，邪悪な精神に取りつかれているとするか，遺伝的な犯罪的性質とするか，それとも神経症的な性質とするかで違うように，さまざまに異なった概念化が行われる。これらの違いのもとには，異なった信念が存在している。この数世紀の間は，科学という信念が優勢であった。そして，それが，人間のものではない，この世界の自然の力に対するわれわれの態度を形づくってきた。しかし，自然科学の成功は人間性の科学とは必ずしも合致しないため，われわれは，現在でも，人間に関する科学的な研究として最適な形とは何かを，探求し続けていなければならないのである。この探求において，正統派の精神分析と，そこから自己心理学への発展は，将来に向けての重要なステップを意味していると考えられる。

次に，やや一般的なレベルではないが，大人の行動は，さまざまな遺伝的素因にもかかわらず，その人が子どもの時に体験したことに大きな影響を受けているという暗黙の根強い合意が，心理学者たちの中にあるように思われる。ワードワースの含蓄に富んだ作品「子どもは人間の父である」は，発達心理学が近代文明における意識の一部になったことを表している。一方，多くの思慮深い観察者たちは，大人の行動や体験の多くの面は子ども時代にそのルーツをもっていることを明白なこととしながらも，しかし，早期の経験のパターンは，環境との継続的な相互作用によって，一生を通じて修正されていくものだとしている。したがって成人の心理は，単なる子どもの行動や感情の大人版なので

はなく，それは，その後長年にわたって積み重ねられ，課せられた，すべての反応や修正から成り立っており，それらが早期の子ども時代に現れた自己と混ざり合ったものなのである。精神分析的自己心理学は，そのような発達心理学をさらに洗練し，体系化しようとする科学的な努力なのである。

精神分析のデータ

　フロイトは，臨床的な素材を提示することに関して，類いまれなる名人であったといえる。彼は自分の考えを説明するために，ケース・ヒストリーや臨床例だけでなく，文学や芸術のテーマも利用した。フロイトが単なる例証以上のことを意図していたかどうかは定かではないが，おそらく彼は，自験例のケース・ヒストリーの中に記述されたデータが，正確に定義された科学的データのような説得力をもつことを望んでいたと思われる。その文脈の中で意味が明白になっていくという方法に頼る一方，科学的データのような精密さが欠如していることは，精神分析の科学としての特有の位置づけについての暗黙の認識となっているかもしれない。精神分析は，物理科学と同じ種類のデータを扱っているのではない。すなわちわれわれは，観察者が外側の観察領域から対象を観察して，精神分析のデータを得ているのではないのである。精神分析の観察の対象も観察の手段も，日常の対象に関連する言葉を用いて正確に定義づけることは容易にはできない。

　たとえば，精神分析家は，被分析者が寝椅子に緊張した姿勢で横たわり，固く結ばれた口の隙間をぬって，極度に張りつめ緊張した声帯からしぼり出されるかすれ声で，かろうじて語るのを観察するかもしれない。被分析者が語っている中身は，たとえば「私は彼を恐れています」といった思いや感情の直接的表現かもしれない。しかし同じ程度に，そうした表現が，被分析者が体験していると思われることとはまったく関係していない場合もありうる。緊張した被分析者は，「彼は私にとても優しくしてくれます」と語るかもしれない。すなわち被分析者は，自分の感情を無視しているかもしれない。また，何か他のこと，たとえば「とても気持ちのいい午後ですね」と話すことで，被分析者は自分の感情を隠そうとしているかもしれないのである。

32　第1部　自己の心理学

　いったい精神分析におけるデータとは何なのか。もちろん被分析者の態度や声の調子や話す内容などのすべての観察は，主に分析者の目と耳の知覚を通して捕らえられ，有用な心理学的データとなるだろう。しかし分析者は，これらの観察を精神分析に特有のデータとすることはない。多少洗練された心理学的知識をもった観察者なら得ることのできるような，単なる心理学的データにするだけである。精神分析のデータとは，本質的には，内省と共感によって得られるものであり，被分析者の内的体験に触れるものでなければならない (Agosta, 1984; Kohut, 1959, 1962; Schwaber, 1984)。このようにして分析者は，被分析者の中へしばしば長い期間をかけて共感的に入っていき，被分析者の歴史，感情，思い，考え，心配，希望，そしてそれらを被分析者がどのように体験し，表現するかを熟知するようになるのである。そして，このことによって分析者は，被分析者の内的体験に近づく能力，つまり被分析者に共感的に共鳴し，感情に波長を合わせる能力を徐々に獲得するようになる。患者が体験していることへの精神分析的な接近は，共感によって可能となるのである。

　私はさらに第3章の49〜54ページで，共感が，データを集めることと精神分析的治療の実践のための重要な道具であることについて論じるつもりである。今のところは，客観的－観察的データは重要なデータではあるが，それはとくに精神分析のデータではなく，むしろ精神分析のデータとは，被分析者が何を体験しているかの手がかりとして役に立ち，また**分析者の中に**連想や記憶や感情を喚起するものであり，分析者は内省によってそれらに接近していく，ということを強調するだけで十分だろう。長い期間をかけて分析者自身と被分析者について獲得してきたさまざまな認識を指針とし，訓練を積んできた分析者は，内省的に得た自分自身の心理状態への気づきを，被分析者の心の状態について判断するためのジャンプ台として使う。これは被分析者の心理状態が分析者自身の心理状態と同じ，あるいは似ているということを分析者が想定しているということではない。分析者は，被分析者との相互交流によって分析者の心理状態の中に喚起されたものや，分析者自身の自己認識や，被分析者についての知識，以前に行った被分析者との，あるいは他の被分析者との経験，また，おそらく膨大な無意識の手がかりなどから，被分析者の現在の内的体験について判断をすることができるのである。これが，フロイトが Einfuehlung──他

第2章　全体的オリエンテーション　*33*

人の身になって感じること——と呼び，われわれが共感と呼ぶもののプロセス
であり，そこから特別な精神分析のデータが生み出されるのである。これらの
データによって，私たちは被分析者を「理解」できているといえるのであり，
また説明となる理論的概念と結びつけて，それらを被分析者にコミュニケート
する際，われわれが解釈と呼びたがるもの，つまり被分析者が体験しているこ
との仮説的説明に到達することができる。そして分析者がこれらの精神分析の
データを得ている観察領域とは，分析のチーム，つまり分析者と被分析者の両
者が主観的に体験している心の状態なのである。

　したがって精神分析における定義は，物理科学における定義とは異なった性
質のものとなる。たとえば，物理科学により定義される現象とは対照的に，精
神分析における定義は，数学的操作を受けつけない。三次元の世界で出来事を
描写するのではなく，われわれは，言外の暗示やアナロジーの使用によって，
心理的体験を隠喩的，喚起的に指し示す。それらの内容やほのめかしや連想さ
れる感情を通して，主観的な心の状態に言及するのである。しかしこれらの言
葉で示された知覚や，主観的に導き出されたこれらの定義は，それ自身が湾曲
を被りやすいといえる。「敵意」，「愛」，「自己」，「転移」といった言葉は，そ
れを正確に定義しようとするあらゆる努力を拒むものであり，それゆえにわれ
われは，「堅固な hard」科学者たちからの侮辱を受けることになるのである。

分析プロセスへの批判的視点

　すべての精神分析家が，今私が描写したような態度で，自らの作業方法を概
念化してるわけではない。共感的なデータは非現実的だと考えて，異なった態
度で作業していると主張し，外見上そうしている分析者もいる。分析者の人格
に由来する偏見の影響で，共感的に得られたデータは湾曲されるかもしれない
ので，共感的データの利用は非科学的であると考えられているのかもしれない。
しかしどんな科学的データ収集においても，偏見は知らぬ間に入り込んでいる。
したがってさまざまな科学の領域では，これらの湾曲の侵入を最小限に抑える
ための方法が発展してきた。精神分析においては，分析者自身の自己分析とス
ーパーヴィジョンを通して得られた自己認識を組み合わせた，分析者への厳し

い分析的，科学的トレーニングが，そうしたコントロールを目標として行われているのである。

ここでの議論の中心にあるのは，精神分析の中でデータが意味しているものを概念化するのに，われわれは二つの異なった方法をもっている，ということである。一方には科学として受け容れられるように，自然科学のような合意を得て，実証し，反復しうるような方法で，データを得なければならないという見方が存在する。そうした見方をとる分析者は，被分析者の振舞い，服装，行動，話し方，そして自由連想の内容だけでなく，声の調子，抑揚などにも非常に注意深く，観察を行う。通常，記録としてはノートに付けることで十分だが，より信頼性を増すためにビデオテープが使用されることもある。彼らは，これらの資料の他に，病歴など分析の時間以外で得られたデータも合わせて精神分析的理論を使い，被分析者の精神内界の葛藤を推論し，精神力動的な用語でそれらを明確に説明しようとする。そして彼らは，共感は被分析者についての結論に至る方法として決定的な役割などはもっていない，と主張する。このように彼らは，自分たちの方法がより客観的で科学的であり，分析家の偏見や投影や患者への逆転移がより少ないと信じている。

これらと対照的な方法を取る分析者は，観察者としての分析者のポジションを，難なく近づきうるような明らかな被分析者の外見や観察できうる行動から引き離し，言語化された話の内容からも距離を置こうとする。そのかわり分析者は関与している観察者として，自分自身を被分析者の「内側 inside」に置くのである。ここでは被分析者の主観的体験に接近する試みが強調される。このことを達成するためには，外側から観察者が得たすべてのデータに「加えて」，分析者は被分析者の代理の内省 vicarious introspection，言葉を換えれば，被分析者のことを想像的に内省することが必要となる。分析者の被分析者への共感的没頭は，外側から観察されるデータのすべてが，想像された被分析者の視点から再評価され，体験的な言葉に作り直されることも意味している。実際，人間の心的生活について考えること自体，共感によって知る能力なくしては「考えられない」ことである，とのコフートの言葉（1977, p.306）は，さらにアゴスタ Agosta（1984, p.48）によってその後推敲されたが，それは精神分析の領域を構成する基礎になっている。共感的な視点は，行われるすべての観察

を構成するオーガナイザーとなるのである。分析者は，言わば，自分ならこれらの状況の下でどのような体験をするだろうかと自らに問うのではなく，自分が大変よく知っている，他でもないこの患者が，この文脈の中でどのような体験をしそうかを自らに問うのであり，自分自身を患者の立場に置こうとするのである。共感的なデータ収集によって，分析者は被分析者の体験についての理解に導かれる。そして分析者はそれを理解した時，その体験を説明する精神分析的な理論的概念化の方法を用いて，この理解を加工する。理解することに説明することが加わって，解釈となるのである。一つの例を示そう。

　子どものいる若い女性の分析の2年目，昏睡状態が数週間続いていた母親が，とうとう亡くなったことをこの被分析者は報告した。子どものころの彼女と母親との関係は，非常にアンビバレントなものだった。なぜなら彼女の母親は，いつも彼女の行動に批判的だったことに加え，たびたび彼女に「本当はお前は嫌いだ」と言い続け，お前の将来は悲惨なものになるだろうと予言していたからだった。幸いなことに彼女と父親は，後に彼が家族を捨てて離婚し，再婚するまでは，良好な関係にあった。彼女と母親は共に父親に置き去りにされた後は，休戦協定を交わして関係を何とか取り繕ってはいたが，双方の感情的対立と爆発で，それはいつも長くは続かなかった。母親は，彼女自身の母親とも，同じように敵対関係にあった。そして母親はしばしば彼女のことを，彼女の祖母のようなふしだらな女だと非難した。母親の死後，初めてのセッションに現れた彼女は，母親の長かった病気と死について悲しみをもって語った。もちろん彼女は，実際のところ，母親の苦しみが終わりを告げたことに安堵の気持ちを感じたことも付け加えた。それから続いて彼女は，男性が彼女の素脚をじろじろ見ているという夢を報告した。
　しかし彼女の話に耳を傾けながらも私自身の内的体験は，彼女が表している悲しみにも，喪に服している人から醸し出されるはずの重いムードにも，響き合うことがなかった。そのかわり彼女は私に，男女がいちゃついているような，うわついた感情を一時的に起こさせたのである。はっきりとサインが出ている訳ではないが，私自身の内的反応を唯一の手がかりとして，彼女は悲嘆や悲しさや抑うつを体験しているというよりも，はしゃいだ気分にあるということを，私は彼女の内的状態に共感的に調子を合わせながら判断した。それから私は，その日，彼女がストッキングをはいていないことに気がついた。いつも身だしなみのよい彼女にとって，それは珍しいことだった。このちょっとした服装の

乱れは，抑うつ現象の形跡であろうか。それとも脚を少し誘惑的に見せること
で人の注目を引きつけて，彼女の自尊心を支えようとしているのだろうか。そ
れともその両方か。私の感情の響き具合を内省しながら，私は私自身の反応か
ら，彼女は抑うつよりも，むしろうわついた気持ちなのだと感じ取った。私は，
彼女の悲しみの表明は**形式的**なものである，と結論した。彼女のうわついた気
持ちは明らかであり，それは，彼女が扱うことのできない喪失への深い痛みの
感情に自分で気づかないように，防衛的に用いられていると推察した。彼女の
内的体験への私の共感的知覚を，私が彼女の生育歴について知っていることと
総合して，私は彼女の行動を，私に悲しいと告げることで母親の死に対して自
分は適切に反応しているということを私に見せる試みである，と解釈した。そ
して私は続けた。子どもの頃，母親に拒絶された時，彼女は父親の注目をよく
自分に引きつけようとしたように，母親の死は，はしゃいだ気持ちや賞賛の注
目をあびることによって否認されなくてはならないほどに，激しい喪失の痛み
の感情を彼女にかき立てたのだ，と。全体的な服装への関心のなさに加えて，
彼女が素足のままで面接に来たことは，母親の喪失に結びついた彼女の根源的
な抑うつ的感情と，自分への注目を強く求めていることの両方に関係している
と考えられた。この解釈の後，彼女の口からよりはっきりと抑うつ的な気持ち
が語られた。続く翌日には，彼女の心身症的な症状が再び強まり，この解釈が
正しかったことが確かめられたのである。

　この患者は，自己を強める支持的な自己対象体験がまず先になければ，母親
の喪失にともなう心の痛みや抑うつを受け容れることができなかったのであ
る。したがって彼女は，行動でも夢の中でも，うわついた気持ちをもってこれ
らの感情をカバーすることによって，自分自身の心の痛みや抑うつ感情を隠蔽
しなければならなかったのである。私は彼女のこの行動を，実際にはまったく
成功していない企てであると同時に，深い痛みの感情に対する表面的な防衛に
なっていることを共感的に理解した。私は彼女にこの結びつきを伝えること，
すなわち解釈することによって，彼女が私に興味をもち続けてもらえるよう誘
惑的になったり，ふざけたりする必要はなく，また私は，彼女のうわべだけの
型にはまったお決まりの悲しみの表現に対してではなく，純粋に彼女に対して
関心を向けているということを彼女が体験するよう助けたのである。こうした
私との体験は，悲しみや抑うつや悲嘆の衝撃を十分に体験することができる強

さを彼女に与える自己対象体験となったのである。私の解釈が彼女に与えた効果の中でもっとも重要なものは，私についての体験や彼女に対する私の態度についての彼女の全体的体験であり，解釈における正確な言葉の内容はそれほど重要ではない。しかし私の解釈は，私の力強さを彼女に伝えると同時に，私が搾取的でなく，彼女への関心を私は（彼女の父親とは対照的に）変わらずにもち続けているという意味が込められており，また穏やかに論理的筋道が示された，安心感を与える（彼女のうわついた気持ちに対して批判的でない）内容だった。だからこそ彼女は，それを自己の支えとなる自己対象体験とすることができたのである。一般的に分析が深まり，これまでは抑圧され，否認されていたことが気づかれるようになり，それらが表面に現れてくれば，それは解釈のプロセスが適切に機能している証しと考えることができる。

　もちろん私が共感的知覚と他の知識から引き出した解釈的推論を，すべて正しいとは言えないことは，付け加えるべきであろう（それは，さらなる分析の過程で確かめられていくことになる）。ここでは，まず共感的－解釈的なプロセスの段階を例示した。

第3章

自己心理学の基本概念

はじめに

　これまでの章では，自分や他者の内的生活に関する基本的な観察を中心に描写してきた。この章では，想定される心理学的な構造である**自己**や，同じく想定される心理学的組織である**自己－自己対象システム**[1]といった理論的推論に，それらの観察がどのようにつながるかを示したいと思う。まさにこの自己－自己対象システム内の関係性について概念化されたものが，自己心理学の理論なのである。自己心理学は，歴史的には精神分析の実践の中から生まれてきた。コフートが提唱した理論的枠組みは，精神分析理論や実践の基礎に関する広範な再概念化を意味している。この章の目的は，コフートや彼の後継者たち[2]によって洗練されてきた自己心理学の概念や方法論への全般的な手引きを提供することである。より詳細な基本概念の検討は，第4章で行うことにす

---

[1] 想定された心理学的なシステムの一部として，心理学的構造である自己の存在を推定することは，さまざまな観察から，電磁気の現象において想定されたシステムの一部として，電子の存在を推定することと同様に，理論的レベルにおいては，あら削りなものである。

[2] 適当な文献としては，Atwood & Stolorow (1984)，Basch (1983)，Goldberg (1978, 1980, 1983, 1985)，Kohut (1971, 1977, 1978, 1984, 1985)，Kohut & Wolf (1984)，Lichtenberg & Kaplan (1983)，Ornstein & Ornstein (1985)，Stepansky & Goldberg (1984)，Stolorow & Lachmann (1980)，M. Tolpin (1971)，P.Tolpin (1980)，Wolf (1976b, 1980b, 1982)，and Wolf, Gedo & Terman (1972).

る。

コフートは，正統派の古典的精神分析の文献にも新フロイト派の文献にも精通していたが，相対的に，フロイト以降にこの領域で貢献した主要な分析家たちからはほとんど影響を受けていないといえる。コフートは，フロイトの精神分析の基本原理にのっとりながら，独立した仕事として，独自の，包括的で，革新的で，体系的な精神分析的アプローチを発展させたのである[3]。

以前のものの見方に囚われているために起こる歪曲を被ることなしに，コフートの自己心理学的アプローチを理解するためには，これまでもっていた諸概念を，一時，横に置いておくことが必要である。つまりコフートを理解するには，イド，自我，超自我や欲動，本能の葛藤や抵抗などの概念に囚われることなく，心を開いて耳を傾けねばならない。これらの概念は適切な時には役立つものだが，しばらくの間，周辺に移動させておいた方がよい。コフートの理論的，臨床的業績を十分に理解するためには，**自己**と**自己対象**を関心の中心，そして概念化の中心に据えなければならないのである。

今日，精神衛生の専門家——精神分析家，精神科医，心理学者，ソーシャルワーカー，グループセラピスト，カウンセリングサービスなど——に，助けを求める患者のほとんどは，自己心理学者が言うところの**自己の障害** disorders of the self に苦しんでいる。フロイトが描写したような古典的な精神神経症の典型的な症状を呈する患者に出会うことは，今日では非常にまれになった。30年前に大都市で個人開業を始めた頃，私はまだ，転換ヒステリーや強迫的儀式のような明白に記述できる神経症症状のために，助けを求めて来る患者を治療していた。当時の精神科医たちは，止められない手洗い強迫の患者たちや，突然声が出なくなった患者，手足の感覚が変化したり失われたり，その一部が使えなくなった患者たち（ヒステリー性麻痺，知覚異常，無感覚症）を治療していたのである。これらの患者は，しばしば精神分析的治療や精神分析的な心理療法によく反応した。これらの古典的な精神神経症の症状は，現在でも田舎で

3）それより以前に，対象関係学派として知られるようになったイギリスの精神分析家たちによって精神分析に導入された概念のいくつかは，コフートの関心や概念と非常によく似ている。しかしそれらは同一ではない。「主観的」な観点を発展させ，それを包括的な心理学にまで形作ったのは，コフートだけのユニークな業績である。

診療している医師のもとではまだ見られるだろうと思われる。

　しかしながら私自身は，かつて見慣れていた古典的な神経症症状のパターンを訴える患者に，ここ何年も出会っていない。私の同僚においてもそうである。こうした心理的な症状パターンの変遷を詳細に調査することは，非常に興味深いことである。われわれの文化的環境の変化をもって，この病的状態のパターンの変化を説明することができるのだろうか。家族関係の中で，家族のサイズや構成や責任の配分などの変化をともなった，子育てのスタイルの変貌が，自己障害が増加に向かう原因となっているとされてきた（Kohut, 1977, pp.269-271）。たとえば，フロイトのいたウィーンの比較的上流の中産階級の家庭においては，日常の慣習として性に関することは禁じられたものとして極秘にされ，公言されてはならず，内密に楽しまれるものであった。そのため，性的関心が極度に高まっている雰囲気の中で，子どもは放っておかれていたわけではなく，実は過剰に好奇心を刺激されていたというのも，もっともな話だと思われる。このビクトリア朝の清教徒主義の時代に，性への関心がどの程度のものだったかは，当時裕福な家庭において，ピアノの脚が刺激的で気になるため，スカート状の布地で覆われていたということを考えれば想像がつくだろう。今日はそれとは対照的に，性について隠されることはほとんどなくなった。さらにこれはもっとも重要なことであるが，伯父や伯母，いとこ，お手伝い，家庭教師などのいた拡大家族が，現在はほとんど親と子どもたちだけの核家族に縮小し，子どもたちのためにたっぷりと手のあいている人が家にいなくなってしまった。ましてや必要とされる自己対象として，応答性を担うキーパーソンである母親は，仕事に出なくてはならなくなり，課せられる仕事の多様さのため，祖母の代よりもさらに過剰に働かねばならなくなった。そのため，学校やデイケアセンターのような社会的な代理機関は，ケアされていない，応じてもらえていないという気持ちを子どもに抱かせないように，子どもに十分な刺激と心理的な養育，つまり適切な自己対象体験を，家庭の代理として提供することができるということを，いまだに宣伝していなければならないのである。現代社会では，家庭の重要性が低下している結果として，子どもが体験する自己対象体験の自己－支持的側面が，次第に弱体化している。これは自己愛障害，すなわち自己の障害の発生率が，明らかに上昇していることの一つの説明になるかも

しれない。また，若者の間で薬物乱用が深刻な問題となっていることや，ここ20年の自殺率の絶え間ない上昇は，自己−支持的，あるいは自己−維持的な体験の乏しくなった変貌した子育てのパターンに関係しているのではないかと思われるのである。

これまでにも常に自己愛障害を病む人々はいた。数十年前と比較して，現代の心理療法家の多くが自己愛障害に特別な注目を向けていることは，その発生率の増加だけでなく，この問題への理解が深まった結果でもあり，それが現代の治療者たちに関心を起こさせているからだと考えられる。人が無力感を覚える時，その不快さの源を無視したり，拒否，すなわち否認したりすることは一般的な傾向である。いわゆる「自己愛神経症」に対した時の精神分析がこれである。自己愛神経症の患者は，不可能ではないにしても，精神分析的に治療することは非常に困難だと考えられてきた。いわゆる境界例の患者の心理療法においては，とくに古典的な治療技法を修正する大胆な試みが行われたが，通常，精神病や精神病様状態の患者の治療を，精神分析家たちが受け入れることはなかったのである。しかし自己の心理学の出現で，それまでは治療不可能とされてきた自己障害の多くが理解され，さらに治療に大きな効果が期待されるようになったのである。重篤な退行を呈した患者との治療体験が重ねられるにしたがって，彼らの内的生活への共感的理解が深まっていったのである。こうした自己心理学的な分析技法によって治療の可能性がさらに進歩し，精神病の患者も治療対象から除外されなくなることが期待されるのである（Galatzer-Levy, 1988）。

次の短い例は，自己，および自己対象体験という概念が意味しているものを，より詳しく説明してくれるだろう。大切な同僚たちのグループの前で演説をする人を想像してみてほしい。聴衆の前に立つ時，彼はとても得意に感じると同時に，多少不安でもあるだろう。皆は自分の話をどのように受けとめるだろうか？　彼は心のうちにあることを話し，聴衆は多少とも注意深く彼の話に耳を傾ける。彼は，自分は話を聞いてもらい反応してもらっていると感じる。その結果，自分をよりよく感じ，より自分自身を確かなものに感じる。言葉を変えれば，彼の自己評価は高まるのである。そしておそらく聴衆は，そんな彼を堂々としていると思うだろう。これをもう少し理論的に言うならば，心理学的

な構造と考えられる彼の自己が凝集性と活力を維持するには、周囲からの、支えとなる特定の心理学的反応が必要とされるため、彼は、この反応されるということを明らかに必要としているのである。これらの自己－支持的な反応は、対象によって自己のためになされるものなので、われわれは、これを「自己対象反応 selfobject responses」、もしくは、より正確には、対象との「自己対象体験 selfobject experiences」と呼んでいる。

　しかし、もし聴衆が彼の話に少しうんざりとしてきたらどうだろう。多分彼は、聴衆のあくびや伸び、そして部屋のざわつきに気づき、幾人かは部屋から出ていくかもしれない。その結果、彼には何が起こるだろうか？ おそらく彼は、不快に感じ始め、気が散って、それから自信を失うかもしれない。多分、言葉がつかえ、話していたところを見失なったり、声が詰まったり、赤面したり、ぐっしょりと汗をかいたりするだろう。人は突然、周囲から反応されなかったり、遮断されてしまったと感じる時、どのようになるかについて詳しい説明は必要ないだろう。それは誰もが体験したことがあり、周囲とのつながりから遮断された状態は非常に不快なものであることを知っている。われわれはこの不快な状態のことを、以前に、「自分がバラバラになる」ような感覚と表現した。これを概念化すると、彼の自己は、自己対象反応が不十分なために断片化したといえるだろう。しかし「断片化する fragment」または「断片化 fragmentation」という言葉は、内省的－共感的な体験から引き出された言葉なので、誤解も受けやすい。この例を、体験に近い experience-near 観察から一歩離れて、伝統的な、体験から遠い experience-distant 観察に対応する専門用語で表現するならば、自己－支持的な自己対象体験が不十分なために、自己の構造の解体をある程度ともなう退行が起こっている、と言うことができる。いずれにせよ自己を支える自己対象体験は、しっかりした自己の凝集性を維持するために必要とされるのである。

　ここで私の注目の中心である自己に戻りたい。自己は、健康な自己感や自己評価や幸福感が与えられることによって、その存在が明らかになる、ある心理学的な構造として定義されるかもしれない。電子の本質が確認されにくいことと同じように、自己の本質はつかみにくいもののように思われる。われわれが自己の構造について本当に知ることができるのは、それらの表れ、つまりそれ

が引き起こした現象だけである。自己の心理学的構造の特質に関しても，自己
は，すでに記したようにひとつの歴史，つまり過去，現在，未来といった歴史
をもっているように表れ，また自己のある面がもし変わるとしても非常にゆっ
くりとしか変化しない，ということを意味しているに過ぎない。構造とは，単
に，時を経ても安定しているという意味である。この安定性は徐々に，あるい
は突然に失われる可能性がある。そうなると自己感が変質したり，幸福感を失
ったりするような，自己の機能とその表れにおける急激な変化が生じるだろう。
これらの変化の例をわれわれは，構造が失われた，あるいは変化した，と概念
化する。このようにしてわれわれは，凝集した自己や断片化した自己について
語っているのである。しかしすでに指摘したように，これらは明らかに内省的
な体験に関するメタファーである。精神分析的なデータとは，主観的なデータ
から引き出されたものであり，したがって本質的には私的なものなのである。
しかし精神分析的なデータについて考え，話し，書くためには，これらの体験
をコミュニケートできる客体化された言葉で概念化することが必要となる。そ
のため，これまでの話の中で私は，実際の体験への言及と，それらの体験から
引き出された客体化された概念への言及との間を，絶え間なく揺れ動いている。
読者には，この私の揺れについてきてもらう必要があるのである。

　自己は何も新しい発見ではない。自己の概念は精神分析の歴史よりも遡る。
すでに言及したように，実際つい最近まで，精神分析的な心理学は自己に多く
の注意を払ってこなかったといえる。フロイトが発見した心理学的布置，とく
に葛藤を担った性的欲動とその変遷について研究することが急務だったからで
ある。これらの研究は，各個人の心の中からと，個人の外の道徳的な社会の両
方からの頑固な抵抗と戦いながら行われなければならなかった。そのため，本
能的欲動や葛藤，防衛を研究するフロイトの勇気ある試みから少しでもはずれ
るようなことがあれば，それらはすべて，うまく偽装して隠された精神分析へ
の抵抗の現れではないかと怪しまれたのである。さらに道徳的に言えば，幸福
の追求を連想させる自己に焦点を絞ると，すべて利己主義と見えたかもしれな
い。第1章ですでに検討したように，自己中心的と呼ばれたり，自己愛的とレ
ッテルを貼られることは，われわれユダヤ—キリスト教文化では褒められたこ
とではない。しかしそのような道徳的な偏見は，研究調査においてはふさわし

いものとはいえない。思慮分別のある人々なら，誹謗するような含みをもたず，自己愛について語り，研究することを，正当なことだと考えるだろう。

自己対象基盤への依存

　自己は心理的な真空状態の中では存在することができない，という観察は，容易には受け入れ難いものかもしれない。しかし心理学的な構造としての自己の出現と維持は，自己対象体験という，喚起し－支え－反応する基盤 matrix の継続的な存在に依存している。この発見は西洋人が大切にしてきたひとつの幻想，すなわち独立や自足や自由な自主性といった幻想的な目標の崩壊を意味している。自己が支持的な自己対象基盤に依拠しているという現象は，臨床的にはすべての被分析者で実証できることである。ひとたび自己対象転移が成立すると，分析者と被分析者の結びつきに生じるどんな亀裂も，脅威として体験されるようになる。ほとんど決まって，治療者の休日や休暇，さまざまな理由による不在には，患者の退行や，時には断片化の症状がともなうのを観察できるだろう。これらの現象は診断的カテゴリーの枠を越えて生じており，自己の構造様式の基本的特徴を表しているように思われる。支持的な自己対象体験の断絶は，自己の連続性の亀裂となって特有な症状を生じさせるのである。臨床状況以外にも，同様の現象を観察することができる。たとえば創造的な人々は，彼らの創造的技量や能力を発揮するのに，しばしばある他の人物の存在——または時に，その人の存在を象徴する物——を頼りにしている。おそらくこれらの能力を生産的に実現できるように自己を強めているものは，これらの人物や物との関係にともなって生じている自己対象体験である。コフートは，この現象を**創造性の転移** transference of creativity と名づけた（Kohut, 1976）。たとえば，プロシアのビスマルクという政治家は不眠症だったが，彼は眠りにつくまで，彼の医者がベットサイドにずっといてくれることで「癒された」のだった（Kohut, 1984）。私はウイルソン大統領のコル・ハウスへの傾倒も，ルーズベルト大統領のハリー・ホプキンスへの親交も，これらの男たちが最高の能力で機能するために必要とした自己対象体験ではなかったかと思う。ゲド M. Gedo によるピカソの研究は，ピカソとブラックとの間の，相互に自己を支え

合うような愛着関係の存在を指摘しており，芸術家の自己対象体験と芸術的創造の深いつながりを明らかにしている（Gedo, 1980, pp.84-86）。類似の関係は，作家の中にも見ることができる。ドイツの詩人シラーは，彼の机の引き出しの中に腐ったリンゴを一つ入れていないと小説が書けなかったと言われている。残念ながら，私は，どのようにして朽ち果てた果物がシラーにとって自己対象の意味をもつに至ったのか，推測するだけの情報をもち合わせてはいない。しかしヴァージニア・ウルフについてのわれわれの研究（Wolf & Wolf, 1979）は，彼女が自己開示的な小説を執筆し，出版することにともなう情緒的な動揺に立ち向かう強さを彼女にもたせる自己対象機能を，彼女の夫レオナルドが果たしていたことを強く示唆している。

　このように自己心理学は，独力で身を立てている個人が理想であるとする政治的，宗教的な価値観に深い衝撃を与えた。われわれは今や，われわれが環境の中に必然的に組み込まれていることについて，より深い認識をもつに至っている。人間の発達は周囲の環境から切り離すことはできないし，それだけを孤立させて研究することはできない。自己心理学を通した個人の精神分析的研究は，真空の中で人間を研究するのではなく，環境の中の人間の研究，すなわち主観的，体験的な現象として，自己とその自己対象の研究に必然的にならざるを得ないのである。

　要約すれば，自己心理学（より正確には，自己対象心理学，または自己対象体験についての心理学）は，自己というメタファーを使って語ることのできる，自分についての体験のさまざまな変遷を扱っている。明らかなことは，統一され，歴史的にも連続性のある自己として「私は私である」ことを体験するように，人間の心がそれ自身を組織化しようとする傾向は，人間の心に特徴的な属性であるいうことである。この組織化の喪失，すなわち自分であることの感覚の喪失は，もっとも深刻なパニックや恐怖の原因となるのである。

臨床における自己心理学の起源

　コフートは彼の新しい考えを，理論的考察からではなく，当時はまだ精神神経症と呼ばれていた患者の分析の臨床経験から引き出した。これらの患者につ

いての診断と反応を再考することを彼に余儀なくさせたのは，特定の患者たちとの分析の行きづまりだった。確かに，自己心理学が現れる前から，フロイト派の理論に対しては多くの点から異議が唱えられてきた。そして臨床的発見に適するように古典的な理論的枠組みは変更されてきたが，それらは臨床的アプローチの大きな変更にはつながらなかったようである。もちろん多くの分析者は，治療同盟を結ぶために常に機転をきかせ，患者の欲求に対して敏感であろうとし，また禁欲原則の厳しすぎる適用によって，冷淡で無反応な態度にならないよう心がけてきたと思われる。しかし強調されるのは決まって技法的な中立性と直面的な解釈を必要とする，無意識的葛藤の概念であった。コフートは明らかに自己愛的であったり，境界例や精神病ではない，いわゆる「神経症」の患者の中に古典的アプローチの効かない患者がいる，ということを臨床経験から認めざるをえなかった。これらの患者が一貫して，リビドーや攻撃性の葛藤やそれらの防衛についての彼の解釈を拒否した時，コフートは彼らの拒否を抵抗と呼ぶことはやめることにして，彼らが自分自身をどう見，どう体験しているかを，彼らに語ってもらうことを始めたのである。コフートは，治療者が暗黙の対立的な態度から，明らかに共感的に同調していく態度に移行することが，結果的に急性の症状の軽減につながることに気がついた。ここから彼は，自己体験の凝集性こそがこれらの患者との分析の仕事の中心になる，という根本的な洞察を発展させたのである。さらにコフートは，患者が治療者についてどう体験するか，すなわち今日，われわれが自己対象体験と呼んでいるものの変化が，良くも悪くも治療プロセスにおけるもっとも強力な要素であることに気がついた。当初からコフートは，共感と自己対象心理学についての理論を展開していたのである。

双極性自己

　自己は，自己対象体験を通して現れてくることが発見されたが，最初，自己対象体験には二つのタイプがあることが見出された。すなわち映し返し mirroring の体験と理想化 idealizing の体験である。そこからコフートは，現れたばかりの自己は二極性 bipolar の構造をもっていると概念化した（第4章参

照)。この概念は，体験が構造的に組織化される過程で，諸体験はその映し返し，または理想化の特徴に応じて，この二つの構造的な場に収斂されるということを意味している。現れたばかりの自己の構造は二つの極をもっていると考えられたのである。映し返しの体験から生まれてくる極は，人から認められたい欲求の中心になる。すなわち力や成功への野心は，基本的にここから発生する。もう一方の極は，理想化の体験から生まれ，そこでは基本的な理想的目標が育まれる。そして，その中間の領域では，基本的な才能や技量が，野心と理想の極の間に生じた**緊張弧**によって活性化されるのである。

　野心，技能，そして目標のパターンの間に生じる緊張，それが創造する行動プログラム，そして，このプログラムの実現に向けての努力といった活動は，すべて空間・時間的に連続的なものとして体験される。それが自己であり，主体性についての独立した中心であり，印象を感受する独立した受け皿となるのである。(Kohut and Wolf, 1978, p.414)

自己心理学は古典的精神分析をいかに修正したか

生まれつきか環境か

　古典的なフロイトの精神分析は，精神内界の葛藤に関する心理学である。基本的にそれは動機のルーツを生得的な生物学的要因，いわゆる本能 instincts に見ている。そこでは環境の影響は，超自我のような精神的な構造を通して二次的にもたらされる。新フロイト派は，動機は形成期において個体の対象への関係によって形作られるとして，環境からの直接的な影響を強調し，対人関係の心理学を展開した。一方，自己心理学は，生物学的な影響と環境の影響のどちらか一方に偏ることを避ける立場を取っている。有機体である新生児は，生物学的な一定の潜在的素質をもって生まれてくる。しかしこれらの可能性のいくらかは衰退，または消えてしまい，他のいくらかは呼び起こされ発展していく。これは環境との相互作用によるものである。自己心理学はフロイトの理論のように，個人の精神内界の体験——自己対象体験——に焦点を当てているが，同時に自己対象体験を形作る環境的な条件にも，同様に注意を払おうとしてい

る。また自己心理学は発達心理学の助けを借りて，個人の年齢によって自己対象への欲求が次々と変化してゆくことを描写しようとする。古典的な精神分析においては，個人の心理的構造に対する環境の影響は暗に認められているに過ぎないのに対して，生物学的欲求――生得的な本能的欲動――の影響については，はっきりと記載されている。しかし自己心理学においては，その逆が当てはまるといえるだろう。つまり自己心理学では内的世界，すなわち主観的な体験をしっかりと構造化された構成に組織化するために，個人が刺激を求めようとする本質的な生得的欲求に関しては暗黙のものとしているのに対して，自己対象環境の重要性は，反対に自己対象体験に決定的な影響を与えるものとして，明確に概念化されているのである。

好奇心と刺激への渇望

母親／乳幼児の行動の研究者たちもコフートと同じように，動機に関して，生物学的なルーツと環境的なルーツのどちらか一方のみを強調することはしていない。彼らは新生児を，いくらかは生得的に発達し，いくらかは環境からの刺激に喚起されて発達する複雑な可能性をもって生まれてきていると考えている。赤ん坊は，心的な外傷を被らなければ生まれつき好奇心と刺激への渇望をもっており，それが乳児を周囲への探索行動へと駆り立てていく。これらの探索行動は，子ども自身が，自分は暖かい反応が常に返ってくる環境の中に包まれていると体験していれば，自然と現れてくるものである。しかしもしそのような環境が欠如していると，子どもは困惑し，探索行動を中止してしまうだろう[4]。

氏か育ちか

フロイトは，生得的な欲動は徹底してその解放，すなわちその欲動の満足を求めると考えたので，彼は，有機体はそれらの欲動の解放のために必要となる対象を，環境から執拗に得ようとしていると見なした。その結果，必然的に環

---

4) 乳幼児研究からの発見について，現代の精神分析による概観は，リヒテンバーグ Lichtenberg（1983）とスターン Stern（1985）を参照。

境は，有機体と対立的な関係にあるものとして理解されたのである。

　一方，自己心理学の理論は，観察された心理学的現象が生じるためには存在していなければならない生物学的な基質について，直接的には研究したり説明したりはしていない。しかし自己とその発達の理論には，人間という有機体に備わっている，体験を組織化しようとする傾向が意識の出現や個の感覚（または自分であるという感覚）の出現を導き，また自己の内的状態を自分自身や他者に伝達する感情を生み出している，という見方が暗黙のものとして含まれている。感情や欲求が自己を環境の探索へと導くのである。

データ：外側からの観察　対　内側からの観察

　心理学的データを二つのカテゴリーに分けることは有益である。観察領域の外側にいる観察者によって行われる，領域内の諸対象の心理学的関係に関する観察は，自然科学によって行われる，対象と対象の関係の観察と類似している。このように心理学においてもデータは，自然科学のように，外側からの観察によって，**外観的に** extrospectively 得ることができる。この方法では，会話のような言語的活動も含んだ行動を観察している。伝統的心理学や社会心理学のさまざまなデータや結果の大部分はこのタイプであり，自然科学者たちの研究方法と類似している。

　一方，心理学では，とくに感情や態度に関して，人がいかに感じ，考え，体験しているかを，観察者自身の内側で，**内省的に** introspectively 観察することができる。相手の体験を自分自身のことのように感じる，すなわち**代理の内省** vicarious introspection を通して，相手の体験がどのようなものかについて，いくつかの結論に達することができるのである。代理の内省（＝共感）によって得られたデータは，外観的なデータと共に用いることによって，深い心的世界のより完全な描写となる。定義としても，精神分析的なデータは，共感的なデータの側面を含んでいなければならない。たとえば，主観的体験によるデータを含まない，行動の客観的な描写のような心理学的データは，精神分析的なデータとはいえないのである。

共　　　感

50　第1部　自己の心理学

　私はすでに，共感は自己対象心理学の基本概念の一つであると述べた。さらに検討すれば，共感には三つの機能がある。すなわち共感は，深層心理学の特徴を明らかにするものであり，また，それはデータ収集の加工処理プロセスであり，被分析者にとっては，自己を支えてくれる体験である。

精神分析を特徴づける機能

　心理学におけるデータの二つのタイプ——外観的データと内省的データ——は，異なった観察の領域から得られたものである。つまり外観的データは観察者にとって外側の領域から，そして内省的データは観察者にとって内側の領域，すなわち観察者の内部から得られる。科学的で学術的な心理学のほとんどは，自然科学と同様に，観察者の外側の領域に関心を向けている。一方，内省や共感によってデータに近づいてゆく観察者の内側の領域は，深層心理学の領域として定義される。精神分析は，とくに優れた深層心理学であり，そのデータ収集の方法は，より卓越したものとされている。しかしこのことは，精神分析が外観的データを用いることなしに行われているという意味ではない。定義によれば，精神分析とは，外観的データを内省的，共感的に引き出されたデータと組み合わせていく深層心理学的な科学なのである。共感がなければ，精神分析のデータも，結果的には精神分析の科学も存在することはできない。このように共感は，精神分析理論の構成における特徴を明らかにする機能をもっているといえる。

加工処理機能

　共感の加工処理 processing 機能とは，精神分析に特有のデータを得る機能である。精神分析は，他の心理学と同様に，被分析者についてのさまざまなタイプのデータを使う。それらのデータは，被分析者に関連した知識，生育歴，家族歴，分析の経過などだけでなく，直接的な観察，とくに行動や特定の言動も含んでいる。しかしそうしたデータは精神分析で使われていても，厳密に言えば精神分析的なデータではない。なぜならそれらは，対象としての被分析者の観察にしか言及していないからである。精神分析は個人の内的体験に関心を向けているので，精神分析における本質的なデータとは，個人の私的な体験に

第3章　自己心理学の基本概念　*51*

言及するものでなければならない。しかし私的な体験への接近は，自己の内省によってのみ可能となる。他人の内的体験への接近は不確かなものであり，それを考えるためには，精神分析家は想像力を駆使して相手の体験の中に身をおくこと，すなわち代理の内省によってそれを感じなければならないのである。そうして初めて，相手の体験について，質の高い推測を可能にするような手がかりを得ることができる。「目も耳もある被分析者は，秘密を保ち続けることは不可能だと覚悟しているかもしれない。もし彼の唇が沈黙したなら，彼は指先でベラベラと喋りだすことだろう。つまり，ほんの少しの隙間からでも，秘密は漏れ，露見するのである」(Freud, 1905a, pp.77-78)。これらの手がかりの多くは無意識的に知覚され，おそらくは意識にのぼらない情緒的なコミュニケーションのようなものだろう。フロイトは，自分の無意識を患者の無意識に向けることについて述べている。そのような情緒的コミュニケーションが伝達されるメカニズムを正確に描写することは不可能だが，われわれは，共感のプロセスや代理の内省によってデータを得るプロセスが信頼のできるものであり，それは訓練できるものであることを経験的に知っている。この共感の訓練は，他の知覚の訓練と非常に類似している。まだ経験の浅い研究者が人体の組織の薄片を顕微鏡で最初に見た時，それはさまざまな点や線や染みや色の羅列にしか見えないだろう。しかし何カ月か後，今や訓練と経験を積んだ同じ研究者は，まったく異なったイメージに出会う。以前は混沌として見えたものが，細胞や皮膜や核などからなった組織的な構造として認識されるのである。そして彼は，健康な組織の断片を見ているのか，病気の断片を見ているのかを認知できるようになるだろう。同じように，経験の浅い治療者が，非常に取り乱している患者から吐露される混乱した話に耳を傾ける時，その患者個人の体験を的確に理解することはできないだろう。しかし，その同じ治療者が何カ月か何年かの経験と訓練を積んだ後には，患者の溢れ出る情緒の混沌に耳を傾けながら，そこに怒りや恥辱や興奮，罪や不安などの微妙な綾を感じ取ることができるだろう。共感的な観察は，顕微鏡やレントゲンによる観察，ＣＴスキャンや磁気共鳴像映を通した観察と同じように，観察者の訓練された知覚や解釈を通して行われるのである。驚くべきことに，これは視覚の基本的知覚にも当てはまる。子どもの頃から角膜の混濁のため機能的に目の見えない人は，これらの混濁が手術

によって取り除かれた際，すぐにはものを「見る」ことができない。彼が色や形の視覚的な感覚知覚を，認識されうるものに構成することを学ぶのに，数週間またはそれ以上の時間を必要とするだろう。身近な五感と同じように，共感もまた「学ばれなければならない」ものなのである。

これと関連して，興味深いことにその人の共感能力は，部分的にはその人が活動している文脈 context によって左右される。たとえば，ほとんどの精神分析家は，患者の内的生活を共感的に知覚する能力を発達させているが，その同じ分析者が，面接室というよく馴染んだ枠組みの外にある彼の私的生活においては，相手の内的感情にずいぶん鈍感であったとしても，彼を責めることはできないだろう。この現象は，共感的知覚に適した状況とはどのようなものかについて明らかにする研究の必要を示唆している。そうした研究は心理療法家の訓練にとって役に立つ貢献となることだろう。

自己を支える機能

人は，自分が他者に理解されていることを知ることで，自分をよりよく感じる。他者が自分の内的体験を理解している，つまり他人が自分の内的体験に気がついており，暖かい肯定的な感情をもって反応してくれていると認識することによって，その人の自己感は強まるのである。この現象は，自分自身の内的状況に内省的に注意を向けることによって，または他者の内的体験に共感的に触れることによって容易に観察することができる。こうした体験の観察はあまりにも基本的で普遍的なものなので，普通それは当たり前のこととされている。他者に理解されていれば，相手は自分に間違いなく関心をもち，自分を認めてくれていると考えるだろう。自己心理学の概念では，そのような承認は鏡映自己対象体験として定式化される。共感的に話を聴き，代理の内省を通して波長を合わせることで，被分析者からデータを収集する精神分析家は，同時に，この傾聴という行動によって被分析者の自己の凝集性を強め，自己評価と幸福感を高めるのである。共感的な傾聴は，得られるデータの内容に関係なく，また被分析者の体験を分析者が正確に理解できていなくとも，効果的な影響をもっている。したがってわれわれは，この共感の機能を**被分析者の自己を支える機能**と呼んでいる。

患者は治療を始めると，たいてい，動揺したり不安になったり抑うつ的になったりする。ほとんどの症例においてわれわれは，治療者が時おり明確化のための質問をするだけで解釈をせずに注意深く傾聴している時，患者は自分自身をよりよく感じ始めることに気づく。さらに一般的に言うならば，治療初期の抵抗の時期が過ぎると，比較的，患者は自分を心地よく感じ，症状がいくぶん軽快し，初期に治療者との間に存在した緊張が消失した「調和的な」自己対象関係の時期が訪れる。この変化は，患者の状態の根本的改善を示している訳ではないが，共感的に波長を合わしてくれる自己対象，つまり治療者との関係を体験したことから生じてくる。これまでこの現象は「転移性治癒」，または治療同盟が成立している証拠などとして言及されてきた。これは自己心理学的には，治療者の共感的な同調が，患者に，治療者を自己の構造の一部として体験する自己対象として利用することを可能にした，と概念化される。患者の自己はこのように強められ，幸福感を増しながら，患者は自分自身の自己をよりまとまったものとして体験するようになるのである。

　共感とは，比較的，中立的な活動といえる。すなわちそれは，相手の体験の中にどっぷりと浸かってしまうことなく，相手の中で起こっていることを理解することを目的としている。より正確に言うと，ここで「中立」の意味するものは，治療者は自分の感情によって判断が曇らされないように十分な情緒的距離を維持しているということである。中立性は，患者への親しみの気持ちを排除することではないし，治療者は患者の側から，つまり患者の偏った見方からものを見ることをためらってはいけない。患者の体験に浸かってしまわないということは，治療者は単に患者と一緒になって苦しんだり楽しんだりするのではないということを意味しているのである。ここで再びわれわれは，さらに限定して言わねばならないだろう。つまり治療者は，患者が体験していることを知るのに必要なだけ最小限に，患者の感情に参入しなければならないということである。おそらくこの患者の体験を「味わうこと」は，精神分析によって長らく研究されてきた信号としての感情の機能に近いものといえるだろう。これとは対照的に，同情とは相手の感情の状態を同情者が十二分に分かちもつ活動である。誰かの不幸に同情する時，人は相手の感情，たとえば悲しみや悲嘆を感じ，それらの感情に自分も参入していることを相手に伝える。一方，誰かの

不幸に共感するということは，自分は相手の人が体験していることはどのようなことか——恐らく自分も同様の感情を体験したことがあるだろう——を十分理解してはいるが，しかし相手が何を感じているかを「くみ取る」こと以上には，それを体験してはいないということであり，相手の苦しみを共有しているのではない，ということを意味しているのである。

　共感的なデータは，うまく進んでいる心理療法や精神分析の場合のように人の利益になるように使われることもあれば，時には人に害を与えるような使われ方をされることもある。共感的な情報の好ましくない使用とは，ある種の広告やセールス活動に見られる。たとえば，ある特定の内的な体験への渇望感が共感的に捜し当てられて，嗜好癖に陥りやすい人にとってのお酒や麻薬などのように，その人が必要でもないものを，その人に売りつけるために使われるかもしれない。

　すでに述べたように，精神分析的な方法を通して得られた精神分析的なデータは，正統派の精神分析的理論によって導かれた時と，精神分析的な自己心理学の方法によって導かれた時とでは，異なって捉えられる。正統派の精神分析においては，これらのデータは，葛藤における欲動の基本概念をめぐって組織化される。一方，自己心理学においては，データは自己の概念をめぐって組織化される。つまり内在する生得的プログラムを実現することを通して自己を十分に表現できるように，自己がまとまりのある構造となり，それを維持するために不可欠の欲求，という概念をもとに組織化されるのである。自己が構造的に完全であるためには，自己は支えとなる自己対象との関係の基盤，すなわち自己対象体験の中に包まれていなければならないので，自己対象関係の変遷は，自己の障害の病因論の研究にとっても，これらの障害を改善するための治療的介入にとっても，考察の中心となるのである。

自己

　自分という感覚を与え，自己対象が機能することで供給される不断の応答性，すなわち絶え間ない自己対象体験の基盤の提供によって喚起され，維持される人格の部分，それをわれわれは**自己**と呼ぶ。自己はひとつの構造のように非常にゆっくりとしか変化しないので，比喩的にわれわれは自己を構造として考え

ている。すべての構造と同様に，われわれは自己を，言わばその部分部分がまるでうまくくっついているかのようにまとまっているとか，容易にバラバラになりそうなものとしてとらえている。したがってすでに記したように，われわれは時おり自己のことを，よくまとまっているという意味で，凝集していると言ったり，また，ある時は，脆く，容易に崩壊すると言ったりするのである。

自己対象体験

　もし，ある人が満足を感じていれば，つまり自分自身をよりよく感じており，過度な不安や抑うつ感なしに，よい自己評価を楽しんで，スムーズに調和よく機能しながら，安定した自己感をもっているならば，その人は意識的にも無意識的にも，自分は他者の反応に包まれていると体験しているに違いない。この応答性の様式は，単純なものから複雑なものまでさまざまであり，年齢に応じて変化する。初期の様式の特徴は，世話してくれる他者の物理的存在への欲求である。成熟した様式では，自己対象の応答性への欲求はしばしば非常に複雑となり，ある種の教養やそれによって供給される象徴的な代理物によって満たすことができる。反応的な自己対象体験は，少なくとも無意識的には，すべてのケースにおいて常に必要とされている。自己対象体験は，男性にとっても女性や子どもにとっても，誕生から死ぬまで必要なものである。酸素の十分供給された環境が肉体的な健康にとって不可欠であるのと同様に，応答性のある環境は心理的な健康にとって欠くことのできないものなのである。

断片化と症状

　自己が凝集している状態から，部分的あるいは全体的に構造が喪失した状態へと退行している場合，その人はこれを自己評価の喪失，あるいは空虚感，抑うつ感，無価値感や不安感として体験する。この自己の構造上の変化は，断片化 fragmentation と名づけられてきた。断片化はさまざまな程度で生じるが，自己の完全な解体を意味しているわけではない。一般的にわれわれが，誰かの自己が断片化していると言う時には，主観的に不快な症状につながるような退行のことを語っているといえる。しかし断片化は，時おり，死が確かに迫っているような恐ろしさとして体験されることがあり，それは明らかに不可逆的な

自己の解体のプロセスを警告している。砕けかけている自己の体験はあまりにも不快なものなので，人は断片化によって引き起こされる感覚を避けるためなら，どんなことでもするだろう。

断片化という用語は，残念なことにしばしば誤解されている。断片化とは，凝集性が低下した自己が，境界がさらに弱まってエネルギーや活力が減退し，混乱した不調和なバランス状態にまで退行していることを意味している。これらは激しい苦痛をともなっているが，それは人格のおのおのの領域において必ずしも一様ではない。もちろん退行がコントロールを越えて際限なしに進んでしまった時は，その状態は当然，一般にわれわれが精神病という言葉によって理解しているような心理状態に達している。大部分の断片化は精神病までには至らないが，自己とその機能の特定の面での退行は激しいものになるかもしれない。実際，誰でもストレスの高い体験をすると，われわれ自身の自己構造に特有で，共通した退行的エピソードを経験するものである。

例　　証

ここで断片化を例を挙げて説明するのに，ジャン・ポール・サルトルの小説『嘔吐』（Sartre, 1938）の中の文学的描写を取り上げてみよう。

小説の主人公，アントワーヌ・ロカンタンは，嘔吐の症状を通して，解体していく自己，つまり断片化の自己体験を語っているといえる。自分は完全に孤独であり，楽しそうな普通の話し声の中にいても孤独を感じると彼が言う時（p.8），彼は，自分の存在の核心的な真実を語っているのである。サルトルが言う孤独とは，周囲に人が誰もいないことなどではなく，人がそこにいても自己対象体験がないということを意味していることに注意してほしい。このような完全な孤独に関する内的な解体の体験について，サルトルの描写は卓越したものである。ロカンタンは最初，突然，体の動きがぎこちなくなり，筋肉運動の整合性や感覚を喪失する。彼は自分が変わってしまったと感じる。パイプをつかんだり，ドアのノブを持つ自分の手の動作が，いつもと違っていることに気づく（p.4）。よく知っている人の顔が，突然，見知らぬ顔になり，街頭のざわめきが怪しい物音になる（p.4）。人生は「当てにならず，支離滅裂なもの」になる（p.5）。自己の断片化は世界の知覚にも投影される。自己は方向感覚を

失う。ロカンタンは，麻痺したように感じ，一言も喋ることができなくなる。自分の体は「リンパ液と生ぬるい牛乳」でいっぱいになり，しかし自分は「空っぽだと感じる」（p.5）。もはや「明快で，ほんとうらしい話」をすることなどできない（p.7）。言葉を変えれば，「始まりも終わりもない物語の中へ投げ込まれた時」（p.7），世界は意味をなさず，自己の構造あるいは境界さえ失われてしまうのである。ロカンタンは，ド・ロルボン伯爵の史的研究に取りつかれているが，われわれは，ロルボン伯爵の人生もまた，自分でも理解できないロカンタンの突然の変質と同種の変化を被っていたことに気づくだろう。ロルボン伯爵についての記述は「相互に矛盾もしていないが，一致もしていない。それらは同一人物についてのものではないように見える」。欠如しているのは「確実性と整合性」であり（p.13），言い換えると，自己の凝集性は失われ，自己は断片化しているのである。ロルボン伯爵の人生を再構成する中で，ロカンタンは自分自身の歴史の意味をつかもうとしている。それは，心理療法において患者の生育史の意味を理解することを通して患者を癒そうとする努力と似た自己治癒の努力なのである。

　われわれは，ロカンタンは本当は自分自身について語っているということを知っている。彼が鏡をのぞき込む時，彼の顔はまさに意味も方向性もない「灰色のもの」となる。実際，美しい赤毛の髪を除いて，彼は自分の顔を土くれや岩の塊に譬えている。「明らかにそこには鼻があり，眼があり，口があるが，それらのいずれもが何の意味ももっていない。人間的な生気さえもない」（p.16）。

　サルトルは，必要な自己対象の予期できない突然の喪失が自己の断片化につながるという因果関連を例示しているのである。

　ロカンタンはパトロンに会うことを期待してカフェに出かける。しかし彼がウエイトレスからパトロンは買い物に出ていると聞いた時，彼は性器に不愉快なむずかゆさを味わった。彼の視野は，色とりどりのもやに包まれる（断片化の状態にある時，自分は霧の中にいるように感じる，と治療者に告げた患者のことが思い出される）。ロカンタンは光や煙や鏡の中の渦巻に取り囲まれ，もはや人が誰かさえもわからない。彼は漂流し，茫然となって，吐き気を催し，頭は動かなくなって，すっかり柔らかくなったゴムのようになり，首の上に載

っているだけのように感じる（pp.18-19）。もはや彼の内部に吐き気はない。彼が吐き気の内部にいるのである（p.20）。言葉を変えれば，彼の自己は，空間の中で境界と方向を失い，意味を通して凝集し，組織された体験の一式としての自己ではなく，一貫性のない解体した体験の寄せ集めなってしまっている。

　サルトルの判断は的を得たものである。人が「実在するためには，幾人か集まらなければならないのだ」（p.6）。そうしなければ，人はロカンタンのように，身体－生理学的な様式，つまり嘔吐を通して自分自身からの突然の疎外を体験するだろう。内的な凝集性の突然の喪失は，突然の世界の意味の消失や奇妙さ，当惑するような不条理として体験される。彼はかろうじてまだぼんやりと意味が残っている歌の不変性と明快さに，最後の望みを託した。私はそれを，新しい自己のまとまりのために，そこに認識と感情を注ぎ込むことによって，彼は自己を再構成しようとしていたと解釈する。アイリス・マードック Iris Murdoch（1953）が述べているように，「ロカンタンにとって，すべての価値は，明快な完全さという決して到達できない世界に存在している」のである。

　サルトルは，人生の変遷の中で蓄積された自己の体験について感知したことを描写したが，彼は二十世紀の作家の中で例外的な存在では決してない。フランツ・カフカの『変身』は，破壊的な自己対象体験の結果としての，人間的自己の喪失と非人間化の体験を生き生きと描いている（Kohut, 1977, pp.287-288; Wolf, 1978）。ヴァージニア・ウルフの『灯台へ』は，明らかに自伝的な小説であるが，ラムゼイ家（＝ウルフの原家族）を構成するさまざまな人々の内的な生活の中へわれわれを誘ってくれる。リリー・ブリスコという人物を通して，ウルフは自己の創造性の問題を解明しようとしている（Wolf & Wolf, 1979）。自己愛人格者の一日というのが，ウルフの『ダロウェイ夫人』の副題になるかもしれない（Wolf, 1978）。フロイトと同じように，コフートは文学の中に刺激的な多くの素材を見つけた。コフート（1977）にもっとも影響を与えた文学には，シェイクスピア，トロロープ，クライスト，メルヴィル，トーマス・マン，プルースト，オニールなどがある。コフートは，作家たちの自己体験の変遷に関する洞察を明らかにして，精神分析家たちに尽きせぬ興味をかき立てた

のである（Wolf, 1980, 1981）。

その他の症状的行動

　退行し，断片化していく自己の主観的体験は，自己評価の喪失と不安の点で
あまりにもつらいものなので，このプロセスを逆行させようとする緊急の処置
が取られる。自己評価を押し上げる試みは，しばしば自己を刺激するような形
が取られることが多い。また，自己の構造的な凝集性を維持するために必要な
自己対象体験が供給されるように，環境に働きかけたり操作したりする。その
結果生じる行動は，しばしば社会的に大きな衝撃を与えるために，時に敵対的
なものとなったり，反生産的な逆効果を与えてしまうことがあるかもしれない。
明らかにその人が苦しんでいて，より大きな苦痛を避けようとしていることが
わかっていても，延々とその人の自慢話を聞かなければならなかったり，尊大
な態度に接しないといけなかったりすることは，大概の人にとって迷惑なもの
である。人々が互いに苛つき合う場合や結婚生活を破綻させるような喧嘩，配
偶者や友人，あるいは仕事の喪失につながるような誤解やもめごとは，自分自
身をより強く，より全体として感じるために，他人を利用しようとする脆弱な
自己をもった人の自己評価の浮き沈みに由来しているのである。
　「行動化」は症状行動の一つである。深い退行や断片化をともなう自己喪失
の体験はあまりにつらいものなので，人はそれを避けるためならどんなことで
もするだろう。ここから，断片化した自己体験を改善する方法として，行動化
へ向けての抗しがたい衝動が生じる。狂乱めいた生活スタイルや薬物の乱用，
性的な倒錯，非行などはすべて，自己組織を持続し，断片化した状態に陥るの
を避けようとする絶望的な手段として役立っているのである。アルコール中毒
や奇異な行動などは，断片化の耐えられない局面から自分自身の気をそらすた
めにしばしば使われている。実際，これらの行動にともなっている興奮は，自
己が死んだような無感覚さを遠ざけるためのものである。強迫的なギャンブラ
ー（博打打ち）になる人もいれば，向こう見ずな行動によって刺激を追い続け
る人々もいる。また自分という感覚を維持するために「仕事中毒」になる人々
もいる。これらの人々がどうしてそのような行動を取るのかは，ここから理解
することができるのである（Kohut & Wolf, 1978）。

過去を現在に転移すること

　自己が新しく生まれたばかりで，まだ非常に脆い頃の初期の自己体験では，統一され凝集したわずかばかりの自己の構造を維持し守るため，あらゆる種類の歪曲が子どもに強いられる。乳幼児や子ども時代の自己は，自己の構造を歪曲することによって，自己の凝集性に対する外傷的な脅威に対抗しようとする。たとえば，ある子どもたちにとって，必要な鏡映自己対象体験の剥奪は，結果として，理想の極へとバランスが過剰に傾くような代償的な自己の強化につながるかもしれない。そのような自己は必ずしも病的なものではないが，その人の人格に理想に飢える傾向を残すことになるだろう。またある例では，自己が理想的な構造にまったく同一化してしまうほど，理想の極が優勢になっているかもしれない。コフート（1985, pp.195-202）が救世主的なリーダーとして述べている人格のタイプは，そのような自己の構造をもっている。そこでは理想化されたものが自己を支配している。その他の変形では，ある知覚を接近できない無意識の領域に抑圧するために自己を水平に分割したり，まだ意識的に気づくことはできるが，目前の注意から他の知覚を除外（否認または拒否）するために自己を垂直に分割することが行われる。もう一つの自己の修正による適応は，自己対象環境からの引きこもりである。それは周囲への感受性の減退をともなうが，才能と技量の緊張弧によって補われており，それらの才能と技量は自己の意識の主要な中心となっている。そのような人物は，映し返しへの欲求や理想化への欲求に対してはそれほど関心がなく，もっぱら自分の技能を従順に働かせることから自己の満足を得るような，典型的な「組織人」となるのである。

　自己におけるこれらの変化は，有害な自己対象環境との直面の中で，適切な凝集性や活力，調和を維持するために役立っている。それらは正常な発達の遅延，あるいは停止さえ招くほど重大な構造的損傷とエネルギーの減損という犠牲を払って，行われている。それはまるで重い鎧を身につけていた子どもが，その重さのためにグロテスクな体に無理やり成長させられ，エネルギーも奪われたようなものである。しかしさらに悪いことには，何年もの間，鎧を身につけ続けていれば，その鎧の中で成長した体は構造的にあまりにも湾曲してしま

い，たとえその鎧を必要とした危険が去ってしまっても，もはや鎧は取り外せなくなってしまう。そして実際に，まるで鎧は皮膚の一部のようになってしまい，太古的な危険を遠ざけるだけでなく，常に必要とされている暖かい人間的接触さえも排除してしまうのである。子どもに課せられた心理的な偽装は，実際，大人になってからも一生残り続けるかもしれない。

　この子どもの心理的な偽装が大人になって現れることを，われわれは臨床的に**転移**と呼んでいる。換言すれば，転移とはそれらがもはや有効に働かないその後の人生において，他人との関係のなかで現れるもので，早期の自己が外傷的脅威によって負わされた恐怖であり，防衛であり，歪曲である。しかしすべての転移がいつでも反射的に働いているわけではない。むしろ転移は，その人にとって，自分自身がさらされた太古的な危険を思い出させるような特定の状況や知覚によって選択的に引き起こされるのである。このように転移は，いつも少なくとも二つの要素をもっているといえる。ひとつは，慢性的な性格的鎧になっている，危険に対する過去の緊急的反応の太古的な残余であり，もうひとつは，現在の状況が外傷を受けた過去の体験に実際に酷似しているために，知覚が今ここで繰り返し反復され，現在において太古的パターンが誘発される場合である。

　しかし，治療状況において生じる転移様現象は，たとえそれが治療者に関係していることであっても，それらすべてが真の転移であるとは限らないことを覚えておくことは重要である。たとえば普通，平均的に予想される社会的やり取りからひどく逸脱したような治療者の行動は——もし治療的な関係について治療者と患者で合意した目標を達成するために必要なこととして理解され，**受け容れ**られているのでなければ——，治療者の社会的境界の侵犯に対して適切といえる反応を患者の側に引き起こすことだろう。それは過去に由来した防衛的戦略である転移などではない。たとえば，もし治療者が敵対的であったり侮辱的であったりするならば，患者が怒りをもって反応したとしても，それは正常で適切なことである。患者が治療者の沈黙やその他の治療者の態度を，平均的に予想される適切な社会的交流と比較して，敵対的あるいは侮辱的，無礼，不快なものとしてとらえ，立腹して反応したとしても，それは転移ではないのである。一方もし適切な準備をして，患者がある目標を達成するためにそれが

必要であることを理解していれば，明らかに逸脱した治療者側の行動も，受け容れることができるかもしれない。

　医療に喩えれば，患者は普通，それらの処置の必要性をよく理解すれば，非常に厳密な検査や痛みをともなう処置にも耐えようとするものである。しかしながら，たとえどれほどうまく治療者がその行動を合理化しようとも，無関心な雰囲気として体験されるような冷たい距離を置いた態度は，医療においても心理療法においても，ほとんどの患者にとって受け容れられないものである。患者はそのような治療者の態度を，不承不承，我慢することを学ぶかもしれない。患者の積極的な協力を必要としない外科的な処置の領域においては，患者の協力は治療の成功に大した意味をもたないかもしれないが，心理療法の実践においては，患者の積極的な関与と協力は治療の成功に不可欠なものなので，プロセスを妨げるのではなく促進するような環境を創出することは，治療者の側の治療的責任なのである。

治療への動機

　心理的苦痛からの解放は，治療を求めるもっとも力強い動機である。しかしそれを越えて，どうして人は治療の中で再び傷つくような危険を犯さなくてはならないのだろうか。どうして辛い自己の開示を繰り返さないといけないのだろうか。時間もかかり，情緒的にも深い関わりを求められ，費用もかかる精神分析の治療を受けようとする動機は何なのか。そこには，より痛みの少ない生き方につながっていくという望み，創造的な努力によって可能性を実現したいという希望，そうなれる，そうなりたいといつも本当に思っていたものに最終的になれるという希望——それはその人自身の自己実現そのものである——が存在しているだろう。しかし，治療への動機の大部分は，理解してくれる環境への欲求であり，太古的な防衛的パターンが邪魔している限り体験することのできない，自己を支える自己対象体験に対する欲求である。健康な全体性 wholeness への希求とは，そこから全体として存在する強さを獲得することのできる支持的な自己対象環境に対する希求なのである。

自己心理学の起源

　精神分析の出現と自己心理学への発展についての概観を簡潔にまとめておこう。精神分析を創始した先駆的な天才ジグムント・フロイトは，厳しい自己探究によって，一般に受け容れがたい人間の性と攻撃性について追求する勇気と強さをもっていた。その中で彼は，心理的プロセスを探索する方法，一連の心理学的な知識，そして特定の心理的な病気，いわゆる精神神経症を治療する方法を生み出したのである。後フロイト派の精神分析家たちも，精神分析をさらに発展，修正させたが，彼らは主として，フロイトが示した理論的枠組みの中に留まろうとした。

　しかしハインツ・コフートは，臨床経験から刺激を受け，またフロイトの思い出を書き残した勇気ある人々のお陰で，精神分析の根本的な核となるものを再検討し，見直したのである。コフートは，深層心理学におけるデータとは，本質的には内省と共感という治療者の関与によって初めて得られるものであると定義したことで，精神分析の領域の境界を明確にしたといえる（Kohut, 1959）。この定義は，精神分析を主観性に関する科学，あるいは心的状態と心的プロセスに関する科学として位置づけたのである。この定義によって，関心の焦点は必然的に従来の古典的精神分析のイド，欲動といった精神生物的な基質から，自分というものの体験やその発達や変遷といった，もっと純粋な心理的考察に移ることとなった。その結果生まれたのが，精神分析的な自己の心理学である。それは自己に関する詳細な研究といわゆる自己対象との関係，すなわちさまざまな自己の状態や主観的体験や行動における自己のさまざまな表れを喚起し，それらを維持するように働く環境と自己との関係を詳細に研究することをその特徴としているのである。

自己心理学と社会的問題

　フロイトの精神分析は，個人の内的生活を探究の領域としてきた。精神分析は精神内界の力動に焦点を当てており，心理学的な力が，その構成要素であるイド，自我，超自我の間に生じ，「心的装置」の中で働いているとして概念化

64 第1部 自己の心理学

された。環境の影響は，臨床的には全面的に無視されてはいないが，理論的には，**主動力** primum mobile である本能欲動に対して2次的な役割しかもっていない。周囲の環境の中の対象は，欲動の解放のために利用される。つまり本質において，対象は欲動の解放を促進させたり挫折させたりすることで影響を及ぼすのである。超自我や自我理想のような精神構造は，主としてそのような欲動解放のパターンの変遷を通して生じる。しかし新フロイト派の理論家たち（英国におけるメラニー・クライン Melanie Klein，フェアバーン，ガントリップ，ウィニコット，ボウルビィ，米国におけるホーナイ Horney，E・フロム E. Fromm，H・S・サリバン H.S. Sullivan，フロム-ライヒマン Fromm-Reichmann）は，必要な外的対象や周囲の文化からの大きな影響を認めて，古典的理論に修正を加えた。このようにして，対人相互間の力動や対象関係が，現代の多くの精神分析家たちの関心の的になったのである。しかしながら，生まれより育ちを強調したことは，激しい論争を巻き起こすこととなった。欲動から対象へと強調点が移ることによって，真に重要なフロイトの発見が軽んじられたり，捨てられたりすることを古典的なフロイト派たちは恐れたのである。

　コフートは，自己心理学は古典的フロイト派の概念と同様に精神内界の力動の理論であり，対人相互間の理論や対象関係の理論ではないと主張した。しかし彼は20年に及ぶ理論的発展を通して，徐々に，自己心理学から本能欲動と心的エネルギーという19世紀の自然科学に由来する二つの概念を取り除いた。そして意識的あるいは無意識的な主観的体験にまつわる現象を，心理的な構造，つまり中心となる自己を組織するための刺激として位置づけたのである。自己対象の理論は，このようにコフート派の精神の中核となったのである。自己対象とは自己と対象の関係の現実ではなく，その関係についての自己の意識的，無意識的体験であり，それは自己の凝集性や活気，調和を決定づけるものなのである。

　明らかにコフート派の自己心理学は個人についての心理学であって，社会心理学ではない。しかし自己対象の概念は，伝統的に社会科学者の関心の的であり続けてきた広範な問題に対して，新しい扉を開いたと私は考えている。個人に課せられた社会的役割は，しばしばその人の自己の凝集性に決定的な影響を

与える。より正確に言えば，社会的役割は自己対象の機能を果たすことができるのである。たとえば，自己が断片化した状態にある自己愛人格障害の患者がある組織に参加することによって，しっかりとした凝集性のある自己の構造に達するのを臨床的に観察することは珍しいことではない。これは彼らが受けた（映し返された）承認によって，あるいは新しく参加した組織の中で個人のメンバーを理想化することができたことによって部分的に説明される。したがって，しばしば組織の心理的イメージがそれらを左右する。すなわち，そうしたことが理想化された自己対象——そこに所属している時のプライドの源泉——として役立つのであり，またそれは自己を確証する自己対象体験（「私はメンバーなんだから，大したものなんだ」）を提供するのである。極端な例を上げると，第1次大戦後ドイツでうつ病が蔓延していた頃，ナチスは精神的に落伍した人々に突撃隊員のピカピカの制服を着せることによって，彼らをまだ十分使える兵士に仕立て上げた。言葉を変えると，自己対象として機能している組織と自己を巻き込んだ自己対象体験を通して，強力な社会的同一化で自己が支えられることにより，自己の構造に新たな力が吹き込まれたのである。建築の基礎が壊れかけた建て物を支えるように，社会的な同一化は崩れかけた自己を支えることができるのである。

　リーダーとグループの関係の側面も，自己対象理論によって説明することができる。ここで，グループも個人の自己の構造と同じように，グループの野心とグループの理想をもったグループ自己をもつと仮定することができるのである（Kohut, 1985）。そう考えるとわれわれは，リーダーとそのリーダーに従う人々との相互の関係について理解することができる。ここで再び，ある危機場面の例が説明に役に立つかもしれない。ダンケルクの戦いで敗北し撤退したイギリスは，その頃，連合する国もなく孤立して，軍は食料も武器弾薬も底をつき，ひどい混乱状態にあった。イギリス国民もまた傷心の中にあり，敗北主義や無力感が蔓延して，極めて不安定な心理状態にあったのである。しかしウインストン・チャーチルが首相になった時，顕著な変化が起こった。数年かけてチャーチルは，負けることを知らない不屈の人物のイメージを築き上げた。ナチスをこけ降ろす雄弁な演説の数々や，彼自身のひるむことのない決意の固さを示すことを通して，チャーチルはイギリス国民に彼自身のパワーの感覚を吹

き込んだのである。チャーチルのような**カリスマ的リーダー**は，自己の二極のうち，過剰に肥大化した野心の極を通して，彼もその一部であるグループ自己の傷ついた野心の極を回復させたのである。同様にガンジーのような**救世主的リーダー**は，彼の自己の肥大した理想の極を通して，インド国民の断片化したグループ自己に必要な凝集性を吹き込むことができた。非暴力のキャンペーンを通して，苦難に耐え抜くことができたインド国民のグループ自己の強さと凝集力は，あの救世主的リーダーとの自己対象体験なくしては達成されることはなかっただろう。

　民族間の関係を自己心理学者の目を通して見るならば，それらは，それぞれのグループ自己とグループ自己の間で起こっている現象として解釈できる。われわれは，軍縮，原爆実験，宇宙開発戦争やその他のさまざまな国家間交渉といった大きな力と力の間の策略の背景に，おのおののグループ自己が無力な立場に追い込まれることへの恐れが存在していることに気づく。自己心理学者たちは，無力な状態に追い込まれる脅威ほど恐ろしいものはないことを個人の治療経験から知っている。人はこの脅威に対して自己愛憤怒——自己を脅かす源を破壊しようとする自己の際限のない怒り——をもって反応する。殺人や自殺は，無力さの体験を追いやるのに，それ以外の行動が存在しない時に起こる，まれではない帰結である。グループ自己にとっても，これらの教訓とグループ自己が抱える緊急性は明らかに当てはまる。外交政策の目的とは，国々のグループ自己の自己愛憤怒を刺激するような状況を防止すること，すなわち敵対する可能性のある相手国を弱体化させることではなく，慎重にそして選択的に相手国に力をもたすことにあるという示唆が，これらの教訓の一つであるように思われる。

第4章

自己と自己対象

　ここまで検討してきたように，「自己」は正確に定義するには扱いにくい概念である。さまざまな理論家たちが概念化の中で，自己という用語をどのように使うかを定義してきた。こうした言葉の使い方による定義は，その意味することを教え，伝えることを可能にする。しかし，そのような定義は，ものごとの本質的な性質については何も語ってはいないことを心に留めておくことも必要だろう。自己心理学においても，明確な定義はわれわれの手をすり抜けてきた。しかしながら，自己と自己の体験の相互交流の描写の間を行きつ戻りつしながら，自己心理学が自己という言葉をどのように使っているかを見ることによって，私は，正確な定義という固定化された中に凍結されてしまうことなく，この発展的な概念の意味が伝わることを期待しているのである。したがって当面のところ，自己の定義は臨床的な目的としてはこれで十分であり，さらなる理論的検討のために柔軟性をもたせておくことが必要である。

自己の構造

双極性自己

　螺旋階段のメタファーを使いながら，コフートは自己を双極構造として描写している（3章46～47頁参照）。自己の一方の極は，鏡映自己対象体験（この章の後半で，理想化自己対象体験と共に検討する）の蓄積から構成されてお

り，**野心の極**と呼ばれる。自己のもう一方の極は理想化自己対象体験から生じており，**理想と価値の極**と呼ばれる。さらに比喩的に言えば，これらの極は，それぞれが異なる方向に自己を押したり引き寄せたりしているので，二つの極の間には**緊張弧**がかかっている。そしてこの両極の間を，緊張弧に沿う形で，生まれもった才能や獲得された技量がつないでいるのである。

人生のプラン

個人の自己が，最初に，唯一で独自の凝集した構造となって生まれ出る際，二つの極とその間にかかった緊張弧からなる全体の構成態が，この**中核自己** nuclear self の核となる。この独自の核の構成態が，一生を通して自己に特有な方向性を与えていく。それは自己にとって**人生のプラン**といえるものである。自己の人生のプランと調和して生きている人は，達成感を享受することができる。自己の人生のプランから重要な面で逸れた生き方をしている人は，未達成感をともなった慢性の不満足感に苦しむことになる。フランスの芸術家ポール・ゴーギャンは，画家になるために，成功した商売の経歴を捨て去るまで達成感を得ることができなかった。私は同様の心理的な経歴をもった芸術家を分析したことがある。彼はビジネスの上では大きな成功を納めた経営者であったが，自分の芸術的な才能は散発的にしか使うことができず，またほとんどが創造的とは言えない使い方であった。高い社会的評価と豊かな経済的報酬にもかかわらず，彼は不満足感に苦しみ続けていた。そして，その不満足感は，彼が最終的にフルタイムの芸術家になるためにビジネスの仕事を捨てた時に，初めて解消されたのである。

バランスのとれた自己

自己の構成部分，すなわち二つの極と才能と技量の緊張弧が，おおよそ等しい力で存在している時，われわれはそれを調和してバランスのとれた自己と言うことができる。しかし，しばしば自己の構成要素には，不均衡なウエートがかかっているものである。理想の極の優勢さは救世主的人格の特徴を示しており，野心の極の優勢さはカリスマ的人々に見られる。「組織人」という盲従的な人格は，二つの極を犠牲にして才能と技量の緊張弧が過度に優勢になってい

る。

　ナチ国民党機構の幹部役員は，そのような組織人であった。彼らは浅はかに
も，ごく普通のこととして人を殴った。彼らは普通の善良な家族人で，個人的
な利益のために目立って野心的なわけでもなく，自分の価値の追求に燃えてい
るのでもなかった。彼らはしばしば盲従的で楽しみのない人々であり，彼らが
関わった大規模な言語に絶する悪事は，個人的に送っている彼らの一般的でま
ったく平凡な生活とはあまりにも不釣り合いなものに思われた。もし彼らが共
通してもっている目立った特質があったとすれば，それはおそらく彼らが組織
の一部となり，すっかりその組織の目的を自分自身のものとして取り入れてし
まっているという，彼らの何の疑問もない組織への献身とコミットメントであ
る。ホロコーストの組織者の一人であるアドルフ・アイヒマン[訳注]は，アンバ
ランスな自己構造——すなわち，野心と理想の極は貧困で，才能と技量の緊張
弧が相対的に肥大している自己の構造——をもったタイプのよい例である。

空虚な自己

　自己を組織する自己対象体験の慢性的な剥奪は，豊かな応答性のある環境の
中で育つ自己の構造的複雑さや，力に満ちた活力が相対的に欠如した状態に自
己を停止させる。臨床的にこうした状態の人々は，しばしば，興味が欠如した
感覚や空虚感をともなった軽い慢性的な抑うつ的ムードに苦しんでいる。

自己対象

　「自己対象」という用語は，「自己」という用語以上によく誤解を受ける言葉
だが，定義することはそれほど難しくはない。もっとも多い誤解は，自己対象
を人物のことだと考えることである。確かに自己対象機能は，しばしば人によ
って果たされる。しかし自己対象とは機能なのであり，人ではないということ
を覚えておくことは重要である。

　自己対象を人物，すなわちひとつの対象であるかのように言及することは，

訳注）アドルフ・アイヒマンはユダヤ人虐殺で数々の人体実験に関与した，ナチスの指導官
　　である。

不正確ではあるが，外側の観察者の視点からすれば正しいといえるかもしれない。しかし自己対象を自己の観点から，つまり自己対象を自己対象**体験**として考えることは，自己心理学の臨床的な基本的観察により合致している。確かに最早期の自己対象体験の多くは，人物，すなわち主に最早期の養育者によってもたらされる。このことは，自己対象機能をもつ対象について語ることを容易にしている。しかし一方で，自己対象とは本来これらの対象によって喚起された**体験**を意味しているのだ，ということを聞き手や読み手に常に思い出させることは逆に不便になったといえる。自己の構造化（それは自分というものの体験として現れる）を促し，そのような自分らしさを維持するよう働くすべての体験は，自己対象体験なのである。

　対象だけなく，対象の代わりとなる象徴や概念の機能によっても，自己対象体験は生じうる。それらは他の自己対象体験と同じく，潜在的な自己や現れている自己に対して，自己を喚起し支持する体験を提供する機能を果たしている。したがってより厳密に言うと，自己対象とは自己でも対象でもなく，関係性によって生じる機能の**主観的**な側面なのである。同様に，自己対象関係とは**精神内界**の体験を指しているのであり，自己と対象の間の実際の対人相互関係を表現しているのではない。それは自己の支えにとって必要なイマーゴについての主観的体験を意味しているのである。したがって不毛の地に閑居している隠者は，必ずしも孤独による自己対象の剥奪を苦に病んではいない。実際，そのような孤立によって，特別に天分豊かな人々は，もっとも親密な人物からの自己対象反応に匹敵するような力強さを有した宗教的概念や表象とつながる体験をもつことができるようである。

　親や養育者からの世話は，自己対象体験を子どもの中に喚起する。そしてその自己対象体験は，われわれが自己と呼ぶ組織である，その年齢に相応した構造につながっていく。たとえば，母親は子どもに話しかけたり，世話したり，応じたりする際，子どものための自己対象体験を創り出している。それは，自己の組織化に向かう子どもの可能性に対して，組織化を促す効果を及ぼし，その結果，自己は喚起され，維持される。この現れたばかりの自己は，それがある程度の凝集性に到達した時，自分であることの感覚として子どもに体験される。そこには自己評価と幸福の体験がともなっている。自己を喚起し維持する

自己対象機能を体験することは，人間が生きている限り必要なものである。こうして，健康な成熟した自己もまた，自己対象体験が絶えることなく供給されることを必要とするが，これらの自己対象体験の形態は，ひとつの発達をとげていくだろう。たとえば，大人はもはや子どもが必要とするような身体的な接触や抱っこを必要とせず，その時の自己対象欲求に波長の合った小説を読んだり，心動かされる絵画を眺めたり，音楽に耳を傾けたりすることから，自己対象体験を得るかもしれない。大人にとっては，他にもそのような多くの象徴的な自己対象体験が，乳児や子どもの頃に必要とされた具体的な自己対象体験に取って代わっていくのである。宗教的体験やグループでの体験，科学的，哲学的な洞察などは，大人の自分を維持するために機能するさまざまな自己対象体験に数えられる。

　自己対象体験の自己支持機能は生きるために必要であり，これらの体験の形態は年齢に応じて適切な形が異なるので，われわれは自己対象関係の発達ライン，あるいは，より正確には自己対象体験の発達ラインについて語ることができる（Wolf, 1980c）。図式的に言うと，自己対象欲求は次のように概説することができる。（1）新生児は，現実の人との間で，自己喚起的な体験を必要とする。その現実の人物は，新生児に波長を合わせた反応を提供する。（2）青年は，話し方や服装，音楽，アイドル（偶像）などといった若者文化によって提供される実在する対象やシンボルを通して，自己支持的な体験をもつことが必要である。それらの対象やシンボルは，その有用性に応じて，それぞれの青年にとっての自己対象として機能する。（3）大人は，芸術，文学，宗教，概念によって提供される実在の対象やシンボルを通して，自己支持的な体験をもつことが必要である。それらの対象やシンボルは，その有用性に応じて，それぞれの大人にとっての自己対象として機能する。たとえば，ある大人は消耗した体験の後，自分自身の自己の状態がとても壊れやすい割れ物のように感じるかもしれないが，その後ベートーベンのカルテットやバッハのカンタータに耳を傾けることによって，そこに自己支持的な自己対象体験を見出すかもしれない。この特定の体験の中で，彼は，映し返し，慰めてくれる非言語的な存在につながっている自分を見出したり，理想化された偉大なものに自分がつながることで，高められた自分に出会うかもしれない。これらの体験は一部分しか意

識されていないが，自己への影響に関して非常に大きな力をもっている。別の大人たちは絵画を見たり，小説を読んだり，スポーツを観戦したり，教会へ行ったり，旗を掲揚したりすることの中に，類似の自己支持的な体験を見出すかもしれない。それは無意識的な対象との関係の主観的側面であり，象徴的な存在を介して自己対象機能が効果的に提供されているのである。

自己対象体験

精神内界　対　対人相互関係

自己対象の存在は，それが適切に機能している時，自己とそれにともなう自分らしさの感覚を喚起し，維持する。これは精神内界の事象であり，主観的な体験である。自己対象関係，正確には自己対象体験は，精神分析的な研究にふさわしいテーマである。言わば，自己対象体験は，外側から客観的に観察できないものであり，それは対人相互的な文脈の中の事象でもないし，社会心理学の一部でもない。自己対象関係を対象関係として説明するのも，対人関係として説明するのも誤りである。人と人の間の相互関係は，自己対象体験を生み出すかもしれないし，ある人と人との特定の関係には自己対象体験がともなっていることが推察されるかもしれない。しかし，自己対象体験に対する直接の接近は，唯一，内省と共感によってなされるのである。

自己対象欲求のアウトライン

健康な自己は，その凝集性，活力，バランスを維持するために，自己を支える自己対象的な雰囲気が絶え間なく供給されていると体験されるような環境に囲まれて存在していることが必要である。ここで図式的に概観すると，自己対象欲求は五つのタイプに区別される。

1. **映し返しへの欲求** Mirroring needs：自己が承認され，確かなものとして認められて認識されたいという欲求。すなわち，とくに自分自身を表現できた際に，それが受け容れられ評価されたいという欲求。
2. **理想化の欲求** Idealizing needs：自分自身を，賞賛し尊敬している自

己対象の一部分として体験したいという欲求。すなわち主体には欠けている，安定し，落ち着いた，不安のない，力強く，賢く，保護的な自己対象に受け容れられ，その中に融け込みたい欲求。

3．**分身への欲求　Alterego needs**：自分が自己対象と本質的に似ていることを体験したい欲求。

4．**対立への欲求　Adversarial needs**：自分が能動的な立場に立つことを許し，あるいはそれを奨励して，少なくとも部分的にこちらの自律性を認めてくれることを自己対象に求めながら，またその一方でそうした自己対象を，支持的，応答的であり続けながら，穏やかな形で自己に対抗してくる一つの力としても体験したいという欲求。すなわち，自己対象からの自己支持的な応答性を失うことなく，その自己対象と対峙し，自己対象に対立的に自己を主張して，自己対象に立ち向かう confrontation という自己対象体験への欲求。

5．**融合の欲求　Merger needs**
　a．自己の延長 ：鏡映自己対象と完全に一体となる体験においてのみ，自己を確認できるような，原始的な形の映し返しへの欲求。
　b．理想化された自己対象との融合 ：理想化自己対象と完全に一体となることを強く求める理想化への欲求。

6．**効力感の欲求　Efficacy needs**：自分が自己対象に対して強い効果を及ぼし，必要な自己対象体験を自らが引き起こすことができるということを体験したいという欲求。

幼児的な自己対象欲求　対　成熟した自己対象欲求

　映し返し，理想化，分身，効力感，そして対立を求める自己対象欲求はすべて，どの年齢でも存在している。**年齢相応**の自己対象欲求とは，普通なら必要とされる自己対象体験であり，自己の凝集性を維持するため，その年齢に応じた必要性に見合ったものである。乳幼児においては，太古的な自己対象欲求が年齢相応なものである。大人においては，その年齢相応に修正された欲求が，しばしば成熟した自己対象欲求と考えられる。その年齢よりも相対的に遅れた太古的なモードにある自己対象欲求の現れは，発達が乱れている証しであり，

何らかの病理性の存在を示唆しているかもしれない。

　幼児的な自己対象欲求とは，早期の子ども時代において通常必要とされる自己対象体験に対する正常で適切な欲求である。しかし，この太古的なタイプの自己対象体験は，後の人生においても，一時的にストレスの強い期間，あるいは自己の障害が慢性にある場合には，まだなくてはならないものだろう。

発達段階

太古的な乳幼児期

　融合 Merger　新生児や乳児は，まだ自己と対象が分化していないので，おそらく自己と世界が限りなく融合しているかのように体験していると思われる。別の言い方をすれば，この至福の状態にある乳幼児は，自己体験を拡大して，周囲の世界のすべてを自己の中に包含しているといえるかもしれない。しかしこれは，乳幼児において推定される体験の擬人的，隠喩的な描写であって，赤ん坊は考えたり，想像したりする能力がまったくないものとして想定していることを心に留めておくことが必要だろう。むしろ，これらの描写は推論された体験状態である。自己と対象が分化し，少なくとも一時的に自分であるという感覚 sense of selfhood や構造化された自己が現れた後に，初めて自己は融合状態と非融合状態との間を，病的でなく，緩やかな形で揺れ動くようになる。しかし，年齢が上がってくると，そのような融合状態は，退行や病理性の存在を示しているかもしれない[1]。

　映し返し Mirroring　乳幼児は，自己の構造化とそれに付随する自分があるという体験を喚起するために，鏡映体験 mirroring experiences が必要であり，自己対象からの映し返しを求める。そうした鏡映自己対象体験に対する必要性は，一生を通じて存続する。

　理想化 Idealizing　鏡映自己対象体験を求めることと同様，乳幼児期の間，

---

1) 乳幼児が世界全体を自分自身に含めて自己体験を拡大することを述べたが，それは「乳幼児的誇大感 infantile grandiosity」のことと誤解されるかもしれない。確かに乳幼児の体験は，観察者から見れば，尊大な自己概念と考えられるかもしれない。しかし乳幼児は判断する能力も，概念化する能力ももち合わせてはいないのであって，尊大さという言葉は，乳児における至上の幸福の体験には本質的にそぐわないものである。

自己の構造を喚起し維持するために，自己は理想化自己対象体験を提供してくれる理想化できる自己対象の存在を求める。この両方のタイプの体験が，自己感を喚起し支えるために一生を通じて必要とされる。

分身または双子 Alter-ego or Twinship　自己が自己対象と本質的に似ていることを体験し，自己の穏やかな支えとなる自己対象の存在自体によって，自己が強められることが求められる。この分身自己対象体験は，次のエディプス期において確実に生じると言うことができるが，おそらくこれは乳幼児期においてもすでに存在している。

対立と効力感 Adversarial and Efficacy　これらの欲求は，まとまりのある自己が現れる生後2年の頃に初めて生じてくると考えられる。そして，これらも一生を通して必要とされる。

エディプス期

エディプス期でも，映し返し，理想化，対立，効力感，そして分身自己対象体験が必要とされる。それは，発達しつつある自己が，適切な性別同一性を獲得し，また後の成人期の精神神経症の発症につながるような自己構造の歪みをもたらさないためにも必要である。

アウトラインとしては以下のようなことが必要である。（1）男子の場合：母親は誘惑的になることなく，息子の自律性と男性性を承認する。すなわち息子の理想化への欲求を受け容れる。父親は攻撃することなしに，息子の対立と分身への欲求を受け容れる。（2）女子の場合：父親は誘惑的になることなく，娘の自律性と女性性を承認する。すなわち，娘の理想化への欲求を受け容れる。母親は攻撃することなしに，娘の対立と分身への欲求を受け容れる。

潜在期

一生を通じて常に必要とされる映し返しと理想化の体験に加えて，潜在期においては，とくに，模倣するモデルとして，そして自分と似ている体験をするモデルとして自己対象が必要とされる。これらの分身の体験は技量の発達において重要となる。これは仲間や親をモデルとして，そこから学んでいくための道を開くのである。

76 第1部 自己の心理学

思春期

　思春期においては，自己対象体験のさまざまな様式が徐々に拡大していく。自己対象機能の提供者は，これまでの初期の養育者から，教師や友人，また注目すべきこととして，自己対象的な人物の象徴的な代理物などに移っていく。自己対象の様式はより広がりをもつようになり，非人格化していく。

青年期，および若い成人期

　思春期に始まった過程が，青年期においてより全体的に深まって進んでいく。認知的な発達は，両親の欠点の認識につながり，それは初期の理想化された自己対象に対して，急速な脱理想化という結果を必然的にともなうようになる。親イマーゴの脱理想化によって自己対象が空白となってしまっては自己は存在することができないので，応答的な自己対象との関係において自己の存在を維持しようと，青年は仲間集団や青年期に特有の文化やアイドル，そして文化的な歴史上の英雄などに自己対象を求めていく。理想化された自己対象として，親の代わりとなる仲間集団をもっていることが，心理的な健康を維持する上で，きわめて重要となる。また歴史上の英雄や芸術，宗教，思想といった理想化の対象となる文化的な自己対象の存在が，価値の再構築と一般文化への統合を可能にするのである。

　青年期の発達過程では，理想化された親のイマーゴは，普通，少なくとも一時期の間，青年の文化において理想化されたイマーゴと置き換わる。これらのイマーゴは，青年の文化でその時何が流行しているかによって変わってくる。しかし結局青年は，親が理想とする側面を含み，また一般文化ともある程度は調和し，また古い価値や伝統にはある程度批判的な，青年に特有の理想化された価値の方向を創造していく。

　青年は，この時期，発達的にもっと後の段階になるまで，家族やより大きな社会に貢献することをほとんど要求されない人生の時期を過ごすことが必要である。エリクソン Erikson がモラトリアムと命名したこの時期を，青年は大きなアンビバレンツと共に体験する。時間，余暇，お金，そして楽しみをもてることは喜びではあるが，一方で，現実の責任を取る機会がまったくないことは屈辱的なことでもあるだろう。多くの青年にとって，はっきりしない将来より

も，今，何者かになりたいという要請は抑えきれないものであり，またそれは大きな苦悩にもつながっていく。通常の仲間集団の中のアイドルを理想化するという体験を，分身自己対象体験の代わりにする青年がいる。しかし，そのアイドルはその青年自身の自己と似ていることから選ばれているため，こうした理想化の体験は，自己に新しい可能性を加えるというよりも，その青年の不足している点や欠点をそのまま承認してしまい，それらをより強化してしまうことにつながるので，危険な場合があるだろう。

結婚生活の時期

夫婦は，さまざまな自己対象機能としてお互いを使い合う。親密さは，自己の自律性を失う恐れのない，コントロールされた原初的な融合への退行を促す。自己の境界を拡張し，相手を自分の中に包含することは，相手の自己支持的な自己対象体験に，まるで自己の体験のように関与することを可能にする。他方，期待され必要とされていた自己対象体験をめぐって欲求不満や失望が生じると，それは自己の凝集性を脅かし，夫婦関係を破壊するような行動を招くことになるかもしれない。

親になる時期

親は，子どもに必要とされた際には，十分な柔軟性と流動性をもてるような，しっかりとした凝集性のある自己をもっていることが理想である。自己の境界の流動性は，親と子が共に必要とした際には，子どもを自己対象として自己に含めたり，子どもを自律的に分離させたりすることを可能にする。ウェイスマン Weissman とコーヘン Cohen（1985）は，夫婦の両親同盟 parenting alliance とは，親としての体験と成人としての課題を発展させていくために必要不可欠な自己と自己対象の関係である，と述べている。

中年期

中年とは，自己を評価する時期である。したがって人生の曲がり角で見出された行動計画に調和した，自己の再評価とそのゴール（社会的，職業上，経歴，家族として）の立て直しを受け容れてくれる自己対象が必要である。その計画

からあまりにも大きくはずれてしまうと、未達成の体験に終わってしまい、いわゆる中年の危機と呼ばれる状態に陥ってしまうだろう。

老年期

老年は、コミュニティーを理想化する欲求をもっていることが特徴である。そしてコミュニティーの理想にとって特別に大切な指導者やモデルとして、自己が認められることが必要な時期である。

効力感の体験

ここまで議論してきた自己対象体験では、ほとんど共通して、自己対象の行為の受け取り手としての自己に言及してきた。自己が自らの欲求を自己対象に知らせ、自己対象の行為が引き起こされた時でさえも、これらの自己対象体験は第一に、行為者 actor としての自己対象と行為を受け取る側の自己に焦点が当てられていた。私は今ここで、これらとは反対の方向であるもう一つの現象を検討したい。すなわち行為者としての自己と行為の受け手としての自己対象という現象である。この現象の本質は、自己は、対象に効果を及ぼすことのできる発動者 agent であるという体験であり、この現象を効力感の体験と呼ぶことができる。この効力感の体験は、以前に議論した自己対象体験と同様、自己感が喚起されるために重要な体験である。したがって自己が抱く効力感への欲求についても述べることが必要だろう。

1905 年、フロイトは統制 mastery を獲得するための装置（1905b, p.159）と統制本能（1905b, p.193）について述べている。1913 年の著作の中で彼は以下のように記している。「活動とは通常の統制本能によってもたらされたものであり、それを性的な機能の中に見いだす時、われわれはそれをサディズムと呼ぶ（1913b, p.323）」。「サディズムとは、実際のところ、統制本能の昇華された派生物であり、それは知性的なものにまで高められる。そして疑いをもってそれが拒絶されることが、強迫神経症において大きな役割を果たしているのである（1913b, p.324）」。そして、1920 年に再びフロイトは、**イナイ、イナイ、バ**ーの遊びについての議論の中で、「これらの遊びは、その記憶がそれ自体、快であろうとなかろうと関係なく、統制本能によるものであるといえるかもしれ

ない（1920a, p.16）」と考察している。しかし彼は，さらにそれ以上このテーマの研究を進めることはなかった。アンヤル Angyal（1941）は，同様の意味で，「自律への傾向」について述べている。それは統制本能と呼ばれるものについて討論された際，最初にヘンドリック Hendrick（1943）によって言及されたものである。彼はそれを環境をコントロールしようとする人間の基本的欲動とし，喜びの仕事と名づけた特定の快の体験に関連していると考えた。ヘンドリック（1942）は，ここで，「ものごとを行い，どのように行うかを学ぼうとする生まれつきの欲動」についても言及している。「この本能は，生後2年間，感覚的な快を求める欲求よりも，子どもの行動の多くを決定しているように思われる（Hendrick, 1942, p.40）」。しかしこれらのヘンドリックの見解は，ほとんど受け容れられることはなかったのである。

乳幼児の研究

乳児についての研究から報告された最近の知見は，乳児と母親の間の相互交流の構造形成に関する精神分析理論の再検討の必要性を強く示唆している。ホワイト White（1959）は，乳児の観察に基づいて，彼が「能力感の概念 concept of competence」と呼んだものについて研究した。彼は，乳児が自己の能力を最大限に発揮した活動は，乳児自身の中で動機づけられたものと考えられなければならないと結論して，この動機を「効果性 effectance」と表現することを提唱し，そこから生じる体験の特性を「効力 efficacy」の感覚として記述した（p.329）。

さらにリヒテンバーグ Lichtenberg は，より最近の乳幼児発達の研究が，自己体験が結実されていく上において，効力感の快が果たす役割を次のような報告で示唆している（Lichtenberg, 1983, 1988）[2]。

乳児自身の効力感の快を証明する有名な例として，生後4カ月の乳児何人かに対して色光の照射を5秒間行った実験がある（Papousek, 1975）。乳児

2）さまざまな乳幼児の研究者たちが，ここで議論されている現象を指すのに，さまざまな異なった表現を使っている。有効性 efficiency，能力感の快 competence pleasure，効力感の快 efficacy pleasure，効果感の快 effectance pleasure などである（White, 1959; Papousek, 1975; Broucek, 1979; Sander, 1983）。

80 第1部　自己の心理学

たちは，最初，光の照射に興味を示し，その刺激の方向に頭を向けたが，その後，さらに何回か照射が繰り返された後は，そうした刺激への典型的な反応は減少してしまった。そこで実験では，乳児があらかじめ決められた側に頭を3回連続して30度回転させた時には，光の照射装置にスイッチが入るように設定された。すると，乳児の頭の動きによって光がつくやいなや，乳児の行動は劇的に変化した。その後，光の方向に頭を向ける反応が急激に増加し，乳児は視覚刺激を再び得ようとして，あらゆる動きを続けたのである。この時点までならば，この実験は，刺激－反応の古典的条件づけに関する単なる証拠だと思われるだろう。しかし，パプーセック Papousek らは，その後さらに重要な観察を行った。彼らは，乳児が2,3回光を照射させることに成功した後も，光が真上に見えるにもかかわらず，首をそのまま90度に曲げたままでいることに気づいたのである。乳児は何かを見ているようにも見えなかった。それにもかかわらず，乳児はその後も装置にスイッチを入れようとし続け，光の照射に成功すると，ニコニコした表情を示し，口をブクブクとさせて，満足げな反応を見せたのである。(Lichtenberg, 1988)

　他の乳幼児の研究者たちも，乳児が外界の出来事を偶然に自分の思いどおりに動かせた際，微笑みだすことを観察している。ブルーチェック Broucek (1979, p.312) は，快の源泉は，問題解決にだけあるのではなく，乳児の活動がその結果を引き起こした原因になっているという体験にも由来していると考えた。彼は，自分がその刺激のもとになっているという気づきと，それに関連した効力感の感覚と快の感覚は，自己を感じることの土台になっていると結論した。リヒテンバーグは，養育者の世話と，乳児が自分の欲求に気がつくこととの間の満足のいく調和によって可能となる，乳児の生理的調節の達成を，乳児が自己を感じる基礎であるとしている。さらに彼は，愛着関係や協力関係において親密さを達成することが，自己を感じるもうひとつの基礎になることも示唆した (Lichtenberg, 1988)。乳児は，母親と乳児の間で相互に影響し合うパターンの特徴を認識し，それを予測するようになる (Bebee & Lachmann, 1988；Stern, 1974)。このように乳児の精神構造の形成を明らかにする一連のデータが出揃ってきており，将来，さらにここから精神分析的治療による精神構造の修復の過程が解明されるかもしれない。

精神分析的治療における効力感の体験

　愛着関係や親密な状態をもたらすのに，それを引き起こし，そのもととなる役割を自分がもっていることに気づくことで，乳児は，**効力感の体験** experience of efficacy をもつに至る。それは応答的な自己対象体験に加えて，まとまりのある自己体験の本質的な側面のひとつとなる。それは（デカルトには申し訳ないが）まるで乳児が，「私は反応を引き出せる。故に我あり」と語っているかのようである。成人の精神分析の過程に生じる退行は，太古的なレベルにおける効力感の快に満ちた体験と，効力感を喪失する自己破壊的な痛みをともなう体験とを再体験する過程を促進すると考えられるのである。（転移の修復については第9章136 〜 139頁を参照。）

要　　約

　これまでわれわれは，微妙だが明らかに，自己よりもむしろ自己対象の方に主に焦点を当て，重心を置いて論じてきた。これには多くの理由がある。ひとつは，真空の中では自己を観察することはできない，つまり自己対象の機能によって提供された自己対象体験という基盤の中でしか自己は観察されえない，という避けることのできない認識上の問題による。自己は正確な定義にそぐわない。しかし自己対象の概念は，最初は把握することが難しいが，自己の側から見れば，自己対象とは自己を喚起し，維持し，まとまりを与えるような体験である，と極めて正確に定義することができる。もちろん対象自体は，人に対して多くの機能を果たしている。たとえば，対象は性的な快を与えたり，さまざまな方法で人を育て，支え，技能を伝授したり，保護したりする。さまざまな形で対象が果たすこれらの対人相互間の機能は，対象が自己に快や効果を与えるために，自己にとっては支持的であるが，それは二次的な意味でそうであり，自己の構造の統合にとっては必ずしも必要ではないものかもしれない。これらの実際の対人相互間の機能は，自己対象体験として自己を支える自己対象機能からは区別されるものである。

　このもっとも重要な違いを，生徒と教師の関係の変遷を例にして示してみよう。音楽の勉学のために生徒が教師と結ぶ契約について取り上げよう。最初，

音楽の技術を学ぶのに生徒は教師を利用する。その関係は実際の対人相互間の機能をともなう対人関係である。もし2，3週間たって何か失望を招くようなことがあれば，その関係は双方ともにとくに心理的な苦痛もなしに解消されるかもしれないし，その教師が他の教師と交替することになるかもしれない。しかし，時に，どちらかに特別な欲求があるために——それは必ずしも異常な欲求ではない——関係が変化することがあるだろう。つまり，今やどんな齟齬でも，一方または双方にとって重大な心理的外傷として体験されるようになるのである。もし関係が壊れてしまえば，精神病的な崩壊にさえつながるかもしれない。激しい反応が発展すれば，関係は危うくなるだろう。このように太古的な自己対象欲求が動員されるようになると，自己のまとまりを維持するために，特定の自己対象体験を必要とするようになるのである。それは太古的な欲求の復活として現在に現れているので，われわれはこの現象を**自己対象転移**と名づけている。関与する二者の一方または双方は，自己を支えるのに必要な自己対象を求めて，相手に依存するようになる。単に技術の獲得のためだけにもたれていた対人関係は，今や自己の構造とまとまりを維持するために機能する，自己対象体験に置き換わるのである。

第5章

自己対象関係障害：自己の障害

定　　義

　自己の凝集性，活力，調和を達成する際の重大な失敗は，自己障害の状態を生み出すといえるだろう。病因論的に言えば，自己障害とは**自己対象関係障害**，あるいはもっと正確には，自己対象体験の不全による障害を意味している。

病因論

　自己は生涯を通して，自己対象体験の欠如，不十分さ，あるいは不適切さに対して傷つきやすい。この傷つきやすさは，人格の形成期にもっとも顕著だが，自己の損傷はどの年齢でも生じうる。エディプス期や思春期，結婚期，親となる時期，中年期，または老年期への入りかけの時期のような，いわゆる**人生の危機**といわれる主な発達の節目においては，不適切な自己対象体験に対する自己の傷つきやすさがいっそう高まると考えられる。

　自己が最初に現れる生後まもない時期には，とくに子どもと養育者の交流の不全は，生まれたての自己[1]にとって危険なもの，あるいはさらに有害な自己対象反応として体験される。その結果生じる外傷的な自己対象体験は，関与者のどちらかの自己に広範，あるいは深刻な損傷を与えることになる。自己の障害とは，概して言えば，自己の正常な発達上の失敗の結果である。赤ん坊や幼

い子どもが，自己を獲得したといえる年齢を正確に言うことは難しい。そもそも厳密に言えば，新生児はまだ自己をもっていないと想定するのが無難なように思われる。新生児は，酸素，食料，適度な温度変化の存在する特定の物理的環境に生理的にあらかじめ適応できるように生まれてくる。したがって，この環境の外では新生児は生存することができない。同様に，心理的な生存には，特定の心理的な環境——必要とされる自己対象体験を提供する応答的－共感的な自己対象の存在——を必要とする。これらの体験は，子どもの壊れやすい自己に強さとまとまりを与える。これらの必要な体験には，少なくとも以下の4つの異なる種類の自己対象環境からの反応が含まれている。

鏡映自己対象体験 Mirroring Selfobject Experiences　これらの体験は，自分は力に満ち，偉大で（素晴らしく），完全であるという子どもが生まれつきもっている感覚に承認を与える。

　9歳の少年が他の子どもたちと一緒にボール遊びをしていた時，隣の家の窓ガラスを割ってしまった。少年の母親は「まあ。それはさぞかしいい当たりだったに違いないわね」と感心して言った。しかし同時に，息子は自分の行動に責任を十分取ることのできる年齢であることも母親は認識しており，彼女は息子に，彼が謝罪のために倍償のお金を支払わなければならないことも伝えた。こうして母親は自己支持的に息子に応えることができたのである。これは鏡映自己対象体験の例となるだろう。
　一方，その晩にこのことを聞いた父親は，息子に腹を立て，再びこのようなことをしでかしたら，約束の新しいバットはもう買ってやらないぞと言って息子を脅した。これは自己対象体験の失敗の例となるだろう。

理想化自己対象体験 Idealized Selfobject Experiences　こうした体験は，落

1）明らかに自己を実在している行為主体 agent であるかのように語ることは不正確であり，誤りである。むしろ自己の強さ，もしくは脆弱さが発動性の体験につながっているその人について語るべきであろう。コフートは，自己はイニシアティブの中心であると述べている。この短い定義は，自己とその人自身との区別を毎回詳しく説明するよりも便利なものである。

ち着き，絶対的な正しさ，万能さというイメージに，子どもが溶け込むことのできる体験として役に立つ。

　能力の高い10代の少女ジャッキーは，学校の演劇でリーダーの役を与えられた。彼女の両親は，誇らしい思いで劇を見に行き，大いにそれを楽しんだ。これは少女にとって肯定的な鏡映体験であった。その後，両親と演劇の出演者たちが一緒になった時，ジャッキーの父親は，不適切にも酒のポケット小ビンを取り出して，大声で乾杯の声をあげてしまった。その行為は，その場にまったくふさわしくない行為であり，ジャッキーは父親の不品行に非常につらく恥ずかしい思いをした。これは失敗した理想化自己対象体験となったのである。

分身自己対象体験 Alter-ego Selfobject Experiences　これらの体験は，自分がモデルとなったり，自分が相手に似ているという体験を提供するために必要である。これらは自己を支え，学習のための潜在的能力を喚起する。

対立自己対象体験 Adversarial Selfobject Experiences　これらの体験は，自己対象との関係を損なう恐れなく，養育者と向かい合って，健康な自己主張を行うために必要である（Wolf, 1976a）。

　ジョンは友達をロックコンサートへ送るのに家の車を借してほしがった。しかし，彼の両親は，その友達の中の一人ハリーも一緒に乗せて行くことには強く反対した。ハリーは麻薬を使っていることで知られていたからである。ジョンは，自分はハリーの行動を抑えることができると言ったが，両親はジョンがハリーは乗せないことを約束しなければ車は借せないと主張した。ジョンは非常に腹を立てたが，結局，車を確保し，両親と良好な関係を維持する代償に，抗議しながらも両親の条件を受け入れた。これは，両親と子どもの双方にとって，対立自己対象体験となったのである。

　子どもと養育者の交流不全――より正確に言えば，心理的な外傷的自己対象体験――は，後の自己の障害の素地となりうる自己の損傷となる。したがって損傷の性質に応じて，成人の自己の**凝集性**はさまざまな程度となり，その**活力**のレベルもさまざまとなり，また，自己のバランスも**調和**の程度によってさま

ざまに異なってくるのである。

分　　類

自己対象関係障害は，自己の損傷 damage の性質によっていくつかのグルー
プに便宜上分けることができる。

精神病 Psychoses　　もし相対的に自己の損傷が永続的であれば，その欠陥
defect は防衛によってカバーすることができない。その結果生じる症状群は，
これまで伝統的に精神病と言われてきたものと類似している。生得的な要因と
映し返しの不十分さの影響とが結びついて，まとまりのなさという分裂病の精
神病理が生じる。他の病態においては，生来の器質的要因と，喜びに満ちた自
己対象反応の欠乏から生じる心理的枯渇とが結びつくと，空虚なうつ病になり
やすい素質を作る。落ち着いた理想化自己対象との融合から生じる構造構築的
な体験が欠如していると，結果的に，自己を慰める構造，あるいは自己を支え
る構造が不十分となり，躁病や罪悪感をともなううつ病に陥りやすくなる。

境界状態 Borderline States　　この状態での自己の損傷は，精神病の場合と同
じように相対的に永続的なものであるが，それらは複雑な防衛によってカバー
されているところが違っている。境界状態の自己は，混乱した対人交流からも
緊密な交流からも，深刻な損傷を受けやすいので，壊れやすい自己の構造を守
るために，（１）人との関わりを浅いままで保とうと分裂（スキゾイド）機制
を用いたり，（２）害を及ぼす自己対象を寄せつけないように，敵意と懐疑の
念をめぐらす妄想（パラノイド）機制を用いたりしている。
　これまでも，境界状態の病理と診断のための基準を設定しようとする試みが
数多くなされてきたが，どれも真に成功しているとは言えない。実際的には**境
界例 borderline** という診断は，激しい感情反応と頻繁な行動化を特徴とする，
とくに治療上困難な問題を呈する重篤な病理をすべてまとめて意味する，くず
籠的な診断になっている。しかし，この一般化された論述以上に，確実に境界
状態の診断を下せるような，特定の症状群の布置を描写することはできていな

い。かつてコフートと私は，境界状態の精神病理の特徴を，中核自己の永続的あるいは長期に渡る崩壊，弱体化，あるいは機能の混沌化——その体験上あるいは行動上の表れは，精神病と違い複雑な防衛によってカバーされている——と概念的に記述したことがある（Kohut & Wolf, 1978, p.415）。しかし，診断のための信頼に足る症状を描けないのであれば，境界例と診断される条件とはいったいどのようなものなのだろうか。われわれの力動的な定式化と治療過程の概念化に従えば，その患者との治療過程がどのように展開するかについての情報がなければ，境界状態の診断を下すことは一般的にほとんど不可能だと考えられる。言い換えれば，信頼のおける診断は，心理療法中あるいは分析中に現れる転移の観察に基づいてのみ可能となるのである。避けることのできない治療者の応答の失敗（波長の合っていない応答）に対する患者の感情的反応が，治療者が受け容れられないほどに（そして，しばしば患者自身にも耐えられないほどに）激しく，行動化につながるような場合，われわれは普通その患者を境界例と呼ぶことができるだろう。

　したがって現時点においてわれわれは，境界状態を，自己愛人格障害でも自己愛行動障害でもない自己の障害，すなわち別の独立した診断カテゴリーに分類するほかない。しかし，理論や自己障害の治療の今後の発展にともなって，境界例の診断カテゴリーが，結局，精神病という小さなグループと，われわれが自己愛行動障害として理解し治療している，より広いグループの中に溶解し，吸収されていくことを私は望んでいる。現在，われわれは，われわれの共感能力の点においてハンディキャップをもっているといえる。つまり，そのような患者に本当に波長を合わせられるほど，われわれは，境界例の体験について十分な理解をまだもちあわせていないのである。

自己愛行動障害 Narcissistic Behavior Disorders　自己愛行動障害における自己の損傷は，それほど重傷ではなく，一時的なものである。特徴として，これらの人々は，倒錯的行動や非行，あるいは嗜癖的行動を通して，ぼろぼろになった自己評価を支えようとしている。

自己愛人格障害 Narcissistic Personaily Disorders　自己愛人格障害におけ

る自己の損傷は，さらに軽傷である。自己の傷つきの状態は，心気症，抑うつ，些細なことへの過敏さ，興味の欠如，集中力のなさ，苛立ち，不眠などのような主観的な症状の形で直接的に体験される。

精神神経症 Psychoneuroses　純粋な精神神経症とは，自己愛人格障害のひとつの特殊な変型であり，エディプス期のエディパルな自己対象との自己対象体験の失敗の結果であると考えられる。精神神経症には，不安，抑うつ，恐怖症のような神経症性の症状，麻痺や不全麻痺，知覚異常，無感覚症のような転換症状，あるいは他の心身症的症状，または強迫思考や強迫行動などが含まれる。明らかな性的感情や性的願望が精神神経症の治療中に現れてくる際，エディパルな性愛転移の動員と，必要とされる自己対象体験の性愛化を区別することは，時に困難である。

精神病理（自己の状態）

単一の外傷的な出来事よりも，むしろ慢性の自己対象環境の不全が，発達的な問題の原因となって子どもを傷つきやすくし，自己に特定の布置をもった損傷を与えることになる。自己の病理は，通常は純粋な形よりもむしろ，いくつかのタイプが混合した形で現れてくることが多い。

刺激不足の自己 Understimulated Selfs　子どもの頃，刺激となる反応を与えてくれる自己対象が長期間に渡って欠如していると，その結果，刺激の不足した自己が生じる。そのような人々は活力がなく，自分自身を退屈なものとして体験している。死んでいるような苦しい感覚を避けて通ろうとするために，彼らはあらゆる刺激物を使って，偽りの興奮を生み出す必要がある。発達段階の違いにもよるが，歩き始めの幼児が頭をよく自分でぶつけたり，子どもの強迫的な自慰行為や，青年や成人の命知らずの向こう見ずな行動などがそれである。もちろん大人は，数え切れないほどの種類の自己刺激的行動を生み出す才能に富んでいるといえる。自己刺激的行動の例には，逸脱した性行為，薬物依存，アルコール依存，仕事や社会での狂乱じみた生活スタイルなど，さまざま

な活動がある。ジョギングやランニングのような見栄えのいい運動でさえも，自己がそのまとまりを維持するために刺激をさらに必要とすると，病的で過剰なものに変質する可能性がある。これらの自己刺激的な行動の最中に体験される「陶酔状態」は，よく経験されるものであり，それは，まとまりのある自己によって初めて享受されうる特別な幸福の感覚をわれわれに思い出させる。一方，損傷を受けた自己は，全体としての自己がもつ，健康な機能によって提供される喜びを得ることができないので，体や心の部分部分で感覚を刺激して快を生み出すことによって，至るところに生じる空虚な抑うつを遠ざけようとしている。

　53歳の会計士の男性が，中程度の慢性の抑うつと不安を理由に治療を受けにきた。彼は仕事はこなすことができていたが，日常生活はそうした症状によって悲惨な状態に陥っていた。彼は，自分は妻に受け容れられていないのではないかとずっと心配していた。実際彼は，自分はどこにも属していないように感じ，悲観主義と否定主義の雰囲気を漂わせていた。彼はこれまで，人に対しても物に対しても，何かに熱中したという経験がまったくなかった。時々，彼は妻を議論に巻き込んで，暗澹たる悲観的な世界観を妻に説いて聞かせた。夫婦の間の議論は，発展すると一種の偽りの興奮を彼に引き起こした。彼は西欧の比較的裕福な両親のもとに生まれた。父親は食料雑貨店を営んでいた。母親は店を手伝い，2人の子どもは何人かの女中が世話をしていた。戦争が勃発し，患者は7歳で両親と離ればなれになった。その結果，彼は，アメリカで何人もの里親のもとを転々として育った。彼がこれらの家庭環境の中で，どうしていかなる人間関係も長続きしなかったのか明らかではないが，夜尿の問題はずっと続いていたようである。治療において彼の生育歴が再構成され，転移が現れてくるにつれて，彼は，これまで誰かが自分に真の関心を向けてくれることを，期待したことがなかったことが明らかになった。しかし同様に，共同作業者となった私に自分の存在価値を認め，確かめてもらうことを強く求めていることも明らかになった。刺激が不足した自己が，慢性の抑うつとなって現れていたのである。

断片化した自己 Fragmented Selfs　生まれたばかりの幼い自己に対して，統合を促す反応が欠如すると，自己は部分的に断片化した状態に陥りやすくな

る。そのような人は，自己愛的な傷つきを体験すると，自己の継続性や自己の機能に乱れを起こす。そうした時，彼らは不安となり心気症的となって，態度や歩き方や話ぶりは，ぎこちなくなる。

　35歳の化学研究者は，アメリカ東部の名門大学で研究者としての十分な訓練を受けてきたが，自分の研究において進歩が見られないため，専門家としての自分に不満を抱いていた。彼の最初の結婚は，妻が彼の強迫的な小言にあきあきして，彼女の大学時代の男友達と駆け落ちしてしまい，離婚に終わっていた。患者は，心の中では生命を脅かすほどの重みをもっていた，多くの小さな病気に悩んでいた。彼は大学時代，慢性的で陰気な心配性や不格好な姿勢やぎこちない動きのために，クラスメートから小馬鹿にされていた。それは彼に屈辱的な疎外感を与えた。彼は，慢性的な病気を抱えた，年老いた両親のひとりっ子だった。両親は善良な人物だったが，子どもに対しては，適切に反応することのできない人々だった。彼らは過保護で，せっかちで，権威主義的だった。この混乱した環境から，彼は豊かな空想の世界に引きこもった。彼はまた，学校でずばぬけた成績を取って認められることで，自分自身を補っていた。しかしこの補償的な構造のもとでも，彼は依然として部分的に断片化した状態のままだったのである。治療において，彼は安定した受容的な治療的雰囲気が提供する統合的作用に対して，よい反応を示した。

刺激過剰の自己 Overstimulated Selfs　過剰な，あるいは不適切な自己対象の反応は，刺激過剰な自己の状態を招くかもしれない。こうした人は，自分が偉大だという空想でいっぱいになったり，他者が偉大だという空想に興奮するために，緊張が起こり，自分自身が圧倒されることを恐れている。その結果，非常に恥を感じやすくなり，目標を追求する正常な能力を欠いてしまう。

負担過重の自己 Overburdened Selfs　過重な負担を背負っている自己は，万能的自己対象のもつ平静さに溶け込む機会を逸してしまう。したがって，そのような人は，感情の放散によって生じる外傷体験から自分を守るための，自己を慰める構造に欠いている。穏やかな刺激でさえも，苦しさをともなう激しい興奮を引き起こし，世界は敵意と危険に満ちていると体験される。このような人には，身体的過敏性や偏頭痛が見られることが多い。

30代前半の女性が，3人の10代の子どもを連れた男性と結婚した。子どもたちの実母は，突然の病で亡くなっていた。女性の父親は反社会的性格で，彼女が10代になるかならないかの頃，行動化によって若くして突然に亡くなっていた。女性の母親は不安の非常に強い人で，父親の時ならぬいかがわしい死が娘にどれほど外傷的なショックを与えたかよりも，近所の人の自分への評判の方を気にする母親だった。実際，母親は，幼い彼女を父親によく似ていると言っては非難した。はっきり言われたわけではないが，彼女は父親の罪の責任を背負わされていた。あるいは少なくとも，彼女はそう思っていたのである。治療の中で，彼女はしばしば丁寧な質問でさえ，攻撃的なものとして受け取った。また彼女は，精神分析の治療全体を，ときどき敵意に満ちたもののように感じた。そのような時，あるいは分析の外で彼女に課せられた要求が重い時に，彼女は強い偏頭痛の発作に襲われたのである。

性格論（行動パターン）

ここまでは，精神病理，すなわち分類されうる自己の病理状態の異なったタイプについて論じてきた。これからは，自己愛人格障害を含む，それぞれの自己の障害に特徴的な行動パターンについて取り上げよう。自己愛行動障害は，非行，嗜癖，性的倒錯のような，とくに顕著で激しい行動化を示すが，自己愛人格障害もまた，彼らの行動の中に病理が表れており，特徴的な慢性的行動パターンを示している。

鏡映渇望型人格 Mirror Hungry Personality　鏡映渇望型人格は，常に，他者からの注目を引くために自分自身を目立たせないといけない。彼らはおそらく，他者が自分を賞賛する反応を通して，自分の無価値感に抵抗しているのである。

ある若い女性が分析治療にやってきた。彼女は，参加しようとしたあるコミュニティー組織から入会を拒否されて，強い抑うつ状態に陥ったのである。治療の間彼女は，自分の社会的成功の数々や自分の子どもの業績，そして夫の専

門家としての名声，また彼女自身が達成した数々の成果を私に話し続けた。そうしたことを話すのは，彼女にとって重要なことだったのである。あるセッションで彼女は，友人に，困難だが非常に価値の高いある行動を取るように，いかに自分がうまく説得したかを自慢気に語り，自分の努力だけでなく，その説得の技術をも私が認めることを期待した。その時私は，彼女の分析に関する他の重要な問題に心を奪われていた。そして私に認められたいという彼女の強い欲求を解釈する代わりに，私は誤って，彼女の友人との分離不安に対する彼女の否認について解釈した。それに対する彼女の反応は冷ややかなものだった。そして次のセッションで，彼女は前回のセッションの帰りの運転中，赤信号を「うっかりと」止まらずに行ってしまったほど極度に動揺していたことを報告した。

　これは自己対象の力動としては，不適切な鏡映反応の結果生じた自己の断片化と考えられる。

理想渇望型人格 Ideal Hungry Personality　理想渇望型人格は，自分が尊敬でき，その人から自分が受け容れられていると感じることのできる自己対象を見つけることによってのみ，自分自身を価値のある存在として体験することができる。

　私が治療していたある男性は，私が団体旅行便で外国へ行くことを知った時，突然ひどく怒りだした。彼の理想化自己対象を求める欲求は非常に強かったので，彼は，安い団体旅行便を使う人よりも上等の人間として私を見る必要があったのである。理想化された自己対象に対する突然の失望は，彼の傷つきやすい自己を一時的に断片化させ，健康な自己主張を病的な激怒に変質させたのである。

分身渇望型人格 Alter-ego Hungry Personality　分身渇望型人格は，自分の外見や意見や価値観を共有してくれる，自分と似たもう一人の自己とつながりをもつことで，自己の確証を求めようとする。

　ある被分析者は，どんな話題でも，彼の考えと少しでも異なった考えを私がもっていることに気づいた時は，分析の間中，非常な動揺を示した。これは，

自己対象の力動としては，壊れやすい自己が，自己確証を得るために，自己対象が自己の分身のイメージを文字通りそっくりそのまま演じることを必要としていたのである。

融合渇望型人格 Merger Hungry Personality　融合渇望型人格は，自己対象を自己の構造の代わりに使っているので，彼らは自己対象をコントロールすることがどうしても必要である。彼らのコントロールへの欲求は，しばしば自己対象に圧迫感を体験させる。なぜなら，融合渇望型人格は，彼らから自己対象が独立し，分離することに耐えられないからである。

接触回避型人格 Contact Shunning Personality　接触回避人格は，他者への要求があまりにも激しく，度を越えているので，拒絶されることに対して非常に敏感になっている。隔離の防衛が前景に立っているが，それは関心が欠乏している兆候ではなく，反対に非常に過度な他者への欲求のしるしなのである。ここで生じている二つの主な防衛の布置は，分裂機制と妄想機制である。

分裂機制では，人との恐ろしい交流から引きこもり，傷つきやすい自己を隠している。妄想機制では，侵入してくる可能性のある危険な自己対象を安全な距離のまま遠ざけておこうとして，自己の周りに懐疑と敵意の念をめぐらし，傷つきやすい自己を守ろうとしているのである。

行動化

自己の病理にともなう苦痛は非常につらいものなので，人は，必要なやすらぎを与えてくれる体験を環境から何とか引き出して，自己の苦悩を少しでも軽くしようとする。拒絶の心配にもつながる激しい欲求は，深い羞恥の念を引き起こす。執拗に出される要求とそれらすべてを抑制しようとすることが交互に起こるかもしれない。執拗な要求は，それが空想の中で表現されようと行動で表現されようと，自己の傲慢さに関係していようと理想化された対象に承認されているものであろうと，子ども時代の正常で健康な自己主張的な自己愛に由来するものではなく，それは太古的自己対象欲求の断片，あるいは，それらに対する防衛に由来するものである。

94 第1部 自己の心理学

ここで自己愛行動障害の例を上げよう。

　ある若い芸術家は，彼の協力者から，自己対象として失敗した反応を体験した時はいつも，同性愛行為の相手を見つけるまで街をうろつかないではいられなかった。たとえその関係が続かなくても，すぐに性的な関係をもつことは，自己の断片化を避けるのに必要な応答性の確保につながったのである。これは，自己対象の力動としては，失敗した自己対象反応が，自己を断片化の脅威にさらし，断片化は「緊急」の同性愛関係によって回避されていたのである。

分類の限界

　ここまでは，自己対象関係のいろいろな障害に関する説明を容易にするために，おおよその疾病分類的な枠組みを提示してきた。しかしこのような体系的分類は，方向性を指し示すガイドとしての準拠枠以上のものではないことを，ここで指摘し注意を促しておくことが必要だろう。肛門的，口唇的，尿道的，男根的，性器的性格，そして男根自己愛的性格といった性格の古典的精神分析における類型学も，同様に，同じような欠点をもっているので，明確な分類として用いられるべきではない。どんな性格分類にも異論が生じうるのである。まず第一に，どんな類型学も，表面に出ている行動パターンを，普遍的に存在している心理的状態に単純にむすびつけることを必要とするが，それは結局のところ，科学的考察の進歩，発展を妨げることになるだろう。

　二つ目は，分類される状態とは，実際は病理の質なのだが，さまざまな障害を整理するために，ひとつの枠組みの中でそのような分類を行うため，ひとつの印象が生み出されることが避けられないのである。それらの印象は明らかに真実ではない。実際，いくつかのタイプとして描写される構造の布置には，正常なものから重篤で病的なものまで，すべての点で多岐にわたっている。病気と健康の境界も明確なものではなく，あいまいなものである。この混乱は，われわれの概念化の源泉が，精神病理学的な現象にあるという事実から生じている。

　三つ目は，病因的要素と記述的－現象学的パターンの間には，安定した相関

関係は存在しないということである。たとえば「鏡映渇望」として記述される行動は，必ずしもその病因として鏡映体験の剥奪を意味してはいない。ただ，もっとも一般的な意味において言えば，乳幼児期や児童期といった形成段階での自己対象関係の不全は，結果的に大人になってからの自己対象関係不全に特徴的な行動パターンに帰結する可能性がある，というのが正しいだろう。

　人間行動の複雑さと同様，人間の心理的体験はあまりにも複雑なので，それらを科学的理論の精密な定式化によって明確に描写することは非常に難しく，現在も依然として，捕らえどころのないままである。しかしこの避けられない事実は，われわれの内部や周囲で観察された混沌を秩序づけるためにわれわれが生み出した科学的理論の有益さや認識論的な確かさを，大きく損なうものではない。同様にわれわれが魅力を感じる類型学も，ここで討論したように，その限界のために否定される必要はないのである。しかし，方向を指し示すガイド以上のものとして類型学をとらえることは避けるべきである。それが隣接した現代科学の領域と明らかに調和しているのでなければ，われわれの理論化への熱意が誤った理論を導き，熟考された思考システムの構築とはならない危険性をはらんでいることを，常に警戒しておくことが必要だろう。

第6章

自己愛憤怒

個人の憤怒

　ミッシェル・モンテーニュは，彼のエッセイ「怒りについて」の中で，本質的に快であり，またそれ自体が心地よい激情 passion について語っている。昔話を用いて語ることを好んだモンテーニュ（1588）は，激しい怒りを除けば非常に高潔な人物だったピソという将軍のことを語っている。彼は，自分の軍隊の中のひとりの兵士に憤慨した。その兵士は敵地からひとりだけ戻ってきたのである。兵士は共に潜入した戦友をどこに残してきたか説明できなかった。ピソは，兵士は彼の戦友を見殺しにしたと性急な結論を下し，すぐさま彼に死刑を宣告した。ところが兵士が絞首台に上がったその最後の瞬間に，その戦友が姿を現したのである。部隊の他の兵士たちはそれを見て歓喜し，2人の兵士は抱き合って喜んだ。死刑執行人は2人をピソの前まで連れて行った。誰もがピソも同じように大きな喜びを表すだろうと予想した。ところがまったく反対のことが起こった。ピソの怒りは逆に増し，カッとなった彼は，その3人全員に死刑を命じたのである。すなわち，最初の兵士は死刑の宣告を受けたから。2番目の兵士は行方不明となり，最初の兵士の死の原因となったから。そして死刑執行人は，ピソが下した命令に従わなかったからである。

　ここで，大切な3人の部下を死に至らしめたピソの怒りの源について考えてみよう。われわれは，この突然の予想されなかった怒りの爆発についてどう考

ればよいのだろうか。モンテーニュは，ピソはひとりの兵士の潔白に気づいたために，恥辱と苛立ちを感じて激怒し，3人を有罪にしたのだと考えた。これはわれわれにひとつのヒントを与えてくれる。行方不明だった兵士が姿を現したことで，最初の兵士の無罪が証明された。それは，ピソが誤りの審判を早まって下していたことを明らかにした。公衆の面前で自分が間違っていたことが公然となったことは，ピソにとっては耐え難い自己愛の傷つきとして体験されたのである。その傷つきは3人の存在を消し去ることによってしか，癒されることができなかった。ピソの自己愛の平衡を回復させるためには，3人をどんな理由をもってしても，なんとしても有罪としなければならなかったのである。彼ら3人に死と消滅をもたらすことによって，ピソは，屈辱的で自己破壊的な羞恥に自己がさらされることを防ぎ，完全な無力感を排除することができたのである。

　激しい怒りは，人間とその周りの世界との関係から頻繁に生じてくる現象のひとつである。精神分析は長い間，多様な形を取って存在している攻撃性が，性欲と同じくらい重要な人間行動の動因であると考えてきた。しかしいわゆる攻撃欲動の源やその起源は，推測の域を出ていない。本能論の改定の中で，フロイト（1920a）は心には二つの特性があると考えた。自己破壊的な特性である**タナトス**，つまり死の本能，そして対象希求的な特性である**エロス**，生の本能である。フロイトに従えば，どんな形のものでも，すべての攻撃性は，死の本能の表れとして概念化される。しかしほとんどの精神分析家たちは，このフロイトの哲学的な考えに賛同することはなかった。死の本能の概念は広く受け容れられることはなく，精神分析家たちは皆，一般に，攻撃欲動を性欲動と類比させて語っている。さらに臨床的観察においては攻撃性がしばしば欲求不満への反応の中で見られるため，攻撃性が反応的な性質をもつことは，今や証明されているといえるのである。

　コフートは，人間の攻撃性と破壊性の問題を幅広く検討した。彼は攻撃性を二つに分けた。大切な目標を邪魔する対象に向けられた競争的攻撃性と，自己を脅かし損傷を与える自己対象に向けられた自己愛憤怒である。たとえば，モンテーニュのエッセイに出てくる高潔な人物ピソは，彼の兵士が仲間割れを起こして任務に失敗したことを知った時，自分の軍隊を強化するという彼の大切

な目標が欲求不満にさらされたのである。彼の競争的攻撃性は，生き残った兵士に向けられた。ピソはその兵士を，敵よりも強い軍隊を作りたいという彼の目標を妨げる障害として非難した。しかしさらに深刻なことは，兵士の仲間の帰還によってピソの早まった誤りの審判が明らかになった時，彼の自己評価が傷つけられたことだった。彼の自己に対するこの脅威は，違反者たちを消し去ることによってのみ癒されることのできる自己愛憤怒を引き起こしたのである。自己対象がもはや自己を支える機能を果たさず，その代わりに自己に無力感を与えることとなった時，それらの自己対象は消し去られなければならないのである。ピソの場合，彼を優者に見せていたはずの者たちが，今や彼を愚か者に見せている。こうして彼らは，ピソの自己のまとまりに対する脅威となったのである。彼らが地球上から抹殺されなければならなかったのは，まさにこのためだったのである。

　攻撃性の二つのタイプ，競争的攻撃性と自己愛憤怒は構造的に異なるものであり，心理的なその後の展開も大きく違っている。競争的攻撃性とは，目標の達成を妨げる障害物に対する正常で健康な反応である。われわれが世界を構築したり，作り変えたりする時に使うエネルギーの多くが，この競争的攻撃性から生まれる。そして競争的攻撃性は，それを刺激する欲求不満を生み出した障害が克服された時，自然に消滅するものである。そこに精神病理的な残滓が残ることはない。したがって，たとえばエディプス・コンプレックスの文脈や，同胞間のライバル的葛藤の文脈においても，激しい競争心それ自体の体験が，精神神経症の病因の中心にはならない。それが自己のまとまりに対して支持的と体験されようと，脅威と体験されようと，病因となる可能性を決定するのはいつも自己対象の反応の性質なのである。このようにエディプス・コンプレックスに由来する競争的攻撃性は病因的なものではなく，しばしば人間関係における建設的な力ともなるのである。しかし，もしエディパルな子どもの官能的－競争的闘争に対して，エディパルな自己対象が恐怖や怒り，嘲笑や拒絶をもって反応したり，屈辱を与えたりすると，子どもの自己はその中核部分において非常に深い傷つきを体験する。「どうして彼は私に向かって，こんな仕打ちをするのだろう」と傷ついた子どもは訳がわからず，自問する。欲求不満を起こした情欲は完全に消し去られることはなく，抑圧され，神経症的な症状と

なって返ってくるのである。同様に，欲求不満を起こした競争的攻撃性や自己主張もまた，神経症的に歪められた形で再現するだろう。自己の官能性や主張性は神経症的に歪曲した，あるいは倒錯した形をもってしても，なんとかして現れ出ようとするのである。

　むしろ現実の危険は，別のところに存在している。自己主張がまったく不可能な時，自己はどうしようもない無力感，怒り，屈辱を感じる。すなわち自己の動揺が極限に達し，自己が麻痺してしまい，自己の統合が失われ，死の危険にさらされるように感じるその時，危険な事態が生じうるのである。そのような自己の状態は，耐え難いものであり，何とかして立て直さねばならない。不快な自己対象，あるいはことごとく恥かしめを受けた自己は，必要ならば暴力をもってしても，たとえ世界中を焼き尽くしてでも，消滅させてしまわねばならないものとなるのである。

　分析の中で，ある若い男性は子ども時代の，弟に対する激しいライバル的競争心を思い出した。彼は，食卓の上の一番おいしいご馳走のような，特別の権利を与えられていた弟に腹を立てていた。弟は，年上の彼が違反したら必ず叱られる家のルールに少し反しても許された。彼は，自分で考えたゲームでいつも遊んでいたことを思い出した。それは明らかに補償的な構造をもっていた。ゲームは，バッジをつけた完璧な「警察官」の彼が，遊び相手の弟に，退屈な家の雑用をすべてするよう命じるというものだった。弟は嫌々ながら彼に従ったが，最終的にはいつも母親に不満を言いに行った。母親は彼をこっぴどく叱り，彼から「警官バッジ」を取り上げた。分析の中で，現在も彼の記憶の中で，癒されず，傷のままで残っているものが明らかになっていった。それは，弟への対抗的な怒りでも，弟だけが享受していた小さな特権でもなく，それは母親に警官バッジを剥ぎ取られた際の恥辱的な屈服の記憶だった。あんな出来事は些細なことだと合理化して理屈づけることができる今でも，それについて話すことができないほど，彼はまだその出来事を屈辱的なこととして体験していたのである。当時の心理的な発達段階において，バッジに象徴される誇大的な空想は，彼の自己の構造にとって必要不可欠なものだったので，彼にとってバッジが奪われたことは，自己への深刻な打撃として体験されたのである。この子ども時代の出来事以来，彼は「不正」と感じられることに対して非常に過敏となった。その「不正行為」が彼に直接関係していることであろうと，まったく

彼にとって関係のない遠い世界の出来事であろうと，彼は激しく動揺した。そのような時，彼はいたずら電話や抗議の投書といった，不適切で愚かな行動を取らざるを得ないと思うのである。いわゆる「不正行為」によって引き起こされた無力感と自己愛憤怒が，これらの非現実的な考えの突出をいっそうあおり立てていたのである。

　この男性の場合，（他の多くの類似した出来事と結びついて）この外傷体験から生じた彼の精神病理は，決して健康な野心となって統合されることのない補償的な誇大空想の形をとって現れていた。それは，補償的な構造を創り上げることのできる彼の能力によるものだった。統合されなかった誇大感は，尊大な行動となって表れ，そのために彼は分析を受けることとなったのである。

　彼の自己愛憤怒は，子ども時代，バッジを彼から不当に奪った，屈辱的な自己対象としての母親に相対した際の，彼の完全な無力感の体験にその起源を求めなければならない。このような無力感の体験は，耐えられないほどの心の痛みをともなう。それは自己の継続性と存在を脅かすものであり，それゆえに，自己愛憤怒の形で，自己を守るもっとも強力で緊急の防衛が働くのである。私の経験では，殺人や自殺の空想をもつ患者の自己愛憤怒のエピソードを分析した際には，いつも決まって患者は，自己への攻撃に直面した際の耐えられないほどの無力感の体験を連想した。

　自己愛憤怒は，不快な自己対象が存在しなくなっても消えることはない。痛みをともなう記憶は後々まで残り，憤怒の念がゆっくりと煮え立っていく。それは侮辱されてから数週間，数カ月，あるいは数年間くすぶり続け，ある時点において，そうした憎悪の念があからさまな敵意や激怒，あるいは冷酷な破壊性となって爆発する。また，侮辱を与えたものの代理となる対象を犠牲にすることによって憎悪を晴らし，満足を得るかもしれない。こうして子ども時代に被った耐えられない無力感の中で体験された重篤な自己愛の傷つきは，妄想的な性格形成につながる慢性の病的な歪みを人格にもたらすかもしれないのである。

　自己愛憤怒につながる自己対象体験だけでなく，自己の正常な主張や競争の発達に関する概念的な理解も，精神分析治療にとって必要である。欲求不満を起こさせる対象への激しい対抗心や競争的攻撃性は，分析治療の外で現れよう

と転移の中で現れようと，それ自体は病的なものではない。そのような行動は，自己対象に対する自己愛憤怒が混じっていなければ，解釈の必要はほとんどないのである。たとえば，被分析者が望んでいる別の目的を，時に邪魔することにもなる時間や場所の制約といった分析状況の負荷は，ある程度の苛立ちや当惑を患者に起こさせるかもしれない。しかしこれらの欲求不満は，普通，容易に乗り越えられるものである。むしろ技術として誇張された中立性や過剰に長く取られた沈黙といった，精神分析の技術上の規範が頑なに過度に守られたような場合には，それらはしばしば，正常で必要な自己対象反応の剥奪として患者に体験される。自己の構造は，対象からの必要な応答性が欠如すると弱体化する。とくに，もし現在の治療の中で剥奪の体験が反復され，それが病因的な過去の体験に結びつくと，攻撃されていると感じた自己は，自己愛憤怒をもって自己対象に立ち向かってくるかもしれない。こうした断絶は，説明と解釈によって自己の修復の機会になるかもしれないし（第9章参照），もし混乱の程度が激しいと，自己対象としての治療者との絆が破壊され，治療の中断を招くことになるかもしれない。

　自己愛憤怒は，自己愛人格障害の患者にも見られるが，もっともよく現れるのは境界例の患者である。境界例の患者は，治療者との絆もそうだが，自己対象がもともと希薄なため，自己愛憤怒が生じるようなことがあると，それはいつも治療過程への脅威となってしまう。しかし，治療が継続したとしても，怒りを納めるという困難な課題が残される。解釈は，たいてい自己にとって支持的とは体験されないので，ほとんど効果がない。実際，解釈はしばしば非難として体験され，自己の傷つきやすさをさらに悪化させる。自己が必要としているのは理解されることである。しかし，それは怒りの是認を求めているということではない。怒りが徐々に消えていくまで，共感的理解だけが必要とされる時期が長期に渡って続くかもしれないのである。

グループの憤怒

　ここまでは自己心理学の臨床的側面，すなわち個人の心理的治療に焦点を当ててきたが，今少しその本題からはずれ，グループの憤怒について考えてみた

い。自己愛憤怒とは，自己心理学の貢献がそれを証明しているように，究めて
重要なグループ現象でもあるからである。

　私がここで言っているグループ現象とは，自己愛的に激怒している人物の暴
力的行動が，大小のグループに与える恐ろしいインパクトのことではない。一
人の人間が群衆の中に爆弾を投げ込んだ際に起こる恐怖は，また別のところで
真剣に議論する価値のある問題である。また私は，カリスマあるいは救世主的
なリーダーの自己愛憤怒とグループ心理との関係を研究するといった，自己心
理学が果たした貢献を再吟味することを提案しているのでもない（Kohut,
1976; Wolf, 1976b）。確かに，極限状態のもとでの群集心理の研究や，組織化
されたグループの研究にも，自己心理学が貢献する余地はある。しかし私がよ
り関心をもっているのは，「グループ自己」（Kohut, 1976, p.419f）という概念
と自己愛憤怒との関係である。

　この議論の最初のステップとして，われわれは，組織化されたグループを一
人の人間のように考えるという困難な課題に取り組まねばならない。個人とし
てのアイデンティティーの側面と，われわれが所属しているグループのアイデ
ンティティーとの密接な関係に気づくには，内省と共感が助けになるだろう。
私たち個々人が国家に同一化する時，たとえばアメリカ合衆国が，克服するこ
との難しい障害に直面しても，大いなる野心をもって人間を月に送ったり，あ
るいは，すべての人間の自由という気高い理想を実現しようとして目覚ましい
成功を納めた場合，われわれは誇りを感じる。そのような瞬間にわれわれは，
合衆国と国民とがひとつのグループとなって，個々の市民の野心や理想とはま
た別の意識的，無意識的に共有された一連の野心と理想をもっていることには
っきりと気づくのである。こうして，これらの明白なグループの野心と理想の
存在を，グループ自己の構成要素として推定するのは神秘主義的であろうか。
ここでは，組織化され，まとまりをもった個人に類比させて，まとまりをもっ
たグループはひとつのグループ自己をもっていると想定したい。**団結心**という
言葉で知られている現象（オックスフォード辞典の定義によれば，団体全体と
しての，そしてまた，そこに所属している者同士としての名誉と利益を守るた
めに，団体のメンバーが抱いている好意的な感情）は，グループ自己とその構
成要素である自己との特別な関係を示唆している。したがって自己心理学は，

そのようなグループ自己のさまざまな心理状態について語るのに役立つのである。おそらく，いくつかのグループ行動の観察から，われわれはそれらのグループ自己について推論することができる。それは，われわれの推察を確かめるものかもしれないし，実践的に有用なものかもしれない。

　説明の例として，アラブとイスラエルの葛藤を見てみよう。これら両国の偉大で知性を備えた人々ならば，互いが自分自身の目的と価値に従いながら，平和と自由のもとで共に生きる合理的な道を探ることができるはずだと，中立的な外部の観察者は考えることだろう。しかし個人と同様にグループも，彼らの希望や恐れを形成したり，野心や理想を歪めてきた歴史をもっている。別に中東についての専門家や歴史家でなくとも，西欧がまだ暗黒の時代だった頃，世界として知られていた部分のほとんどすべてを勝利を重ねて手中に収めてきたアラブ人の輝かしい過去を知らないものはいないだろう。アラブ人は平定や繁栄だけでなく，東西の古代の英知を含む，その時代の文化的伝統をもたらした。しかし，このさん然と輝いた過去は――われわれは正直に認めなければならないことだが――北西ヨーロッパから押し寄せた異民族の集団によって，急激な衰退に見舞われたのである。アラブにとっては踏んだり蹴ったりだが，これらの異民族は，続く次の世紀において，もともとはアラブ民族によって伝えられたギリシアの哲学や科学に基づいて，強力な現代科学技術文明を構築したのである。誇り高いアラブ人は，気がつくと自分たちは貧困で無力な従属者のような身分に落ちていたのである。しかし20世紀において，アラブ人の民族主義は石油の力と民族主義の理想によって，以前の立派な自己のまとまりを回復し始めた。ところが西欧諸国は，突然，どこからともなく現れたかのように，彼らの国の真ん中に飛び地の植民地のようなイスラエル国を建設したのである。ここでアラブの自己はその存在を再び脅かされ，自己の傷つきと無力感に対抗するために自己愛憤怒をもって反応したことは，驚くに値しない。

　一方ユダヤ人は，アラブの歴史に劣らぬ気高い民族としての歴史をもっている。ユダヤ人のグループ自己の勇ましい功績はアラブ人ほどではなく，また遠い昔のことではあったが，彼らのグループ自己は，失われた政治的野心を，自分たちは選ばれた民族で特別な存在であるという誇大な空想によって補償し，そしてまた救世主のような熱情をもって，彼らの肥大した理想を学問的な倫理

体系の中に込めることによって，その萎縮した野心を補っていた。しかしユダヤ人の大量虐殺に強調されるように，彼らの政治的な無力さは，依然としてユダヤ人の自己のまとまりや存続に対する脅威であり続けた。そして第2次世界大戦後に生じた状況の突然の展開で，エルサレムに戻り，強くまとまりのあるグループ自己を回復するという積年の念願がかなうことになったのである。2000年間のうちで初めて，ユダヤ人はイスラエルとして，再びユダヤ人の国家をもつことを誇れるようになったのである。彼らが，この回復されたまとまりのあるグループ自己を手放すことになれば，必ずや断片化を来たすことになるだろう。あるいは彼らは，自分たちも他の国々の民族と同じ普通の民族であるという新しい位置付けを放棄し，再び，自分たちは選ばれた民族であるという病的な自己愛的空想に戻ろうとするかもしれない。しかしまとまった強いグループ自己を欠いている彼らが，自分たちの国をもつことを諦め，自分たちは無力でさげすまれているという感情に耐えることなどできるだろうか。この問題は，ユダヤの人々の心を深くかき乱し，ユダヤ人のグループ自己の存在を脅かして，ますます強烈な怒りの反応を呼び起こすのである。

　自己心理学も，グループ自己の自己愛的な傷つきやすさと怒りの問題に答えることは容易ではない。しかし脅しや弱体化をもくろんだ策略は，相手の自己の無力感とそれによって引き起こされる自己愛憤怒を必然的に増幅させる。屈服による平和ではない，相互の共感的な理解による真の平和とは，敵の自己を弱めることではなく，強めることから生まれてくるという一見逆説的な示唆がわれわれに与えられているのである。

　自己対象理論の観点からのリーダーとグループの関係についての議論は，第3章（65〜66頁）を参照されたい。

第2部

治　　療

第7章

場面設定

状況，雰囲気，プロセス

　精神分析的な取り組みは，精神分析的な場面設定の中で行われる。精神分析的**状況** situation，精神分析的**雰囲気** ambience，そして精神分析的**プロセス** process は，精神分析の場面設定の三つの側面を示している。これらはすべて密接に結びついているので，普通，そのうちのひとつの変化は他の二つの変化をともなう。しかし，精神分析的状況を，精神分析的雰囲気や精神分析的プロセスから区別することによって，臨床精神分析のこうした側面のおのおのについてのわれわれの考えをより明確化し，互いにどのように影響し合っているかを明らかにすることができるだろう。

　私は，精神分析的状況という言葉で，**関与者**，すなわち分析者と被分析者，時間や場所，治療費の設定，その他さまざまな責任義務，そして一般に部外者が観察でき，報告できるものを意味している。時に，精神分析的状況が，そこに関与していない人，たとえば，配偶者，友人，親戚，第三者的関係者や一般大衆の目にどのように映るかを考えることは興味深く，また適切なことである。このように状況は，客観的−対人相互的な観点からとらえられる。

　次に精神分析的雰囲気という言葉で，私は，精神分析における状況が関与者たちにどのように**体験**されているかを示している。このように雰囲気は，主観的−精神内界的な観点からとらえられる。したがって雰囲気とは，分析者と被

分析者では異なって体験されやすいものといえるだろう。

　最後に，精神分析的プロセスとは，分析者と被分析者の関与による精神分析的な試みの中で，その2人によって始められ，継続される，おそらく正当なものとして認められ得る**心理的変化**を示している。それは概念的には，二つの異なる精神内界的なプロセスに分けられる。ひとつは被分析者の側のプロセスであり，もうひとつは分析者の側のプロセスである。しかし臨床的にわれわれが関心をもっているのは，ほとんどが被分析者の側で始まり，その後——願わくば——被分析者自身による自己の分析につながっていくプロセスである。われわれが分析者自身の中で活性化されたプロセスに関心を向ける時は，分析的設定の中で影響を受けた分析者の行動，すなわち逆転移反応が，被分析者の分析プロセスを妨害したり促進させたりしている場合に限られている。

　臨床的には，精神分析的な取り組みの目標は精神分析的プロセスを開始させ，それを継続することにある。しかし奇妙なことと思われるだろうが，精神分析的な取り組みは，開始されたそのプロセスを終了することを目的とはしていない。実際，たとえ相手から促されなくても，個々人の心の中で分析プロセスが続いていることが，分析者と被分析者の相互の取り組みが成功している証しになるのである。たとえ彼らの間に正式な関係が存在しなくなっても，理想的には，分析者と被分析者の両者の中で，この自己－分析プロセスは永遠に続いていくということを忘れないでほしい。

　分析者と被分析者はこれから何年もの間，共に作業することになるだろうと予想する。したがってその場所は静かで快適で，また豪奢でも殺風景でもないような場所であるべきである。分析的な中立性のために，無菌の実験室のようである必要はない。分析者は，自分のスタイルや趣味や個人的な好みを出さないでいることはできない。患者は，分析者が個人的な関心をもった人間であることを知る。本来の自分と異なった振りをしようとしても，早晩，失敗に終わるだろう。さらに問題なのは，自分自身ではなく他の誰かになろうとすることである。それは私が分析的取り組みの神髄と考えていること，つまり自己を認識し，自己を強化し，自己の表現を促進することと矛盾するのである。

　分析者は，面接室を自分の美的な好みや知的な興味と調和するようにしつらえるべきである。あいまいな不透明性が，強い転移が現れるために必要な前提

条件でもないし，分析者の現実の人間としての存在が，転移関係を抑制するわけでもない。実際，分析者は好き嫌いのある現実の人間であり，必然的に，彼のオフィスやいろいろな調度品などを通して，彼の人格が表われているのである。このような中で特定の転移反応が引き起こされて，それが認知され，解釈されていく。分析者はロールシャッハ・テストのインク・ブロットのような，匿名で曖昧な存在の振りをする必要はない。分析者は隠れることはできないし，視覚的にも聴覚的にも表れている自らの存在を越えることもできない。分析者は，そうして自分自身を被分析者に押しつけることなく，暗に自分を自己対象機能の潜在的な担い手として利用することができることを被分析者に伝えるのである。分析者が道義的に自分自身のプライバシーを守ろうとすることは，同時に患者のプライバシーをも守る分析者の覚悟を示すことになるだろう。防音の壁やドアも，予約の時間まで快適に待つことのできる比較的プライベートな待合室と同様に重要である。

　被分析者はカウチに横になり，分析者は被分析者の視界から隠れた場所に座るというのが精神分析治療の設定である。それとは対照的に，精神分析的心理療法を含めた心理療法は，普通，患者と治療者が向き合って座ることになっている。しかし近年は，この違いは極めてぼやけてきている。よい分析作業は，患者と対面してなされると主張する分析者もいれば，面接中，患者がカウチを使うことを許す治療者もいる。自己心理学的な方向づけをもった分析者は，限界はあるにしても，退行を促進させていく集中的な臨床作業である精神分析を行う場合でさえ，カウチを使わないことが多い。また心理療法を行う際や，あえて退行を促進させない場合には，対面法を使うというのが一般的な原則になっている。

　厳密に言えば，精神分析的状況の関与者として，精神分析的プロセスの開始と続行を可能にする精神分析的雰囲気を創出するのは，分析者と被分析者以外にはいない。しかし分析者と被分析者の取り組みは，まったく何もないところからは生じないことを心に留めておくことも必要であろう。多くの分析外の力や出来事が，分析の中で起こることに大きな影響を与え，また，その逆も生じているのである。配偶者，子ども，両親，親戚，友人，保険会社や公的サービス機関を含む第三者的関係者など，多くの関係者がそこに存在する。最良の環

境のもとでさえ，分析的な取り組みは長期に及び，高額で，いろいろな点で予想のつかない作業である。被分析者の自己を適切に強めるという分析の目標は，いつも周囲の人々の利益につながるとは限らない。分析の成功で被分析者が強くなり，満たされない結婚生活を解消することになるかもしれない。それは，必ずしも配偶者や子どものためになるとは言えないだろう。どちらを優先させるかの価値の問題が，そこには内在しているのである。

価　　値

　精神分析の臨床には価値の問題が内在しており，それは分析者と被分析者の双方からもち込まれる。この価値の問題について徹底的に議論することは，ここでの私の目的を越えているが，私の立場を述べることは必要だろう。私は精神分析を実践することを選択してきた。なぜなら，精神科を専門とする医者である私のもとにやって来る患者たちにとって，この心理的治療の方法がもっとも適切な治療法と思われたからである。私自身は全般的に，自分は医学の実践に関して伝統的な倫理観をもっていると思う。私は，患者たちは心理的な苦痛を体験していて，精神分析が自分の苦しみを改善してくれるという希望をもっているからこそ，精神分析を受けにきていることに気づくようになった。被分析者としてそのような患者を受け容れる時，私は，精神分析を通して彼らが苦痛の軽減を期待するのはもっともなことだという私の考えを表明し，患者が抱いているこの目標を，2人で共同して行う精神分析の取り組みの優先的な目標とすることに同意する。また不幸感が行動に反映されている患者たちがいるが，これらの患者たちは，しばしば精神分析的療法の助けを借りて，自分の行動の改善を求めていることがわかってきた。しかしながら，心理学的な治療法には限界がある。それは，精神分析的治療プロセスの中で体験や理解を得ることを通して，患者の自己が強化されるという治療の本質に関係している。つまり分析者は，患者が強くなり，患者が自分自身をより理解できるように助けること以外に，患者の行動を改変させることはできないのである。しかし，やはり患者が治療に努力することの決定的な理由は，依然として患者自身が最初に抱いていた目的にある。患者が自分の内的生活や行動について理解を深めるといっ

た目的は，分析者にとっては非常に重要なものであるが，全般的な幸福を求めている患者にとっては，それは単なる手段に過ぎず，副次的なものに過ぎない。分析者が治療に野心的になることは精神分析的な作業に有害に作用するという考えを，多くの分析者が共通してもっている。しかし私はこの考えは誤りだと思う。そもそもわれわれの文化において，実際に心理治療者に期待されているものとそうした考えとは，矛盾していると思うからである。このような明らかな矛盾は，精神分析の臨床的な治療目標についての定義の相違から生じている。これまで精神分析の治療目標は，伝統的には，患者が自分自身をどう体験しているかという観点よりも，むしろ患者が自分自身をどう認識しているかという観点から定義されてきた。心理的な真実を探求することがまず第一の指針であるべきであり，それが可能になった時には，治療の結果はほとんど自動的についてくるだろうと考えられてきたのである。

　精神分析の作業を定義するのに，患者の自己認識の真実性にのみに言及し，患者の感情状態や患者が自分自身をどう体験しているかについては触れていないような定義を，私は多くの理由から受け容れることができない。患者の内的生活や行動についての認識の深まりそれ自体が，患者の幸福を向上させるという証拠はほとんど存在していないのである。反対に私は，精神分析を終了して充分に「分析し尽くされた」患者の中に，治癒していない患者がいるのを見てきた。この私の観察は，多くの精神分析家たちも認めることだろう。そうした患者たちは，自分の意識と無意識の精神的な力動に関しては広く深い知識をもつに至っていたが，心理的苦痛や他者との関係においてはいかなる改善も示していなかったのである。彼らは自分の内的生活について目ざましく優れた理解を獲得してはいるが，実際は本当に分析されてはいなかったのだということで，こうした不幸な症例を切り捨てることは安易すぎると思う。おそらく，これらの患者たちの多くは，それ以上野心的なことは達成できないし，また分析者はそれ以上のことを約束すべきではないだろう。結局そのような分析は，患者が治療にやって来た時に抱いていた目標には達していないのである。われわれは，治療の不首尾を認めることをためらってはいけない。

　一方，われわれはまた分析の中で，報告に値するような自己認識をほとんど獲得しなかったように思われる患者を観察することができる。彼らは分析の終

結後，何が起こったのかをほとんど思い出すことができない。しかしこれらの患者の多くは明らかに気分がよくなり，機能が改善し，より創造的でより満足のいく人間関係をもてるようになっている。概念的にいえば，これらの患者たちは野心の極から理想の極への途切れることのない緊張弧を樹立し，おそらく初めて，自分でも満足のいく生産的で創造的な形で彼らの核となるような人生の計画を実践することが可能になっているのである。彼らはよい治療成果を納めたが，本当の分析はなされなかったといえるのだろうか。私は精神分析の治療目標の定義について，幸福感や全体的な機能を回復したいという患者の目的を軽視しないような定義を採用したいと思う。しかしながら患者の自分自身についての体験や機能，そして他者との関係を，分析的な達成を測る基準とすることで，われわれは，その目標に必ず到達することを約束している訳ではない。実際にはほとんどの場合，われわれはささやかな改善に満足しなければならないだろう。そうした改善は，患者には評価されるものではあっても，分析者にとっては大して評価されないものかもしれない。しかしこのような改善は，測れば小さなものかもしれないが，患者の生活にとっては，もっとも重要で有益な影響力をもっているのである。

　したがって私は，被分析者の自己体験の外側の基準，いわゆる客観的なアセスメントよりも，被分析者の主観的な体験の方に最初から強調点を置いてきたのである。しかしこうして被分析者に，自分自身を中心に据えた見方をゆだねることには，落とし穴が存在することを忘れてはならない。つまり独我論的な錯覚に患者が落ちこんだり，その錯覚を分析家が支持してしまう危険が存在するのである。本書は，錯覚をお互いに共有し合うような罠に陥らずに，被分析者の自己を強くすることを分析の第一の目的として精神分析を行うための，多くの技法上の問題を取り上げているのである。

　この時点で，私は，非常にプライベートな繭の中にいる分析者と被分析者という2人のやり取りと社会との関係という，めったに議論されてこなかった問題にも触れたいと思う。それは，たったひとりの個人へ深く関与 commitment するためのカプセルに包まれた領域を，社会が容認することができ，さらに，それを支えることができるかどうかが，その社会の強さと成熟度の指標となるからである。以前，私は以下のように書いたことがある（Wolf, 1980）。

私は助けを求めて医師のもとを訪れた人に，第一に，私自身が深く関わる
という観点からしか，医学実践の倫理を考えることができない。私が生活し
仕事をしている社会が，患者のもっとも内部にある個人的な目的を，意識的
であれ無意識的であれ，自由に探求することができる特権的な場を，私と私
の患者におおむね認めてくれていることを，私は幸運に思う。そして社会の
幸福とは，かなりの部分で，必ずしも集団の価値ではなく，個人の価値が優
勢を占める私の相談室のような孤立した領域を，社会が進んで奨励するかど
うかで決まるものだと確信しているのである。(Wolf, 1980, pp.43-44)

　しかし，これらすべてを考慮してもなお，分析者の価値や倫理にも，分析者
の専門的な関わりにもとくに興味のない多くの患者がおり，彼らにとっての大
切な点をまだ見落としている。それは，そのような患者は，自分は愛されてお
らず，愛らしくもないと感じているために不幸なのである。実際，彼らは子ど
も時代に愛されて育っておらず，その結果愛されることに不器用になっている。
彼らは，治療者が本当に自分を大切にケアしてくれることを証明するよう求め
てくる。そして，患者のためにできる最善で唯一のサービスは分析することで
あると主張するような精神分析家は，そのような患者に誤解されやすく，こう
したはっきりした態度を，ケアしてもらえていないと体験する患者たちは，そ
のような分析者から離れていくことになるだろう。多くの場合，そうした治療
関係は，関与者の双方がすれ違ったまま会っているという悲しい事実に直面す
るまで，何カ月も，何年も，ずるずると続いていくかもしれない。
　しかし，もし治療者が言葉にすることを決意し，本当は自分は患者のことを
とても心にかけているということを実際に患者に伝えたら，治療はうまくゆく
だろうか。残念なことに治療の成功は，治療者が心づかいを表すこととはほと
んど関係がない。愛は充分ではない。なぜなら決して充分な愛などないからで
ある。現在が過去を取り消すことはできない。ではこのような手詰まりな治療
にどんな希望があるのだろうか。自分自身や自分の世界をよりよく感じたいと
いう患者の目標は，たとえそれが多かれ少なかれ錯覚であろうとも，失った親
の愛の代わりを見つけることを通して達成されるという希望を，分析者はもち
続けるべきなのだろうか。あるいは患者に彼の望みは不可能であることを告げ，

その期待をもっと現実的に達成できるレベルにまで引き下げるよう励ますべきなのだろうか。

　これらの問いに対する答えは，分析者の価値観によって左右される。苦難のふりかかった人をケアすること自体が，もっとも重要な価値があると考えている分析者もいれば，つきとめられうる限りの真実に最高の価値があると考えている分析者もいるだろう。たとえば，その治療は柔軟でおそらくよい精神療法だが，精神分析としては貧しいものだとか，その治療は人の苦しみに対して冷たく，非共感的で，無関心だといった非難など，さまざまな分析者たちのグループ同志の間で見られる対立は，理論的な相違というよりも，価値観の違いから生じているように思われるのである。しかし科学的な深層心理学，すなわち精神分析の観点からすると，その違いは本質的な違いではない。私は，共感か真実かどちらかを選択するのではなく，むしろ分析者はその両方に関わることができ，またそうすべきだということを主張したいと思っている。子ども時代に必要な両親のケアを剥奪され，あるいはそう感じて育った患者が，今，分析者から最大の関心を求めているのはなぜかを，分析家は認識することができる。患者の過去と現在を理解しようとする際，分析者は患者に対していかなる変化をも求めずに，患者を受け容れるのである。実際，分析者は患者を現在の時点で愛することも，患者の過去の体験が実際そのように起こったのかどうかについても関心をもっていない。分析者は，患者が期待するほどにはいつも及ばないものだが，できる限り患者を受け容れ，患者を理解し，説明を与える。患者もまた苦痛な失望にもかかわらず，欠点も有している分析者を受け容れることができるようになれば，精神分析的なプロセスはおのずと成立し，幸福感が高まるという患者の体験がそこからもたらされることになるのである。

第8章

原　　　則

自己の損傷からの影響を解く

　過去の心的外傷からの影響が次第に解けていくプロセスを表現するのに，治療，癒し，回復，治癒といった言葉が，いろいろなところで好まれて使われてきた。もちろん誰も過去を変えることはできない。過去に起こったことを，今，その代わりになる体験で取り消すこともできないし，残された情緒的な傷跡を取り去ることもできない。しかし治療状況の中で，治療者の共感的共鳴により自己が強められることによって，自己は昔と同じトラウマを，今，異なった文脈の中で体験することができる。この文脈の変化は，治療者を自己対象として体験することで強くなった自己によって生み出される。体験的文脈が変化すると，体験の意味もまた変化する。こうして，人生の早期に，まだわずかだった自己の構造と機能を守ろうとして身につけた防衛的な鎧が徐々に緩み，捨て去ることが可能となるのである。治療状況によって生じる自己の治療的退行は，自己の構造をより流動的なものにし，自己が，変化する体験に対してより適応しやすくする。自分自身や他者について歪曲されて体験された側面は，異なった現実と新しい接触をもつようになり，自己はその現実との接触をよりよいものとして体験したり，それを理解することを覚えたり，徐々にそれに再適応するようになるのである。

　しかし，概説したような治療的プロセスは，このプロセスに耐えうるだけの

116　第2部　治　　療

十分な力を自己がもっていることを前提にしている。自己は，治療的退行や転移による苦しい断絶状態に，コントロールできないほどの過度の退行や取り返しのつかないほどの自己の断片化を起こすことなく，耐えうるだけ十分に強くなければならない。したがって精神分析的な治療は，まとまりのある自己を達成できていない患者には向かない。機能として見た場合，精神病のほとんど，とくに精神分裂病や重症の気分変調性障害は，その治療法として精神分析は除外される。これらの患者は，自己のまとまりの欠如を，境界例状態における防衛によって完全に隠しているかもしれないが，構造を喪失するような激しい退行を起こしやすい。概して彼らは分析が不可能であるが，これを前もって予想することは難しい。つまり最終的な診断は，どんな理論的定義でも簡便な臨床的アセスメントでもなく，精神分析的な治療を実際に充分試したり，それに失敗したりすることを通してのみ下されるべきである。

病理の中心にある弱い自己

　確かな原則をもう一度述べるなら，すべての自己対象関係障害の中心には，弱体化した自己が存在している。したがって治療プロセスは，自己を強くすることを目的とするべきである。自己を強めることは，考えられる他のすべての目的，たとえば，無意識を意識化することや，記憶を思い出したり，再構成したり，葛藤を解決したりすることなどよりも優先される。これらの目的も重要ではあるが，それらは皆，強化された自己であるならば，とくに何か策を講じる必要もなく，たいてい可能なことばかりなのである。

　弱い自己は，自己対象体験の失敗の結果である。弱い自己の傷つきやすさは，将来の促進的な自己対象体験の可能性をも困難にするような，自滅的な防衛を取りやすくさせる。自己対象との間で，こうした困難で欲求不満に満ちた体験を重ねると，傷つきやすい自己のもつ欲求は適切に満たされず，さらなる自己の弱体化につながってしまう。臨床例を挙げよう。

　　45歳の専門職の男性が，慢性のうつ状態のために治療に訪れた。彼は，年老いた両親のひとり息子で，母親に溺愛されて育った。母親は過保護な人で，彼が友人と一緒に荒っぽい遊びに加わらないようにさせていた。その代わり，あ

らゆる種類の知的な活動については，彼は惜しみのない奨励と賞賛が与えられ，彼は実際，優秀な成績を納めた。これは，親にすれば，よい本や音楽を楽しむ時間をもつ方がよいに決まっているし，あんな乱暴者たちに付き合って，ケガをするかもしれないような遊びをしなければならない理由は，どこにもないのであり，また，子どもや若者のうるささに耐えられない年老いた両親にとって，それは都合のよいことでもあったのである。彼は，こうして親の言いつけを守って成長したが，一方で，身体を思いっきり使う快感による自己対象体験や，友人グループとの自己促進的な交際から得られる自己対象体験への彼の欲求は，大きく切り詰められていたのである。その後，彼を賞賛する者はいなくなり，他人に認められるのは，彼のほんの一部分だけになってしまった。その結果，彼の自己はまとまりを欠き，断片化を起こしやすい傾向をもつようになったのである。この自己の脆弱性は，彼の身体への違和感や社会への不適応感として表れていた。また，さらなる退行を防ぐために，ある性的な儀式やものごとに強迫的に没頭することによって，彼は，常に存在している不適応感から自分の気持ちをごまかしていた。彼は自己対象体験，とくに友人グループとの自己対象体験に憧れていたが，それは彼の自己を強くするためにどうしても必要なものだったのである。しかし彼の自尊心を守るための強い知性化の防衛と傲慢さは，同時に友人関係を損なわせ，さらなる喪失につながった。彼は，活発な社会生活という自己を支える自己対象体験を剥奪され，有能だがむら気のある，空想にふけりがちな，孤独な人となったのである。

　極度に弱体化した自己は，完全な断片化，すなわち消滅や死へと退行する危険性をもっている。弱体化した自己をもつ人は，多かれ少なかれ，自己の弱さに気づいており，その結果として，何かの危険にさらされているという感覚を常に抱いている。不安や過度のいらつきのような症状は，自己に脅威が迫っていることを知らせているのである。弱い自己をもつ人は，非常な苦痛をともなう不快な症状に悩み，受け容れられない行動に走ってしまう。彼らは助けを求めて治療にやって来る。
　自己の弱体化は，次の三つのうちのひとつか，複数の理由によっている。（1）重要な発達の時期における自己対象体験の失敗が，正常な発達プロセスを阻み，自己のひとつかそれ以上の領域で，発達の停止が生じているため。（2）たいていは子どもの頃だが，それ以外でも青年期，中年期，老年期のよ

118 第2部 治　療

うな発達的危機の時期に，自己対象関係の失敗の結果被った傷つきのため。
（3）傷つきやすい自己の壊れやすさが，現在の自己対象との関係を邪魔する
ような防衛的態度を取らせることになり，今ここにおいて自己を支え，自己を
癒すような自己対象体験の生じることが非常に困難となっているため。

弱い自己を強くすること

　したがって理にかなった治療なら，それが可能であれば，弱い自己を強くす
ることに取り組むだろう。この自己の強化は精神分析的プロセスを通して行わ
れる。それは，自己対象の反応に対する太古的（したがって病的）な欲求を，
年齢相応の欲求に，漸次，置き換えていくことであり，太古的欲求を，われわ
れが相互の共感的共鳴と呼んでいる自己対象の反応に置き換えていくことであ
る。ここでは，精神分析的プロセスを活性化させるための技法の詳細には入ら
ずに，治療プロセスの各段階について概説しよう。

　治療者は，干渉することのない適切な雰囲気を提供することによって，治療
状況の中に太古的な自己対象欲求が現れることを許し，それを促進させながら，
治療への抵抗，すなわち恐れを解釈する（たとえば Shane, 1985）。現れてくる
自己対象欲求は，自然と治療者に向けられる。すなわち自己対象転移 selfob-
ject transference が発展してくるのである。患者が必要とする反応を正確に返
すことに治療者が失敗するのは避けられないことだが，その時，自己対象転移
は断絶し，それは患者にしばしば非常な苦痛をもたらす。そこで治療者は，こ
の断絶をすべての次元において，とくに，おそらく早期の病因となった過去の
重要な人物との状況にそのことが類似していることを言及して，説明や解釈を
行う。これらの説明や解釈によって，以前の調和のとれた自己対象転移が回復
するのである。このようにして達成され，体験された相互理解は，欲求不満に
陥っていた以前の太古的自己対象欲求を，治療者との共感的共鳴に置き換える
のに役立ち，それが自己を強化することにつながっていく。治療者との自己対
象体験が自己を強化するのである。こうして自己は，社会的な自己対象の基盤
の中に，よりうまく統合されるようになる。つまり自己は，防衛によって邪魔
されることなく，社会環境の中で，自分にとって応答性のある自己対象体験を
うまく見つけられるようになるのである。

中立性と禁欲

　ライクロフト Rycroft（1968, p.1）が言うように，患者に何を禁じるべきかはっきりとはしていないが，禁欲は，精神分析的技法のルールのうちのひとつである。フロイトは，分析者に，愛を求める患者の欲求を満足させないよう強調した。しかし彼は狼男に対して，必要な時には食事を与えたりすることを躊躇せずに行っていた。そしてフロイトに分析を受けた人々からの報告によると，彼は，形式的で冷たく，堅苦しい人物とはまったく異なっていたことが証明されている。

　理にかなったアプローチならば，治療プロセスの妨害になることを患者に禁じるだろう。これは，患者と治療者の双方が，治療上の特殊な関係から普通の社会的関係になってしまうことのないようにすべきであることを意味している。

　明らかに，どんな程度であれ社会的な親密さに満足してしまうと，分析的な作業から気持ちがそれることになるだろうし，また，外傷的な記憶を再体験する辛さを避けたいと患者も治療者も思うようになるだろう。したがって，社会的な親密さは避けられねばならないのである。しかしそれは，分析の作法を厳格に守ることとは違う。親しみがもて，関心を向け合う人間同志として，お互いが反応し合うという柔軟性のある自由さを意味しているのである。そのような自由さには，患者の不幸な出来事や，大切な人との死別に対して哀悼の気持ちを治療者が表したり，何か幸せな出来事の際には祝福の気持ちを言い表したりすることが含まれるだろう。親しい人間同士のつきあいにともなう普通の心づかいを差し控えると，誠実ではない感じや不自然な印象を作り出し，治療作業に破壊的に働くのは無理もないことと思われる。そうした態度は，患者に，治療者は冷たく超然としていて，自分の感情体験などには関心をもっていないと誤解させるばかりでなく，患者が治療者のことを，感受性が鈍く，自分をケアしてくれない人として体験することにもつながるかもしれない。そのような禁欲は，治療的雰囲気を破壊するものである。

　伝統的に，どんな欲求を満たすことをも禁じることが，分析状況における分

析者の技法的中立性の一部として，技法上の原則のひとつになってきた。レイダー Leider（1983, p.665）によれば，中立性は，分析者にもっともよく奨励される態度と技法上のスタンスであり，多くの分析者は，それを分析的治療にとって本質的なものだと考えている。これらの臨床家たちは，分析者の本来の機能とは，患者を理解することと，その理解を患者に伝えることだとしている。この見方をとるなら，治療者は中立性を維持するため，禁欲のルールを堅く守り，イド，自我，超自我のそれぞれの要求から等距離でなければならないという観点が必要となるだろう。そのような中立性は，知るということを追求すること以外の価値や，専門的な関わり以外の態度や，解釈以外の介入を排除することにつながるだろう。

　自己心理学的な観点から見ると，適切な態度とは，もっと複雑なものである。自己心理学者は，太古的自己対象欲求を転移の中で再体験することの重要性を強調する。そして中立性についての適切な基準，あるいは禁欲や雰囲気についての基準は，この治療的な再体験を促進させるのに，それが最適かどうかによって決まってくる。患者が抵抗するのをやめないのは，分析者が彼に抵抗を放棄するように言っているからか，分析者が彼に抵抗を解釈しているからである。患者は，分析者をほんの少し信用することを学んだ頃から，ゆっくりと徐々に，おそるおそる抵抗を手放していくものである。しかし，それさえ決して信じることのできない患者もおり，彼らの治療は非常に困難である。信じることを知っている患者は，治療者への信頼を発展させることができる。なぜなら，そのような患者は，治療者の中立性は好意的なものであること，すなわち，治療者は必ずしも患者の判断にすべては合わせてくれないが，感情的には患者の味方であるという確信をもてるからである。ひとたび治療者と自分自身を信じることができるようになった患者が，自分自身を検閲することなく自由に語る（この防衛からの解放に到達するまでには，普通，何年もの分析作業が必要であるが）という基本原則を本当に実行できるようになった時には，治療者の必要性はもはや減少し，自己による自己の分析を自ら進めることができるところまで，分析プロセスが到達していることだろう。これは分析的治療のひとつのパラドックスといえる。

介　　入

　理解することとは，波長を合わせること being in tune with，調律 attune-
ment，共感 empathy といったさまざまな同義語によって言及されているプロ
セスを表すよい言葉である。前述したように，フロイトは，他者の主観的体験
の中に身を置いて感じることを意味するのに，Einfuehlung という言葉を使っ
た。理解するプロセスは，単なる意識的，論理的，認知的なプロセスを越えた
ものなので，それは，他者が何を体験しているのかをつかもうとする以上のも
のである。理解することは，他者の体験の中に自分が入って感じることである。
すなわちそこには，前意識的，無意識的な知覚，とくに感情面の知覚も含まれ
ている。乳幼児研究者たち（Stern, 1985, pp.138-161）によって使われている
情動調律 affect atunement という言葉は，分析者が共感と呼んでいるものに類
似したプロセスを指していると考えられる。分析者たちの中では，共感の正確
な定義や，共感にどのような特性が含まれているかについて意見が統一されて
いないようなので，私も，その働きの点では十分によく知られているこの概念
を，科学的な精密さをもって定義することは避けたいと思う。臨床的には，誰
かが共感的だ，あるいは波長が合っていると言う時，それが何を意味している
かは，われわれ全員が知っていることだと思う。これはフロイトが，共感なし
に他者の真の理解はありえない，しかし共感を，私のメタ心理学の中でわざわ
ざ定義しようして思い悩む必要はないだろう[1]，と語った理由かもしれない。
私も，初期の感情的な**理解**と，補足的でより認知−論理的な**説明**とを区別する
コフートの手法を取っている。すなわち共感的な把握には，理解と説明の両方
が含まれているのである。

　説明すること to explain とは，観察された現象のもつ意味をわかりやすくす

---

1 ）「模倣による同一化は，共感へとつながっていく。それは，ある心のメカニズムを把握
　できるようになることである。その心のメカニズムとは，他人の心的な世界に対して，た
　いていの見方を取れるようになることである。」（Freud, 1921. Standard Edition. 18:110.
　note2）

るような論理的で言語的な表現を提供することである。

解釈すること to interpret とは，意味を明らかにすること，すなわち特定の科学的な理論の枠組みの中で説明することである。たとえば，ある解釈は，精神分析的理論の見地からのひとつの説明であるかもしれない。

行動にして**表すこと** to enact とは，無意識的，あるいは前意識的なコミュニケーションの意味を，いくぶんドラマ化された相互交流によって，対人相互的な文脈の中に表現することである。

内容ではなく，体験である

もっとも重要なのは，患者に伝えられる情報の内容でもなければ，解釈や介入の中身でも，治療者の推測の正確さでもなく，ましてや治療者が患者の「映し返し」への要求や彼らの理想になることへの要求に従うことでもない。治療的取り組みの進展にとって決定的に重要なこととは，患者がその雰囲気の中で尊重され，受け容れられていて，少なくともいくらかは，自分は理解されていると体験しているということである。

これは，コミュニケーションや解釈の中に含まれているメッセージや情報が重要ではない，と言っているのではない。解釈の正確さは，分析的なプロセスが前進するのに適切な雰囲気の次に重要なものである。しかし，解釈に耳を傾けさせるような雰囲気が患者にもたらされていなければ，情報としての解釈の内容を患者が深く聞き入れることはないだろう。治療者の能力としては，自分の洞察を概念化する能力よりも，患者が，今，どのような種類の雰囲気を必要としているかを感じ取る能力の方が重要なのである。そうなって初めて治療は前進するだろう。こうして治療者と呼ばれる人は，患者と呼ばれる人と同様に，極めて重要なひとつの変数になるのである。

変容的体験を呼び起こすこと

患者が自分自身について得た知識は，確かに患者にとって役に立つものだが，それはどのような変化の深まりももたらさないことを臨床経験は教えている。そのような新しい知識は，患者が意識的にコントロールできるような考えや行動には影響しても，無意識的な経験にはまったく影響力をもっていないのであ

る。自己改革のための書物を読んで，その内容に読者が納得したとしても，それで心理的な変化を達成することはほとんどないだろう。同様に，治療者から患者に伝えられる解釈と呼ばれる情報は，ほとんど重要なインパクトをもたない。解釈が変化を起こすのに効果的——変容的——になるためには，解釈が患者の中にひとつの体験を引き起こさなければならないのである。それでは，治療的な体験の中のどの側面が，解釈を変容的なものにするのだろうか。

　それはまず第一に，その体験は転移を含んでいなければならない。すなわちそれは，治療者に関する激しい感情をともなった体験でなければならないのである。また，これらの感情は，患者の早期の人生における重要な人物にまつわる外傷的な出来事と結びついた感情に関係したものでなければならない。二つめに，今ここで，太古的な感情を再体験することが治療的に有効で変容的なものとなるためには，患者が，自分自身の行動と感情だけでなく，治療者の行動や感情の両方に理解を示し，十分にそれらを受け容れた文脈の中で，その体験が起こっていなければならないのである。言葉を変えれば——ここが，それが実際に起こった昔の状況と比較すると決定的に異なるところだが——，治療状況でこうした痛みをともなう交流が起こったことに，患者も治療者も責任はないのである。つまり，これらのつらい交流は，自然に，おそらく必然的に生じたことが理解されるので，受け容れることができるのである。この意味においてこそ，説明や解釈によって患者に提供された自己と他者についての認識は，痛みをともなう交流を受け容れるという体験を促進することができる。熟練した治療者は解釈によって，経験に近い experience-near 今ここでの出来事と，太古的な過去に体験されたより遠い出来事，そして一般的な認識や歴史や心理学的理論から引き出された，経験から遠い experince-distant 説明との間に，つながりをもたせることができる。しかし，解釈によって変容的な体験を文脈の中に与えることよりも，まず，その体験が呼び起こされることが優先されなければならないのである。

第9章

治療プロセス

　この章では，被分析者（あるいは患者，またはクライエント）の精神的な健康状態が改善されていくプロセスを，自己心理学の観点から吟味する。コフートの見方では（1984, p.7），人格の核にある精神的健康さとは，構造的な完全性，つまり生産的な人生が実現可能になるよう確立されてきた，人格の中心に存在するエネルギーの連続性という視点からもっとも適切に定義される。明らかに健康とは単なる静的な状態ではない。人間は，絶えず変化し続ける関係性の網の目の中に埋め込まれており，そこでの自己対象体験が，構造的欠陥のない，活力があってバランスのとれた，絶えず変化し続ける自己を喚起し，維持させている，という見方がコフートの定義には含まれている。要約すれば，健康な自己は強く，そしてコミュニティーの中で他者と共に創造的に活動するものなのである。

目　　　的

自己を強くすること

　治療プロセスの究極の目的は，人が波乱に満ちた毎日の生活の中に，恐れはあるかもしれないが，決してしりごみせず積極的に飛び込んでいけるように，自己を強くすることであるべきである。中期的な目標は，分析プロセスに入ることであり，長期的な目標は，理想的には，強くなった自己によって利益を得

つつ，分析の終了によって正式な治療関係がなくなった後においても，分析プロセスを活発に維持できるようになることである。他の目的はすべて，自己を強くするという第一の目的に対して，副次的なものとなる。健康や病理をどう理論的に概念化するかによって，治療の目的の定義はさまざまに異なってくるだろう。精神分析が実践されたさまざまな時代に提唱されてきた治療の目的には，無意識を意識化すること，無意識の葛藤を解決すること，その人個人の真実の歴史を完成すること，苦しい症状を除去すること，望ましくない行動をコントロールすること，社会の基盤の中にきちんと統合されること，創造的な可能性を解放すること，より成熟度の高い発達レベルに達すること，対人関係の質と深さを改善すること，愛することと働くことの能力を高めることなどがあり，他にもさまざまな目的が挙げられてきた。これらすべての目的は，今も評価されるべきものであるが，自己心理学の観点からは，自己を強めるという目的をともなわないものは，すべて副次的なものと考えられる。

治療のゴール

　自己心理学における治療のゴールは，構造的な言葉で言えば，変容性内在化を通して，自己のまとまりと全体性を高めること，と表現される。自己の障害に対する認識の拡がりにより理解がさらに深まるにつれて，われわれは，極めて重要な自己対象体験の変遷に，より大きな強調点を置くようになった。今や，応答性のある自己対象基盤との共感的共鳴が，自己の心理的構造のまとまりと幸福を保証するものと見なされるようになったのである。しかし治療のゴールが，自己構造の観点（すなわち，基本的な野心の極から，基本的な才能と技量を介して基本的な理想の極へと向かう緊張弧が，遮られることなく確立される，あるいは構造的な欠損が修復されるという目標）[1]から定義されようと，自己対象環境 selfobject milieu の観点（すなわち，必要とされる自己対象環境に，不安なく自由に近づける能力を獲得するという目標）から定義されようと，求められる結果とは，自己のまとまりを喪失することなく，決して最適ではない自己対象にも耐えうるような，許容度を備えた構造にまで自己が強化されるこ

1）たとえば，Kohut, 1984, p.4

126 第2部 治　　療

とである。もはや，患者に変化を求めることは正当なこととは言えない。むし
ろわれわれは，自己心理学的に方向づけられた治療がもたらす変容的体験が，
患者の自己の強さを高めさせ，自己構造を増強し，その結果，患者は以前は統
合できなかった感情を統合できるようになるという期待をもつことができるの
である[2]。

　統合的で自己促進的な自己の再構造化を可能にする，今ここでの治療状況の
中で，太古的なトラウマを感情をともなって再体験することにより患者の自己
は強められる。これは，アレキサンダー Alexander（1958, pp.326-331）が提唱
した修正感情体験とは異なるものである。なぜなら，治療者の応答性は，患者
の子ども時代の両親と同じように，不完全だからである。したがって，アレキ
サンダーが示唆したような，治療者が患者の子どもの頃の両親とは異った役割
を取ることは難しい。実際，治療者の不完全さ，すなわち反応の失敗によって，
患者が，治療者への共感的結びつきにおいて，痛みをともなう失望と，それに
続く治療者との関係の断絶を体験することは，どうしても避けられないことな
のである。このようにして，治療状況の今ここにおいて，子ども時代の外傷的
な体験が反復されることになる。しかし断絶した治療者との絆が，共感的理解
と解釈を通して修復されることによって，外傷的な断絶にまつわる内容や感情
を自己の構造の中に統合できるだけの強さが自己に与えられる。こうして自己
は断絶−修復体験から再生し，その体験における内容や感情が自己体験の組織
の中に統合され，さらに自己は強くなるのである。

　これらの有益な治療体験と，統合されていない（断片化に向かう）過去の病
的な体験とを区別するものは何だろうか。ここには多くの要因を挙げることが
できる。成熟した自己は，より年齢も高く，柔軟性もあるだろう。また分析の
過程の中には，治療者を徐々に信頼することで修復された，そうした断絶−修
復体験につながった出来事の記憶がいくつも存在することだろう。しかし，も
っと重要なことは，自己の断片化から派生した要求や症状も含んだ患者の反応
を，治療者が受け容れるということである。これらの患者の反応は避けられな
いものであって，患者にはそれぞれの歴史があり，その結果，治療状況の中に

─────────

2) Stolorow, Brandchaft and Atwood, 1987, pp.74-86.

自己の弱さが表れることを治療者は知っている。したがって，親は求めたかもしれないが，治療者は患者に変化を求めることはしない。むしろ患者は徐々に強くなり，したがって簡単に反応することが減って，関係の断絶も減少するだろうという期待をもって，治療者は何が起こっているかを患者に説明するのである。

　言い換えれば，治療状況の中で患者が強くなっていくのは，治療者の理性的な冷静さが，患者に受け容れられているという情緒的な雰囲気を伝えるからである。このような雰囲気の中で，患者の感情は静まっていくが，もし患者が体験していることを治療者が感情的に拒絶して反応してしまったら，患者の感情はさらに悪化の一途をたどるだろう。これをもっと技法的な言葉で表現すれば，適切な治療的雰囲気は，患者の自己がそこにしっかり受け容れられるような自己対象基盤を提供するので，そこで患者は共感的共鳴を体験することができ，それが患者の自己のまとまりを強めることになるのである。こうして喚起された，不快な感情を統合する自己の能力は，自己の構造やまとまりへの外傷とならずに，逆に構造的増強をともなって高まっていくのである。

変化を望むのか？

　治療が成功するためには，患者自身が変化したいという強い希望をもっていることが必要だと考えられている。精神分析的治療の過程にともなう困難や障害にぶつかった際，被分析者が，分析で直面させられた自分自身の不快な真実に向き合わねばならない苦痛を克服するためには，強い動機づけが必要であると考えるのは理にかなっている。そこに，頻繁な面接や時間，努力，お金を要することや，「精神科の患者」になることへの当惑などが加わる。もし患者が変化することへの希望をはっきりと示さなかったら，その患者の治療への動機づけは，精神分析を行うには不十分だと判断する治療者もいるだろう。治療者が，本能的快楽への執着との見方から病理を概念化すればするほど，また治療とは患者が自分の幼児的目的を抑え，あきらめるのを助けることだと考えれば考えるほど，通常の社会的状況の慣習的な側面までもが，幼児的願望から派生したものとして解釈されたり，そうした社会的側面の欠如した雰囲気の中で治療が行われることになるだろう。このような治療についての考え方は，たいて

い患者に対立的な構えを引き起こさせ，大きな欲求不満に進んで耐えることを患者に要求することになる。欲求不満の苦しさと，それでも自分自身を変えたいという願望だけが，分析的治療にともなう不快感に耐え，それをワークスルーするための不可欠な動機づけであると考えられてきたのである。

　もし治療者が，患者は神経症的な快楽を断念しなければならないという見方を少しでも減らして，自己の構造と強さを獲得するために必要な体験を提供するものとして治療プロセスを概念化すれば，治療における雰囲気はより友好的でリラックスしたものとなるだろう。適切に行われている治療では，患者の側の意識的努力がなくとも，治療の場の雰囲気によって自己の強さが増すプロセスが生じている。その点でこのプロセスは，もし適切な条件が存在しさえすれば，漸次プログラムに沿って自動的に進んでいく発達・成長のプロセスと似ているといえる。それゆえ，これから患者になる人に「変化」を希望するよう求めるのは，不適切なことなのである。（患者にも分析者にも）成功とされている分析を終えた患者は，気分においても行動においても改善を示しているが，いくつかの基本的な面においては変わってはいないだろう。彼らは同じ特徴を備えた人格であり，好き嫌いの傾向も変わってはいないだろう。つまり基本的に，野心，才能，価値においても同じであり，また量的には改善していても，不安や抑うつにおいては同じ様態を示していることだろう。そもそも自己の継続性とは，基本的パターンが継続しているということなのである。

　患者に変化を約束させることは，子どもに1インチの成長を約束させることと同じく，意味のないことである。それは適切な条件のもとでなら生じることで，そうでなければ生じないことである。患者から変化の誓約を取りつけることは，患者は力をもっておらず，また，そのことを患者も知っているということを言外に示すことになる。このような変化することへの要求は，患者の能力のなさや欠損を想定しているため，患者に罪悪感や恥辱感を抱かせる。患者は，精神衛生の専門家に相談に行くという恥ずかしさや面倒さにも関わらず，何かを変えたいと望んで治療に訪れたのは明らかである。変えたいと切望されるのは，たいてい精神的な痛み，たとえば，不安，抑うつ，恥辱，恐れ，罪悪感，嫌悪，憎悪などの不快な感情である。ひとことで言えば，患者は，より心地よく感じたい feel better のであり，分析的作業にそれ以外の動機は必要ではない

のである。

　では，このことは，心理療法は患者にいかなる現実的変化ももたらさない，ということを意味しているのだろうか。

　ある専門職の30代半ばの男性が，慢性の不安のために精神分析を受けに来た。彼は同僚や上司との関係の中で，時々，苦しいほどの恥ずかしさを感じるまでに臆病になっていた。彼は幼なじみの女性と結婚していたが，結婚生活を喜びのない，エネルギーを消耗するものとして経験していた。なぜなら彼の妻は，家族と共通の目的のために何かをするということはなく，不満ばかりの受け身的な生活にどっぷりと浸かっていたからだった。彼は分析の間，共感的でなかった私のコメントを，私には彼の幸せを願う気持ちが欠如していると体験した。その際，自己を確かなものと認めて欲しい彼の激しい欲求——鏡転移——が挫折し，一時的な抑うつ状態に退行してしまった。連想は，子どもの頃放っておかれ，弟と何時間も遊んでいた記憶とつながり，彼はいかにそうした記憶がこれまで忘れ去られていたかを思い出した。見捨てられる恐怖がさまざまな形となって転移の中に表れ，それらをワークスルーすることで，彼の自分自身への不快感は徐々に減少していった。そうして彼は以前よりも明るくなり，自信を回復して，妻や友人に対しても専門家仲間との交際においても，より自己を主張できるようになっていった。自己を孤立させ人から距離を取ることで，拒絶される危険から自分を守っていた防衛も背後にしりぞくようになり，もはや社会的交流への積極的な参加を避けることもなくなった。そして彼の妻も分析を受け始めた。その後，彼の彼女への接触の増加とも相俟って，2人は共に彼女の出産のためのトレーニングを受け，子どもをひとりもうけたのである。

　この短い臨床例は，他にも分析された多くの問題には触れていない。しかし，このごくわずかな要約だけでも，彼ら2人の分析が不成功だったとは結論できない概観を示しているだろう。確かに両者とも，本質的にも認知されうる範囲でも，以前とは変わっていないかもしれない。彼らが違う種類の人間になったとは誰も思わないし，もっとも親しい友人だけが，彼らの変化に気づく程度だろう。しかし小さな変化が生じたことがもっとも重要なのであり，それが抑うつ的で不毛な生活を，満足のゆく生産的な生活に変化させたのである。

成功か失敗か

　患者と治療者が共に，うまく患者のゴールに到達するかどうかは，多くの要因が関係しており，正確に予想することはできない。運よく不測の事態や問題が生じることなく，またある程度無傷な患者と分別を備えた有能な治療者であったなら，おそらく治療は4ケース中3ケースは成功することだろう。人間が過去から受け継いできた深刻な慢性の病気への治療成果と比較しても，これは悪いパーセンテージではない。

　それでも治療のいくらかは失敗に終わるのはどうしてだろうか。十分に自分を分析し，しっかり訓練を受けた治療者であっても，治療の失敗の理由はしばしば不明である。治療の失敗については，これまで多くの説明がなされてきた。

共感の欠如

　ひとつの説明は，その患者に対して治療者が十分に共感できていなかった，という治療者の共感能力の欠如である。しかし他の患者には十分共感的に接することのできる治療者が，ある患者には共感的になれないことがあるのである。

相性の不一致

　患者も治療者もそれぞれが特有の性格を有しているので，分析状況の中でそれが治療的な調和を生み出すよりも，むしろ衝突を引き起こすことがあるかもしれない。時に治療者と患者は，お互いに相手からそれぞれの両親を思い出したり――つまりそれは予想されるべき転移と逆転移として，というわけだが――，時には相手が，記憶の中の恐れている太古的イマーゴに実際に非常に似ていることもあるだろう。こうしたケースでは，お互いの中に，外傷的な記憶と結びついた受け容れ難い感情が喚起されるかもしれない。通常，これらの転移と逆転移はワークスルーされる。しかし，もし治療者が実際の患者の初期の養育者にあまりにも似ていると，ワークスルーはより難しくなり，時にはそれ

が問題になるだろう。教条的でない分析者はそのような実際の類似性に気がつくと、この危険性を警戒して、間違った転移解釈をしないようにするだろう。このように非常に多くのことが患者と治療者という2人の人間の適合性に関係しているので、少なくとも2人、できれば3人の異なる治療者が治療を試みた上でなければ、その患者を分析不可能と断定しないようにすることが必要である。

過剰な損傷

最後に、治療プロセスの厳しさによるストレスや負担に耐えるには、患者は心理的に重篤な損傷を受け過ぎており、患者の自己はあまりにも壊れやすく、弱すぎるからかもしれない。そして、最小限の基本的信頼をもつ能力さえ損なわれているかもしれない。

治療プロセス

概念的に言うと、自己を強化するには以下に示すような二つの道筋がある。実際の臨床においては、これらの両方のプロセスが同時的に働いて、歪曲していたり、ある状態のままで止まっている自己の構造に作用していく。

雰囲気を通しての変化

発達が滞っている部分のまったくない自己など存在しない。これまでの発達における環境の雰囲気が全体的に刺激的で促進的であったとしても、自己がさらに再活性化される可能性は常に残っている。しかし一部の患者にとっては、自分の内的世界に対して真剣に、決めつけることなく、そして共感的に関心を示してくれる尊敬できる人物に出会い、その人物に自分が受け容れられるという治療状況の受容的な雰囲気それ自体が、彼の人生において初めての体験であるかもしれない。そうした患者にとって治療は、これまでの発達において阻止されてきた自己の側面が、その治療環境の中で再び発達を開始することが可能となり、自己の癒しが促進されるという初めての機会になるだろう。このようにして患者の自己は、自己対象体験の失敗から生じた初期のトラウマから最終

的に回復するのである。それでもその傷痕は後に残り，歪曲した自己対象体験を病的に求めてしまう欲求は，少なくとも部分的には存続することになるだろう。

断絶－修復プロセスを通しての変化

脆弱な自己は，自己対象体験の失敗によって頻繁に傷つきを体験している。外傷的に歪みが生じた自己は，特定の側面で活動不能や機能不全の状態に陥ってしまう[3]。傷つきに対して副次的に引き起こされた自己の歪みは，発達の固着以上のもののように思われる。これらの自己の歪みは，防衛的な自己の構造と結びついて自己に深く浸透し，自己を弱体化させるのである。自己が弱体化すると，太古的な自己対象欲求が優勢となり，完全な反応を体験することを求めるようになる。それと比較して，成熟した自己対象欲求では，不完全で限界もある反応に満足することができる。このような自己の傷つきは，治療的雰囲気だけでは修復されえない。しかし幸運なことに，構造的な機能不全により弱体化した自己を心理療法の中で強化する第二の非常に重要な道がある。それが，これまで私が述べてきた断絶－修復プロセスである。このプロセスを通して，固着を起こし，防衛的に歪曲されていた太古的で原始的（そして病理的）な自己対象反応への欲求は，年齢相応の自己対象反応への欲求に置き換わっていくのである。私は，概説の中でこれを，太古的な病理性が相互の共感的共鳴と呼ばれる自己対象反応に段階的に置き換わっていくプロセスとして描写した。次に，この断絶－修復プロセスを詳細に検証してみよう。

断絶－修復プロセス

抵抗分析

個人の中で常に存在している自己対象反応への欲求は，（1）防衛によって変形された太古的欲求の残余と，（2）現在の状況，の両方から生じている。

3）コフートは，自己対象体験の失敗に反応して生じる二種類の自己の構造，すなわち防衛的構造と補償的構造について述べている（Kohut, 1977）。

治療状況において，これらの自己対象欲求は，多かれ少なかれ治療者への無意識的な期待あるいは要求として現れる傾向がある。受容的雰囲気はこの自己対象欲求の発現を促進するものだが，いくら整った環境であっても，過去の体験に由来する恐れが，動きだした欲求の素直な表出を妨げる。言い換えれば，患者は，これらの欲求を表出することや欲求の存在に気づくことにさえ抵抗するのである。治療者に向けられた自己対象欲求の自然な発現に対するこれらの抵抗に対して分析的な解釈を行うことは，自己対象転移の発現を促進する。こうして動きだした自己対象転移において，患者は，治療者は自分の自己対象機能を果たしてくれると体験するか，あるいは治療者はそれを果たすことを拒否していると体験する。抵抗は，新たな傷つきから自己を守っている。したがって抵抗を克服することとは，傷ついた自己が再び傷つく可能性のある体験に自己を敢えてさらすことを意味している。

　別な言い方をすれば，自己は，自己対象機能を果たす治療者の能力と意志に自分を託すのである。しかしその人の人生で，過去に重要な人物から誤解や不当な道徳的非難を受け続けてきたとすれば，見知らぬ人を信じるのは容易なことではない。治療者は有能で公正な人物だろうか？　治療者は本当に自分のことを理解してくれるだろうか？　患者の自己は，治療に来る以前に数えきれない場面で体験してきたように，新たな失望と傷つきをまた体験するのではないかと警戒する。

　実際，治療者が自分自身や患者の期待に応えることができず，患者が失望することは避けられないことである。しかし希望は容易にはなくならない。治療者の専門的な関与と，理解を求める患者にきちんと応えるオープンな態度によって，これらの患者の切望が再び呼び覚まされるよう働きかけることは，治療者の仕事なのである。抵抗分析の初期は気の滅入るような堅い雰囲気となり，まるで厳しい霜が降りたように，治療プロセスはまったく進展を見せないかもしれない。抵抗とは，本質的には，再び心的外傷を受けることへの恐れ以外の何ものでもないのである。抵抗分析の進展にとって決定的に重要なことは，患者が治療者に裁かれるのではなく，治療者に受け容れられ共感的に理解される体験から，患者に勇気が生まれることである。そうした受容的雰囲気は，抵抗解釈の効果を高める。そのような環境でなければ，抵抗解釈は，それが正しく

134　第2部　治　療

ても正しくなくても耳を傾けられることはないだろう。私は抵抗解釈の内容の
正確さよりも，この雰囲気の方がもっと重要だと考えている。分析状況は退行
と，抑圧され否認されてきた自己対象欲求の動員と同時に，外傷的失望の脅威
も誘発する。治療者の落ち着いた応答力がこれらの動きを促進し，また治療者
の決めつけない抵抗解釈が患者のトラウマ再現の恐れを減少させるのである。
臨床例を示そう。

　精神衛生の専門職についている女性が，初回面接の約束の時間に35分遅れて
やって来た。彼女は，自分は治療を求めて来たのではなくて，何らかの指導を
求めて来室したと語った。告白すると私はその時，自分は教師ではなく治療者
として彼女に会っているんだということ，そのようなサービスを求めている人
と私は分析的な仕事をしたいし，そうすることを自分はこれまで選択してきた
こと，そして，オフィスで心理療法を教えたり説明したりするような仕事を自
分はしていないことを彼女に気づかせてやりたいと思った。もうおわかりのよ
うに，私は感情を傷つけられたのである。すんでのところで私は自分の傷つい
た自己を露呈し，もっと患者らしく行動するよう彼女に要求するところだった。
私は自己の傷つきを否認して，彼女が不適切な表向きの理由を並べたてていた
のである。しかし私が，再び傷つくことにほんの少しでも自己をオープンにし，
非常に壊れやすい自己の声に耳を傾けだした時には，私の怒りはすでに消え去
っていた。だから，私はほとんど何も言わないで，すぐに，20分後に来てもら
うよう伝え，もう一度面接の約束を取り直したのである。この例は，これ以上
詳しくは話さないが，しばらくして彼女との純粋な治療状況が展開するように
なってからも，私も彼女も，長い間，それを治療とはっきり認識することはな
かった，とだけ言っておこう。私は個人的には「抵抗」という言葉を好まない。
なぜなら「抵抗」という言葉には，道徳的によくないことという意味合いが含
まれているからである。しかし，もちろん，防衛的な行動ははっきりと解釈さ
れる。初めて彼女に出会った日，私が自分自身を治療者と感じたいがために，
もし実際に彼女に患者らしく振舞うよう要求していたら，その後，私は彼女の
ことを治療不能な患者だと考えていたかもしれない。さもなくば，彼女を境界
例と考えだしていただろう。

転移の動員

断絶－修復プロセスの第2段階は，患者からの自己対象転移の自然発生的な

動員である。患者は常に絶え間ない葛藤の中にいる，ということを強調しておきたい。その葛藤は，自己対象反応への絶え間ない欲求と自己が傷つく恐怖との狭間で起こっている。しかし，ほとんどいつも恐怖の方が優勢であり，自己支持的な自己対象体験が得られるような自己対象関係を作っていこうとする動きが妨げられている。その結果，治療を求めてやって来る患者は，たいていの場合，必要な自己対象反応に飢えている状態にあるといえる。抵抗分析と共に，治療的雰囲気が患者に相対的に大きな安心を感じる体験を生み出す時，欲求と恐怖のバランスが変わり，かつて存在していた希望が復活する。こうして自己対象欲求に耳を傾けてもらえ，理解されるだろうという期待が高まり，それはまた，これらの自己対象欲求の強化にもつながっていく。自己対象欲求が傷つくことへの恐怖を凌駕していくのである。最初は躊躇しながら現れる，患者が治療者に抱く期待の中でもっとも重要なものは，理解されることである。治療者の共感的理解は，これまで抑圧され否認されてきた太古的な自己対象欲求の全般的な動員と復活を患者に引き起こす。それによって治療者に期待が向き，自己対象転移が形成される。双方が幸福感を体験している時，それは調和的な転移が現れていることを示しているのである。

転移の断絶

　断絶−修復プロセスの第3段階は，自然発生的に成立した支持的な自己対象転移が断絶する時に生じる。この転移の断絶は，転移の成立と同様に，まったく自然に起こってくる。治療者が患者に「波長を合わせ」，完全な共感を維持することは，いつか必ず「失敗する」ので，転移の断絶は必然的に生じることである。ある時，患者は，自分にとってその時もっとも重大な関心事――つまり優しく理解されること――よりも，治療者は自分自身の課題――つまり，正確な解釈をすること――に，より興味をもっているように感じて，突然，怒りを感じる。多分，その患者の直感は正しいだろう。そのような時，患者は，本当は，綿密に精査されたり分析されたり解釈を聞いたりすることを望んでいない。治療者からの共感を体験したいのである。しかし，これをただ指摘するだけでは誤解されたという体験を患者にもう一度体験させるだけで，患者の傷口を広げることになってしまう。したがって普通，そのような解釈が有効になさ

れる前に，治療者は，患者が治療者の「失敗」として知覚した体験を，それが患者の湾曲であろうとなかろうと，現実のこととして認めなければならないのである。患者の体験は，それが効果的に解釈される前に，まず正当なものとして認められなければならない。

転移性退行

　自己対象転移の断絶は，以前の太古的様式の関係性への一時的退行を引き起こす。その退行の特徴は，防衛的に歪曲され誇張された治療者への欲求や，防衛的に引き起こされた遊離や引きこもり，あるいは行動化にある。患者が治療者を歪曲して知覚するのは，転移が断絶した原因ではなく，むしろ，その結果かもしれないことを注意してほしい。また，ここでいう防衛は，本能の侵入に対する防衛ではないことにも注意してほしい。反対にこの場合，まとまりの低下した自己の状態への一時的な退行は，たとえば性的倒錯や他の形の行動化といった，歪曲された性愛や攻撃性の断片を自己と統合できないことにともなってしばしば生じているのである。

　孤立することや性愛化，攻撃化が，太古的様式の関係の取り方における防衛であることは，それらが残った自己構造を守るために使われていることから明らかである。失望をもたらした自己対象は，これらの不統合を防衛する際にともなう不快さのために，安全な距離を置いて遠ざけられるか，あるいは自己対象が不足しているために，さらに近くへ引き寄せられることになるかもしれない。どちらにせよ，自己は苦痛と欠乏の状態にあり，機能も落ちているが，自分自身の中の不統合の産物も含めて，どんな資源でも利用して，自己対象機能の担い手が自己の欲求を満たしてくれるように促そうとするのである。

　通常の社会的交流において，自己対象欲求が望ましくない結果を産むことになるのは，復活した自己対象欲求が，太古的で歪曲した，強要的な側面をもつためである。治療者も，患者の自己対象欲求の歪曲された太古的な表現にしばしば不快な体験をするが，少なくとも理想的には，治療の中で治療者は，共感と理論的方向づけによって，それらのもとにある患者の正当な自己対象欲求の存在に気づくことができるのである。

転移の修復

　そして4番目の段階，転移の断絶に関する適切な解釈を通した自己対象転移の修復の段階へと続いていく。治療者は，転移の断絶につながった一連の出来事の経緯を患者に説明し，解釈する。そこでは，患者がその断絶をどのように体験し，どのように思ったかについて，そしてそれらに劣らず重要なこととして，治療者がその断絶をどのように体験し，理解したかについての瞬間的な鋭い機転と共感的理解を必要とする。

　分析者は，自分自身の内的な心的現実に内省的に接触を保ちながら，患者の現実と苦しみに共感的に波長を合わせるので，どのような行動を取った，あるいは取らなかったことが現在の難局を招くことになったかについて気づきやすい立場にいる。おそらく分析者は，転移の断絶が生じたのは，分析者と患者がお互いの内的体験を正確に感じ取ることに失敗したせいだ，という認識に到達するだろう。それは，分析者が患者の欲求に波長を合わせる際の失敗だけでなく，患者の側にも分析者の意図を読み取る際の間違いが同様に生じており，後者はしばしば太古的な恐れや期待が転移した結果なのである。したがって，治療者は転移の断絶を説明する手がかりを探索し，彼の理解を患者にコミュニケートする。すなわち治療者は自分の洞察を，解釈を通して患者に伝える方法を探ろうとするのである。この分析者の探究と説明の努力は，彼が真剣に患者に関心をもっている証拠として患者に体験される。それは両者にとって，しかしやはり，とくに被分析者にとって，波長の合った反応を相手から引き出したという彼自身の効力感の体験となり，また相手に感銘を与えたという体験，自分は大したものだという体験，また，自己が確証される体験にもなるのである。精神分析的な治療において癒しの体験が生じるためには，（1）他者に理解されたという感覚と，（2）その他者に自分自身が影響を与えたという感覚，が必要である。精神分析的心理学における現在のわれわれの理解では，鏡映自己対象体験，理想化自己対象体験，あるいは分身自己対象体験や自己のまとまりに対する効力感の体験など，さまざまなタイプの体験の働きについて，まだ十分に説明することは難しい。しかし，それらはすべて強い自己が生じるのに本質的に必要なものであることは，はっきりしている。自分が影響を与えたいと

いう欲求は，必要な鏡映体験のひとつとして概念化されることもできるかもしれない。しかし，物からの反応も含んだ母－乳幼児観察による精神分析外での知見からすると，影響を及ぼす体験への欲求は，鏡映体験とは異なる種類の欲求として考えるのが妥当なように思われる（78〜81頁を参照）。

　概念的には，転移の断絶は，それに先行する調和的な自己対象転移と同様に，まったく新しい対象との新しい体験ではないということを指摘しておくことは重要である。むしろ，その新しいところは，治療者は通常の社会生活で行われるようなやり方では反応しないで，共感的に得られた理解に基づいた説明と解釈によって反応するところにある。より特定して言うならば，治療者の姿は，最初の頃は患者の過去における重要な人物であるかのように患者に体験されていたかもしれない。実際，治療者はしばしば自分自身の要因から，まるで自分が患者の親や非常に近しい人物であるかのように行動してしまうかもしれない。しかし，治療者は，患者から情緒的に距離を置くという異なった行動も取ることができる。すなわち，治療者は，自分自身の体験をものさしにして患者に押しつけることなく，患者の体験を受け容れようとするのである。そして治療者は，熟考した説明についても，患者からの訂正を受け容れることができる。こうして治療者が患者に共感的に波長を合わせた受容的雰囲気の中で，治療者から再び患者に与えられた説明は，自己対象欲求自体の満足でも，本能的な願望や欲求の満足でもなく，患者の理解されたいという欲求を満たすのである。そして再び理解されたと患者が感じることによって，治療者と患者の間に共感の流れが回復する。

　断絶－修復プロセスがうまくいくと，患者と治療者の間の相互交流的な共感の流れが回復する。そして，修復された分析者と患者の共感的絆はより強くなり，繰り返し起こる転移の断絶に対しても，より抵抗力がつくことが観察される。しかし，以前ほど頻繁ではなくなり，それほど激しい感情をともなわなくなっていくにしても，相互の共感の流れの分断が繰り返し起こることは避けられないので，そのたびに転移の断絶が生じるだろう。しかし紛れもないことは，そうしながら患者の自己は確実により強く成長し，患者の自己対象欲求は，徐々により成熟した年齢相応のものへと変化していくのである。そして分析の外の関係での満足や関係の質が向上していくにつれて，分析の外での機能も改

善していく。

　分析内で，共感的結びつきの回復と共に，患者の自己の強さが修復されるのは，患者が分析者を支持的な自己対象機能の提供者として再び利用できるようになるからである，と説明することは容易である。しかし断絶の前よりさらに強くなった自己が観察されること，とりわけ，分析状況の外で新たな自己の強さを患者が獲得している様子が観察されることから，断絶－修復体験は自己の構造を再編成し，再組織化する学習体験に相当するとの仮説が可能となる。明らかに，分析プロセスにおいて生じる退行は，この再組織化のための前提条件である。患者は，おそらく乳児期や幼児期以来初めて，基盤となる自己対象を吟味し，知覚し，それに対し反応したりする中で，自己のもつ機能を働かせる訓練をしているのである。患者は分析的な治療者によって生み出された安全な雰囲気のおかげで，分析状況の中でこれらの自己の機能を行使することができる。筋肉が使われることで増強されるように，自己の機能も使われることで強化されていくのである。

　共感的に相互に交流する治療的対話は，ひとつの訓練のようなものであり，家族や友人との対話とは基本的に異なるものである。その違いのひとつは治療的退行にあり，それはこれまで深く隠されていた無意識的な機能が動きだすことを可能にする。もうひとつの違いは，分析的治療者による一貫した共感的理解の態度である。患者が安心と信頼を体験することによって，ほとんど自動的，反射的に作動していた防衛が徐々に消えていき，それによって新しい様式で知覚したり反応したりする試みが促進される。こうして治療状況の中で実験的に試みられた様式は，この比較的安心な領域の外でも試みられるようになる。そこで患者は穏やかな自己対象体験が，治療関係の外でも起こりうることを驚きをもって発見するのである。治療外の自己対象の適切な応答性は，自己をさらに強化する。治療が始まる前，自己対象の反応の失敗が自己の断片化につながり，さらにそれがより大きな反応の失敗につながっていた悪循環は，治療が始まった後は，自己対象の適切な応答性がより強い自己のまとまりにつながり，それがさらに自己のよりよい機能につながっていくという好循環に置き換わっていく。それは解釈によって提供された情報によるのではなく，説明可能な体験に基づいた学習のプロセスなのである。

断絶－修復プロセスのもつ変容的性質

　しかし，どのようにして体験は変容的になるのか，すなわち変容的体験は自己をどのように変化させ，以前よりも自己を強くするのか疑問に思うかもしれない。ここで，自己はまさに適切な自己対象体験によって生じるということ，なかでも鏡映自己対象体験がその本質的な構成要素であることを思い出してほしい。この鏡映体験をわかりやすく言い直せば，人は，重要な誰かがわれわれをひとりの人間，つまりひとつの自己として認識し，接してくれるからこそ，自己として存在することができるということである。この重要な誰かを自己心理学では自己対象と呼んでおり，主体の中に自己体験を喚起する自己対象の機能は自己対象体験と呼ばれている。かつて私は，不安であろうと敵意に満ちていようと，抑うつ的であろうと傲慢であろうと，いい気持ちであろうと不満あるいは反抗的な行動化であろうと，そうした現在の症状や行動に関係なく，患者の中には，自己は悪いものであるという感覚 a feeling of badness of the self が偏在していることに言及したことがあった。これは，自己（その人）は誤った存在であり，決して受け容れられることはないという，多かれ少なかれ無意識だが動かし難い確信である。基本的に，このような確信は，自己が組織され現れた時には，すでに自己の一部のようになっている。病的な鏡映自己対象体験のために，赤ん坊が輝かしい栄光の中で至福に満たされるという体験が，人生のほとんど最初から剥奪されているのである。つまり，まるで赤ん坊が悪いものとして自己対象に体験されているかのように，自己対象が行動し，機能していたのである。おそらくこれは自己対象の病理性を表しているか，自己対象体験を歪ませ，現れたばかりの自己を湾曲させるような不幸な環境を反映している。

　分析状況において多くの分析作業がなされ，防衛や症状や問題行動の層が取り払われると，患者の核に，自分は本質的に悪いものであるという確信がまだ残っていることが分析者と被分析者に見えてくるかもしれない。どんな言葉や解釈も，それだけでは，この抑うつ的な中核部分を修正することはできない。強い転移関係の中で，共感的な分析者によってなされた保証的な言葉でさえも，友人や家族の熱意と同程度の解決にしかならない。共感や愛では癒すことはで

きないのである。

　私は，断絶－修復の連鎖へと至る治療プロセスについて描写してきた。特定の条件下において，断絶－修復の体験はそうした自己の抑うつ的な中核部分に到達し，その構成要素を再編することによってその核を変化させることができる。そのような望ましい成果を得るためには，（1）自己のまとまりや境界を危うくすることなく自己の構造を緩めるだけ，十分に退行すること，（2）分析者は，断絶－修復プロセスをうまく取り扱えるだけでなく，弱さと限界は当然ありつつも，被分析者は実際そんな邪悪な人間ではないという誠実な信念をもっていることが必要である。こうした分析者は，これまでの自己対象との体験とは異なる自己対象体験を，被分析者にもたらすことができる。そして治療的退行から生まれた自己は，本質的に自分はよいものであるという確信を自己構成的な体験の一部としてもてるようになるのである。こうして多くの断絶とそこからの修復を経て，人間的状況に対処する力が患者に注ぎ込まれていく。患者は，自分や自己についての新しい見方を徐々に身につけていくのである。

退　　行

　概説してきた分析的な断絶－修復プロセスは，次のような前提に基づいている。すなわち，自己は，過度な退行や完全にもとに戻らないような自己の断片化を起こすことなく，情緒的な変動，とくに心の痛みをともなう転移の断絶のストレスに耐えられるだけの十分な強さをもっているという前提である。

治療的退行

　とくに精神分析的な治療状況では，患者の中で退行的なプロセスが促進される。通常の社会のマナーでは，相手に反応されないことによって欲求不満が起こるが，精神分析的な治療状況では，話す内容をコントロールせず，心に浮かんだことは何でも話さなければならないという基本的なルールが，患者に緊張を課す。さらに患者は仰臥しており，患者の背後に座っている治療者を見ることはできない。患者が退行するにともなって，長い間抑圧あるいは否定されてきた自己対象欲求の残余が動きだし，退行のプロセスが自己の構造や境界を緩

める効果をもつ。治療状況のもつ退行的吸引力によって生じるこれらの変化は，分析的な作業を促進する。動きだした太古的な構造が，自己対象転移の核になるからである。また退行は，これまでに学習された論理－認知的な思考プロセスを妨害し，自己の境界の固さを減少させ，共感的コミュニケーションをより浸透しやすくさせる。分析状況によって生じたマイルドな退行は，通常，有害な結果を招くことはなく，逆に治療的なプロセスを可能にするのである。

激しい退行

しかし自己の構造が壊れやすいために，退行がコントロールできなくなる患者がいる。つまり一度退行が始まると，退行プロセスがうまくコントロールできず，精神病様の状態にまで進んでしまう危険が存在するのである。しかしそうした脆弱な自己をもつ患者のほとんどは，発達の間にこれらの危険な退行から自己を守る防衛を確立してきている。これらの防衛はさまざまな形をとる。分裂機制，妄想機制，強迫的とらわれの強固さなどは，これまでの心理療法や精神分析の文献の中で詳しく取り上げられてきたものである。

これらの防衛は，外傷的な自己対象体験につながるかもしれない有害な関係から距離を取って，自己を孤立させておくのに役に立つ。そのような患者には，しばしば境界例という診断が適用されている。このような傷つきやすい自己をもった患者は，分析状況の中でこれらの防衛に関連した症状を示す。不適切な退行の現れは，自己がそれ自身の組織状態をコントロールし続ける強さを獲得するまでは，退行プロセスをゆっくりと進めた方がよいことを治療者に知らせている。退行が激しい時の治療者の介入にはさまざまなものがあるが，その中には，薬物の処方（抗うつ剤や抗不安薬），面接の頻度を変えること（回数を減らす場合も，増やす場合もある），カウチの使用から対面法の治療に変更すること，空想の探索よりももっと現実指向的な関心に焦点を合わすことなどがあるだろう。

治療可能性

心理治療は退行を促進する。それによって自己のまとまりは緩み，境界の浸透性は高まり，抑圧されたり分割されてきた感情が動きだすので，自己は有害

な刺激にも反応して傷つきやすくなる。したがって退行する能力は，抑圧されたり分割されてきた自己の部分を相互交流的な治療プロセスに乗せていくために必要な前提条件となる。一方あまりにも激しい退行は，自己のまとまりを喪失する危険性，つまり断片化や境界を失う危険性を示しているかもしれない。したがって精神分析的な治療においては，患者についてのアセスメントの初期の段階で，退行の程度を予想しておくことが必要である。精神病，境界例状態，人格障害といったこれまでの分類は，いつでも信頼できる指針になるとは言えないし，また，古典的な精神神経症状の診断でも，たちの悪い退行の可能性を鑑別することはできない。アメリカ精神医学会の診断統計マニュアル（DSM-Ⅲ-R）の基準は，適切なカテゴリー分類を可能にしたが，それは，それぞれの治療者が，患者の退行の状態や退行可能性に関する判断を行ってからの話である。それでは，その判断はどのようにすればよいのだろうか。

　もっとも重要な情報は，正確な生育歴から得ることができる。ほとんどすべてのケースにおいて，過度の退行の危険性は，これまでの過去のエピソードに示されているからである。しかし逆に，被分析者が過去に激しい恐怖や怒り，あるいは抑うつをともなったひどい外傷的な出来事を体験していても，行動上の深刻な自己コントロールの喪失もなく，また日常の信頼しうる人間関係に深刻な不安を起こすこともなく，それらに耐え得ていたという歴史がある場合には，それは，精神分析的な取り組みの厳しさにも耐えうることを示しているかもしれない。これらの情報を集めるためには，時間と相互の信頼関係が必要である。治療を開始する際には，治療的退行がどのように発展するかを見ながら，ひとつの試みとして取りかからねばならない。患者を心理療法的に治療するかどうかは，治療が支持的療法であろうと，関係療法であろうと，精神分析であろうと関係なく，一回きりの判断ではなく，観察と再評価を繰り返すプロセスの中で決めていくことである。おそらく精神病の患者は，境界例や神経症の患者よりも容易に深く退行しやすく，また人格障害の患者は，普段は激しい退行を起こすことは少ないだろう。しかし，これも決して信用できるものではない。診断アセスメントや治療計画は，治療プロセスそのものから生まれてくるものであり，治療を始める前に行われたものを信用するのは危険である。これまでに自己のまとまりを達成したことない患者は，過度の退行を起こしやすいので，

144 第2部 治　　療

退行促進的な治療形態には向かない。精神病，とくに分裂病や重症の気分変調性障害の既往のある患者は，通常は薬物療法の助けと共に治療されるべきである。

　精神神経症についてはどうか

　損傷を受けてはいても，自己愛人格障害や自己愛行動障害において見られる程度のまとまりを達成している自己は，心理療法の主要な対象となる。それでは精神神経症についてはどうだろうか。私の経験では，純粋な症状神経症は稀であり，最近何年かの間に私が関わった患者のすべては，主に自己対象関係の病理を抱えていた。また多くの患者は，病理的なエディプス葛藤に由来する性的な神経症性のさまざまな病理を抱えてはいたが，それらのエディパルな病理は，子ども時代のエディパルな自己対象の反応の失敗がもたらした結果であった。このように精神神経症とは，ある特定の種類の自己対象の病理と考えられ，そのようなものとして治療されるのである[4]。

治療的雰囲気についての追加コメント

　これまで私は，心理療法が行われる状況とプロセス，つまり分析的雰囲気の体験について検討してきた（Wolf, 1976a）。自己による自己の把握の進展にともなって，自己が強くなっていくという治療プロセスが生じるかどうかは，治療者が患者を尊重し，受容し，理解するという分析的雰囲気の確立と維持にかかっている。精神分析的プロセスとは，体験を探索することであって，絶対的真実を見つけることではない，ということを忘れてはならない。

　さまざまな用語が共通して使われているが，それらはすべて対にすることが

4）自己心理学は，性的なもののすべてを単なる不統合による崩壊産物として切り捨てているとしばしば誤解されている。しかし正確に言えば，病理的で神経症的な性愛は，自己対象体験の失敗に由来するものとして概念化されている。自己対象体験の失敗は，自己を断片化させ，不統合による崩壊産物を生み出し，それらは神経症状や性愛化された行動の中に組織化されていくと考えられる。しかし，しっかりまとまった自己をもつ健康な人でも，一生不完全なままであると考えねばならない。だから人は異性と性的に結合することによって完全になろうと努力するのであり，それは正常なことなのである。

できる。たとえば，緊張とリラックス，暖かさと冷たさ，受容と拒否，批判的と非審判的，合理的と教条的，誤解と理解，親しみと敵意，協同的と対抗的，興味と無関心，などである。おそらく，特定の雰囲気に対する評価は，人によってさまざまに異なるだろう。彼らが心理療法の関与者ではなく，いわゆる外側から客観的に見ている観察者として判断していれば，とくにそうなるだろう。同様に，分析状況や分析プロセスの中にいる２人も，しばしば，まったく異なった雰囲気を体験しているように思われる。

　患者によっても，治療的雰囲気の体験の仕方は大幅に異なっている。ある患者には暖かく親しみのあるものと感じられるものが，別の患者には冷たくよそよそしいものとして体験されるかもしれない。分析状況においては，ある患者にとっての薬は，他の患者の毒となりうるのである。患者に体験された分析的雰囲気が，分析プロセスが行きづまり逸脱するか，あるいは前進するかを大きく左右するのである。

転移解釈

　コフート（1971, p.291, 291n.）はフロイトと同様，転移の早すぎる解釈を避けることの重要性をことに強調している。コフートは，分析者は，転移の願望が患者の中で自然に動きだすのを，早まった解釈やその他の手段によって妨害すべきではないと述べている。転移が満たされないため，患者が分析者との協同作業に取り組まなくなった時，つまり転移が抵抗となった時点でのみ，転移解釈は行なわれるべきである。転移に解釈的に言及されると，分析の初期段階ではとくに，患者はそれを禁止として受け取るだろう。いかに分析者が親しみをこめて優しくそれを表現したとしても，被分析者には，分析者が「そんな風になるのはやめなさい。それは非現実的で，幼稚なことだ！」と言っているように聞こえるだろう。

　一方コフートは，転移が確立する際の，転移をめぐる三つの共通した抵抗について述べ，それらを初期段階で解釈することを勧めている。分析の初期段階で優勢になる患者の三つの恐れとは，すべて分析プロセスに関連した危険と関係している。それは，退行への恐れ，困難な課題に向き合うことへの懸念，そして理想的対象と融合したい願望によって自分の人格が消滅してしまう恐れで

ある（Kohut, 1971, p.88）。彼は，分析者はこれら三つの抵抗の存在を認識し，友好的な理解をもってそれらを患者に明らかにすることが必要なこと，しかし患者に保証まで与える必要はないことを示唆している。概していえば，たとえば，ごく最近起こった出来事に対する理解を求めている患者には，患者の人格についての納得のいく正確な解釈をしたところで，それはまったく受け容れられなかったり，そうした解釈をすること自体が不適切な場合が実際にあるということを，分析者は認識しなければならないだろう（Kohut, 1971, p.121）。

　フロイトは，われわれは政治と同じように，完全に達成することはできない仕事に携わっていると語った。われわれの目標が，自分たちを変化させ世界を納得のいくものに変革することならば，おそらくフロイトの言葉は正しいだろう。しかしそうではなくて，われわれは不条理なものの侵入を押し返す強さと感覚が，ほんの少しでも患者に備わったことに満足する必要があるのである。われわれは，患者がより豊かに，より創造的に，より満足のいく人生を送れるようになったことを示すことでまったく十分なのであり，それ以外に，われわれの努力を示す必要はないのである。

第 10 章

自己対象転移

　臨床における転移とは，歪曲された太古的欲求が分析状況に現れたものであり，また，子ども時代の初期に自己対象との交流の中で獲得されてきた，その太古的欲求への防衛である。

　しかし太古的な過去の記憶や防衛を転移として現在の状況に引き入れる誘因が，常に現在の今ここでの状況に存在していることを，われわれは忘れやすい。時に分析者は被分析者に対して，道理に合わない，あるいは敵対的，誘惑的，または拒否的に見える振舞いをすることがあるかもしれない。そのような現在の状況における分析者の振舞いが，患者に激しい反応を喚起するとすれば，それは自己の構造を維持するための正当な防衛であって，過去からの重要な転移の要素を含んでいるとは限らないのである

自己対象転移のタイプ

融合転移

　融合転移 merger transference とは，自己を拡張し，その中に分析者（自己対象）を包含することによって，初期の発達において（自己）対象と同一化した体験を分析状況の中で再現する転移である。それは分析者にイニシアティブの中心（コフートの言い方では，行為主体 agent）を与えず，分析者を患者のイニシアティブに全面的に従属させて，分析者を自分の手足のようにしたいと

いう期待に表れる。患者は，分析者が彼の欲求や考えにぴったりと波長を合わせてくれ，自分が話さなくても分析者はそれらをわかっていることを期待する。時に融合転移は，まずそうしたことへの防衛，すなわち分裂病様の孤立や分裂的性格，妄想的性格の鎧といった形で，自己対象から過度に距離を置いたままでいようとする過剰な欲求として現れることがある。もし自己対象が，巻き込まれたりコントロールされたりすることを嫌うために，必要な自己対象との融合が失敗すれば，その時に体験されるだろう圧倒的なトラウマから自己を守るために，防衛が必要となるのである。

　個人の発達において，何が自己の傷つきやすさの根本的な原因なのかを見極めることは，しばしば非常に困難である。乳児と融合状態になることに対する親の怖れが最初にあったのか，それとも外傷的な感情を避けるために引きこもろうとする乳児の側の必要性が先だったのか。また後者の必要性は，乳児が母親の実際の侵襲性を知覚した反応なのか，それとも誤った知覚に基づいた反応なのか。それとも生まれつき乳児に備わった気質的な不活発さによるものなのか。あるいは，そうした乳児－養育者の相互交流とそれらに関連した自己対象体験との布置が，発達途上の自己に刷り込まれたものだったのか。分析者との転移体験は，解釈可能な発達上の再体験となって，それらの糸口を，分析者にもたらしてくれるかもしれない。

鏡転移

　厄介なことに，コフートは「鏡転移 mirror transference」という言葉を，二通りの使い方で用いている。ひとつは，（1）自己を確証するいくつかのタイプの転移，すなわち鏡転移，融合転移，そして分身転移を総称する言葉としてであり，もうひとつは，（2）理想化転移に対比される，厳密な意味における鏡転移そのものである。これは混乱のもとになっているので，私は，鏡転移という言葉を二番目の意味においてのみ使うことにする。鏡転移とは，自己対象によって自己が受け容れられ，承認されることを求める，早期の欲求の再生である。それは分析者が患者を認め，誉め，賞賛することによって，患者の自己を承認することを分析者に要求すること（あるいは，そうした要求を防衛すること）として表れる。

分身転移

分身転移 alter-ego transference とは，潜在期にピークとなる早期の欲求——すなわち自分と似た誰かに自分が見出され，その人に理解されることを求めるだけでなく，さらに自分も，自分と似た誰かを見出し，その人を理解したいという欲求——の再体験である。コフートは最初，分身転移を総称的に鏡転移に分類される転移のひとつとしていたが，後にはそれをひとつの独立したタイプの転移として強調するようになった。それは一般的に，外見や仕草，容姿，考え方などの点で，分析者のようになりたいという欲求となって表れる。発達的には，それは想像上の遊び相手という空想と関連しており，また技能や能力の獲得においても重要な要素となる。

理想化転移

理想化転移 idealizing transference とは，落ち着いていて，強く，賢く，よい自己対象との融合体験を求める欲求の再生である。それは多かれ少なかれ，分析者の人格や値打ちを褒めたたえる，賛美のよそおいとなって表れるか，あるいはこの転移への防衛として，分析者をひどくけなしたり，見下したりすることが長く続いたりするような形で表れる。

創造性の転移

創造性の転移 transference of creativity とは，大きな重圧のかかった創造的な仕事に携わっている間，自己対象との融合の体験を求める，ある特定の創造的な人物の一時的な欲求について，コフート（1976）が名づけたものである。例としては，フロイトが，『夢判断』（1900）を書いていた頃，フリースに向けた欲求がそれに当たるだろう。

対立転移

対立転移 adversarial transference とは，支持的でありながらも自己に対立してくる自己対象との関係，つまり，同盟−対立的な自己対象体験への欲求である（cf. Wolf, 1980c, pp.125-126）。すべてのコミュニケーションにおいて「い

や」で反応する2歳の子どもは，自分自身を自律的なものとして体験したい欲求と，自分の自律性が反応よく受け容れられたい欲求とを行動化しているといえる。

映し返しの技術的側面

臨床例（Kohut, 1971）を挙げることにしよう。

　ミスFは，彼女が実際に話したことを一歩でも越えた解釈を分析者が行ったり，分析者が付け加えたことがすでに彼女が知っていたことであったりすると，猛烈に怒りだし，分析をけなし，おとしめて，分析者を責め立てた。すでに知っていることを分析者から聞くことに対する彼女の耐性のなさを，無意識を意識化することへの抵抗だとする見方に，それは当てはまらないものだった。彼女は，知りたくないことを聞かされることを恐れているのでもなければ，すでに知っていることを再び聞かされることを恐れているのでもなかった。そんな問題ではなかったのである。彼女は，気づくことに耐えることはできた。しかし，彼女は，分析者がイニシアティブの中心になることに耐えられなかったのである。分析者に向けられた彼女の行動は，分析者が彼女自身の考えに完全に従わねばならない，つまり分析者は自分自身のイニシアティブを放棄し，彼女のどんな側面もひたすら受け容れ，それを肯定することに専念しなければならないという彼女の要求を示していた。彼女は，実際に，分析者が彼女の自己の延長になることを期待していたのである。

「赤ん坊陛下」

　ミスFのような要求は，臣民に対して絶対的な力をもっていながら心理的に不安定な君主の態度を連想させる。こうした高位の君主に対して，身分の低い臣民たちが取ることを期待される態度から私は，フロイトの巧妙な名文句「赤ん坊陛下 His Majesty the Baby」を思い出す。フロイトは，愛情深い親がわが子を理想化する態度を「赤ん坊陛下」という言葉で表現し，それを親自身の太古的な自己愛（Freud, 1914, p.90-91）の復活と再現だとした。鏡転移は，分析状況の今ここにおいて，「赤ん坊陛下」の太古的要求が再び行動に表されたも

のだとも言えるかもしれない。フロイトが子ども時代の一次的自己愛にむすびつけた（Freud, 1914, p.90）これらの太古的要求は，普遍的に偏在しているものなので，幼児的自己愛の直接表現として概念化されることもできるだろう。自己心理学の用語で言えば，これらの要求は，どんな子どもにも絶対に必要な承認への欲求と考えられる。しかし「自己愛的」や「尊大さ」という言葉は，自己対象体験を共感的に見ているものではなく，むしろ外側から見ている言葉であり，そこには軽蔑的な意味が込められていることが多いように思われる。

太古的な欲求か，現在の欲求か

われわれには分析を行う際に重要な問題となる，多くの疑問が残されている。たとえばミスFには，これらの太古的で幼児的な要求がどうしてとくに顕著に残っていたのか。どうしてこの患者は，今，追随してもらう反応を分析者にこれほど激しく求めているのか。普通そうした要求は，はっきりとは言葉にされず，期待という形をとって転移の中で再演される。結局，怖れや防衛や抵抗が減少してから，患者はようやく分析者への期待や，分析者が思うように応じてくれないことへの腹立たしい失望の念などを十分に言葉にできるようになるのである[1]。これらの期待は，現在のプレッシャーから来ているだけでなく，早期の体験が満足のいく結果に至らなかったことにも由来している。それは自己の欠陥や歪曲となって，後に影響を残しているのである。

退行への恐怖

転移様の期待や怖れは日常の至るところに存在しているものであり，すべての行動は太古的な過去からもち越された希望にある程度影響されているといえる。分析状況の中で特別に重要で決定的となる転移の力は，分析状況の構造と適切に行われている分析的雰囲気によって促進された退行の結果である。退行促進的な転移は解釈やワークスルーを可能にするが，分析状況のもつ退行的吸引力に対する患者の恐怖は，とくに分析プロセスの初期において強い抵抗を起

1）自己心理学の枠組みで治療を行った治療者なら，こうした怒りの爆発を体験しているだろう。自己心理学者の共感的スタンスは敵意を扱うのを避けることに荷担している，という批判は，実際の自己心理学的な実践についてよく知らないままの批判である。

こさせる。患者はより早期の，より太古的で壊れやすい自己の状態に退行することを怖れる。彼らは要求がましい幼児のようになった自分を体験して，それを恥ずかしく感じたり，十分に反応してもらえないことに対して自分が大きな欲求不満と無力感を体験することを嫌悪したりする。しかし恥や怒り，尊大さや無力感を体験することよりもさらに悪いことは，自己が承認されず断片化や解体の脅威にさらされて自己の脆弱さを体験し，パニックに陥ることである。脆弱な患者にとっては，退行だけでなく，平均的な社会環境と比べた場合の分析状況における自己対象反応の相対的な少なさも，自己のまとまりを脅かすものとなる。屈辱は，自己の壊死や致命的な自己の喪失の前兆となるのである。稀なことだが，境界例の患者の退行に対する防衛が，精神病様の崩壊にまで進むことがある。精神病様の崩壊の特徴は，自己の構造の喪失である。それは原始的に組織され，歪んだ精神構造からなる早期の心理状態への後退をともなっている。われわれは，自己対象機能を，自己のまとまりを喚起し維持する自己の体験，すなわち映し返し，理想化，分身の体験を提供することとして定義している。したがって自己対象体験の欠損あるいは失敗は，必然的に自己構造の損傷，あるいは喪失につながるのである。

防衛のための転移

　したがって分析状況において，退行と禁欲がもたらす欲求不満は，自己を脅かし，分析者との関係の中に表現される強力な防衛，つまり転移を引き起こす。しかし一方では，分析者が患者の癒し手になるという暗黙の約束や分析者の知識や技術の評判，そして，最後になったがもっとも大事なことである分析者の人柄によって，苦しみから救われるという期待を患者が抱くようになる。こうして自己対象反応の源泉となる人と親密になりたいという願望が再び目覚め，被分析者の中の自己対象欲求が動きだす。このように，表面の尊大さの殻の下には，本質的には鏡転移が存在しているのである。鏡転移の中で，患者は，子どもが肯定的に認められる体験を分析者が与えてくれ，子どもの自己を慰め強くし，自己の解体の状態，つまり，もともとそこから初めて自己が出現したところの原始的な早期の心理状態にまで自己が退行することを分析者が防いでくれることを必死に求めている。ほとんどの分析は，鏡転移が太古的な形でその

まま表れるような退行のもっとも深いレベルまで到達することはないし，そこまで心の中核に到達する必要もない。全面的な断片化や崩壊のレベルにまで退行することなく，十分なワークスルーのプロセスを促進することはできるのである。

　しかし，親的な自己対象によって子どもの太古的自己が肯定的に認められたり，これまで抑圧されてきた患者の歪曲した幼児的自己が再活性化され，治療者によって是認されたりすることが，自己のまとまりのために，どうしてそれほどまでに必要なのだろうか。なぜ子どもが自分のことを素晴らしい存在だと思う錯覚を一緒に共有している母親が「よい母親」で，なぜ偉大な存在のように振舞っている子どもの正体を暴露する親が，後の子どもの病理の基礎を用意することになるのだろうか（Wolf, 1985）。さらに，解釈の作業を始める前に，分析者が患者の考えや気持ちや行動を，賛同はしなくとも受け容れ，理解しようと試みて，患者を肯定的に認めることがどうして必要なのだろうか。これらの現象は，自己－自己対象体験の発達の根底を理解することで明らかになるだろう。

発達に関する考察

　自己対象反応に対する欲求は，人生早期の正常な発達に必要な太古的自己対象に対してだけに限定されるものではない。自己対象反応は，一生を通してさまざまな形で必要とされる。実際，自己対象反応への欲求は常に存在しており，自己の強度や脆弱性に大きな影響を与えている。このスペクトラムの一方の極にある，ストレスのない豊かな刺激に満ちた環境の中にある，強く健康で成熟した自己であっても，映し返しによる承認をやはり必要としている。またスペクトラムのもう一方の極では，壊れやすく傷つきやすい，抑圧されてきた脆弱な自己が，自己対象反応を切望する際に欲求不満や失望を抱き，分裂的な引きこもりや妄想的な敵意といった強力な防衛を働かせている。しかしその時でさえも，自己は，まとまった自己の装いを維持するために，自己対象基盤による映し返しを絶望的に求めている。同様に理想化自己対象や分身自己対象との体験も，一生を通して必要とされる。生まれてから死ぬまで，人間が成長し，成熟するにつれて，もともとの乳児の太古的自己対象欲求は，到達した成熟のレ

ベルに相応した形の自己対象欲求へと徐々にその形態を変化させていく。したがって自己対象関係の発達ラインを考えることによって，時期に沿って変化していく自己対象体験に必要な条件を概念化することができるのである（Wolf, 1980）。しかし，その多くは満たされることなく，今ここに残されている。

> ……われわれは，人生のその時期特有の課題にともなう自己対象欲求を調査して，たとえば，青年や老人にとってとくに必要とされる自己対象欲求を研究する必要がある。人生の課題には，成熟が深まっていく間，あるいは，重い病いや死と向き合っていかなければならない時期に，その人にとっての「自己対象としての文化」が剝奪され，馴染みのない新しい文化環境に移行しなければならないといった課題が含まれているのである。(Kohut, 1984, p.194)

　もうひとつ重要なことは，「自己愛」転移から「自己対象」転移へと用語が変更されたことである。コフートは，最初，映し返しへの欲求を，太古的な幼児的誇大自己の再活性化に関係したものとして定義した。これは，早期の子ども時代や比較的深い退行状態にある自己に当てはまる。しかし今やわれわれは，もっと一般的に，映し返しへの欲求を，自己が重要なものとして肯定的に認められたいという普遍的な欲求として定義している。おそらく人は，どんな種類の自己対象体験も必要としないほどに，強くて健康で，凝集した自己を理想として望むことだろう。しかし臨床的には，鏡映自己対象からの反応も，理想化自己対象の存在も必要としないような自己に出会うことはありえないことなのである。

映し返しの利用と誤用

以前に剝奪されたものの代理

　「映し返し mirroring」という言葉は，時々次のような誤った用い方がされている。

　つまり，それは支持−同情的な臨床的活動のことを意味するものとして使わ

れていることがある。そこには，承認や賛同や賞賛への要求といった鏡映自己対象転移に自己障害が表れている患者には，支持－同情的な臨床的活動が助けになるという誤解があるように思われる。患者は，子ども時代に自己対象からの映し返しの反応が不十分だった歴史をもっており，その発達早期に受けた剥奪を今ここで代わりに埋め合わせるために，治療者は患者に優しくし，患者を喜ばせないといけないというのが，この誤解の理由になっている。しかし，こうした考えによる「映し返し」には，次のような誤った仮説が含まれている。つまりそれは，現在の苦悩は類似した過去の剥奪に直接つながっており，今ここでの「修正感情体験」を提供することによって欠損は修復されるか，少なくとも埋め合わすことができるという誤った仮説である。

共感：データ収集か，必要性か

　ここで共感についてのコフートの定義が誤って解釈され，伝えられていることを付け加えなければいけない。この誤解によって，共感は，患者に影響を与える活動だと理解され，意味を取り違えられてしまっている。コフートによれば，共感的であることは，患者の内的体験のいくつかの側面を把握するために，ある仕方で患者の話に耳を傾け，それを知覚することを意味している。それは精神分析的なデータを収集する方法なのである。したがって共感的であるということが，患者にとって何かよいことを行っているということではない。実際，共感することによって得られた認識が，患者の利益に反する形で用いられることもありうる。確かに一人の人間が他の人間のことを理解し，その人が体験していることをいくらかでも感じ取ることは，その人の自己の構造に対しても，その人自身の体験に対しても非常に支持的であり，その人の自己評価を高めることにつながるだろう。これは相手の意図に悪意があったり，共感的に得られた認識がその人に害を与えるような用い方をされている時でさえもそうである。ある種のセールス販売術（宣伝術）の本質には，消費者の欲求や願望に正確に共感して「波長合わせ」を行うセールスマンの能力と，消費者にその商品が本当に必要かどうか，害を与えるかどうかにはおかまいなく，消費者に自分の欲求や願望が理解されたと感じさせることによって商品を売る能力が関係している。

適量の応答性

　患者は，治療者が本当に彼らの内的体験を把握していようがいなかろうが，治療者から賛同が得られることによって一時的に気分が改善されることがある。この賛同が共感と誤って体験されるかもしれない。また時に患者は，治療者からの助言がとても役立つと思うことがあるかもしれない。しかし，外傷的で，自己のまとまりに脅威を及ぼすような人生の危機に遭遇し，激しい退行をきたしているような患者を除いては，そのような治療者からの積極的な賛同や助言的行為は必ずしも必要とはいえず，また分析プロセスの展開に対しては，むしろ有害にさえなるかもしれない。不必要な助言や賛同を与えることは，患者には能力はないが，治療者は英知に富み万能であるという錯覚を作り出すことにつながる。患者は激しい理想化転移が生じている間は，これらの助言や賛同を求めるかもしれないが，患者が真に求めていることは理解されることであり，患者は行動をもって示されることよりも，むしろ解釈を必要としているのである。こうした誤解は，分析技法の発展の歴史に由来しているかもしれない。実際，古典的な分析における禁欲は，相対的に非共感的，非応答的なものだった。コフートが共感的スタンスを強調したのは，そうした過剰な技法上の禁欲がしばしば患者に断片化をもたらすことへの反動でもあった。しかしコフートは，適量の欲求不満 optimal frustration という言い方で，同情や好意にも限界があることを認めていた。バカル Bacal（1985）は，彼の著書の中で，「適量の応答性 optimal resposiveness」をもったバランスの取れたアプローチを，「その患者や患者の病気に対して，その瞬間，瞬間で治療的に適切な分析者の応答性」（p.202）として定義している。

治療的雰囲気

　さらに言えば，分析プロセスによって生じる治療的退行と，重篤な損傷をもった自己に由来する，あるいは患者の人生における最近もしくは昔の圧倒的な外傷的出来事に由来する病的な固着や退行とが混同されることによって，分析可能な自己障害の患者の分析作業が否定されることがあってはならない。望ましいレベルの治療的退行では，これまで抑圧され否認されてきた太古的自己対

象欲求が動きだし，再活性化する。そして，それらは受容的な分析的雰囲気の中で解釈されるのである（Wolf, 1976）。ここで再び以下のことを強調しておきたい。「分析者は積極的に患者を慰めはしない。分析者は，被分析者の慰められたい思いを解釈するのである。分析者は，積極的に患者に映し返そうとはしない。分析者は，患者の認められたい欲求を解釈するのである。分析者は，患者の誇大な期待に対して積極的に賞賛し，是認することはしない。分析者は，それらの心的経済論から見た役割について説明するのである。分析者は，沈黙を受け身的に続けることはしない。分析者は，介入がどうして患者に侵入的に感じられたかを説明するのである。もちろん，分析者の存在自体，あるいは分析者が語っているという事実，そしてとくに，分析者が理解しているという事実，それらのすべてが患者に慰めと自己の確証を与える効果をもっている。そして，それらは，また，そのようなものとして**解釈されるのである**（Goldberg, 1978）。」ここで明確にしておきたいことは，解釈を効果的なものにする**必要条件**である受容的な分析的雰囲気自体が，自己の構造の統合性を強化するものとして体験されるということである。したがって患者によっては，はっきりと言葉で解釈を加えることができるようになるまで，あるいはそうした解釈が，注意深く傾聴され理解される体験に含まれているメッセージの代わりになりうるまでは，これらの自己を強化する体験が何カ月も何年にも渡って必要とされるかもしれない。

発生的な雰囲気：誇大な錯覚

乳児期とは，子どもが「映し返される」ことを求める時期，つまり「歓喜する親的な自己対象に，喜びと基本的承認をもって迎えられることを求める」時期とはまた異なった時期である（Kohut, 1984, p.143）。実際この時期は，親と子が2人ともお互いに，自分たちは完全だと信じ合い，共謀し合って，錯覚の中に入っている時期といえるかもしれない。このような自分は唯一無二で至福に満ち，最高に素晴らしいという錯覚は，確固としたまとまりのある自己に発達していく歴史の中で共通して見られるだけでなく，明らかに必要な体験である。通常そのような錯覚に基づく過大評価は，乳児とその親に喜んで受け容れられる。子どもとの錯覚の共謀を拒否する母親，すなわち「現実の世界」以外

の世界にはすべて目を塞ぎ，それらを排除してしまう親，したがって子どもは
ちっぽけで弱々しく欠点だらけであるという現実を子どもに暴露し，突きつけ
る親は，子どもの自己の発達を打ち砕き，子どもの将来に自己障害の種を残す
ことになるだろう。

　しかし分析的な治療者も，分析状況における今ここでの錯覚を，患者が乳児
期や子ども時代に喪失した錯覚の代わりとすることで，患者の自己の損傷を修
復することができると考えている時には，軽率な治療者になっていると言えよ
う。自己の状態への共感的理解や自己の歴史に基づいて，幻想的な安心への欲
求や願望を解釈することこそが，自己を強化し，自己対象に近づきたい欲求に
対する防衛を自己が捨て去ることを可能にするのである。治療者は，患者の自
己対象への「激しい」要求を，促進的な自己対象の応答性を通して自己を強化
したいという欲求が自然に生じた表れとして，ありのままに受け容れる。治療
者は，患者の太古的な要求を共感的に理解しようとし，説明や解釈を試みる。
しかし分析プロセスの進行を維持するためには，そうした患者の欲求を満たす
ことは避けなければならない。もし治療者が受容的雰囲気を生み出す代わりに，
賛同や欲求の満足という錯覚を創り出そうとするならば，患者はすぐに治療者
の態度の中に虚偽を見出して，裏切られたと感じるだろう。当然それは治療プ
ロセスはもとより，分析プロセスをも逸脱させることになるのである。

修正感情体験

　上述のような「映し返し」は，分析可能な自己障害の通常の分析的な治療プ
ロセスにおいて，適切な活動とは言えない。しかし（1）「映し返し」の欲求
の動員と，（2）これらの欲求の自由な表現のための適切な雰囲気を創りだす
ことは，タイミングを見て巧みに解釈することと同じく，分析者の側の責任で
ある（Wolf, 1976a）。すでに述べたように，この促進的雰囲気は，アレキサン
ダーの「修正感情体験」としばしば混同されてきたと思われる。「修正感情体
験」とは，「もし，分析者の自発的反応や逆転移的な態度の中の特性，あるい
は研究された態度が，被分析者の両親の反応とまったく異なったものであれば，
その体験は“修正的”あるいは“再構成的”な治療的価値がある」
（Alexander, 1961, p.329-31）という見方を含んでいる。アレキサンダーは，治

療とは分析者による熟考されたロールプレイであると主張したつもりはなかっ
たかもしれないが，「研究された態度」という彼の言葉は，それを示唆している
といえる。私は，他人は親と異なった反応を取り得ることを知ることが，とく
に患者の助けになるとは思わない。というのもほとんどの患者は，分析に来る
前からすでにそのことを知っているからである。たとえば，分析者が他の人と
は違うという体験が転移の中で強化促進されることさえも，それが治療的に重
要な価値をもつかどうかは不明である。反対に被分析者は，発達の初期に必要
な自己対象反応をしっかりと提供してくれなかった親という自己対象と同じよ
うに，時には分析者も非共感的で不適切で，必要なものが欠けていると体験す
るだろう。それは，しばしば転移の断絶につながるが，そこからまた，真のワ
ークスルーのプロセスが始まることになるのである (Wolf, 1984a, 1985) [2]。

　しかし，精神分析においてはいつもそうだが，事態はそれほど単純ではない。
分析者の側の，特定の研究された態度や賛意を与えるような行動は，分析的で
もなく，治療的でもないのだが，分析状況でのコントロールされた分析者自身
の退行が，分析者自身の理想化自己対象への欲求を蘇らせ，それが被分析者の
過大評価につながることがあるというのも，また逆説的な事実なのである。被
分析者は，「自分のことを理想化する分析者の逆転移を，いまだ実現されてい
ない自己の可能性が分析者によって確かなものとして認められたように体験
し，それが刺激となって，それに見合った人生を生きようとするかもしれない」
のである (Wolf, 1983, p.320)。

2）12章を参照。

第 11 章

逆転移の問題

被分析者の恐れ

　自己を断片化させる反応への恐れは，いつ，いかなるところにも存在しており，それは常にわれわれを防衛的にさせるものである。もしもそうした恐れがなかったならば，すべての自己に存在する自己支持的な自己対象反応を求める欲求によって，われわれのあらゆる社会的関係はすべて親密なものとなることだろう。分析状況では基本規則として，思ったこと，感じたこと，知覚したことのすべてを話すことが求められる。すなわちそれは，体験していることの全体を言葉によって表現することである。この規則は，考えを漂わせ，自由に話すことを要請しているのであり，行動によって表現することは求めていない。逆に行動を通して表現することを求める規則は，日常の社会生活を耐えやすいものにする規則である。もちろんこの分析状況における規則は，耐え難い要請であり，被分析者が長い分析作業の末にようやくそれに従うことができるようになることが，同時に分析作業が十分に達成されたことの証しになるようなものである。分析に対するもっとも重要な抵抗のうち，この基本規則に従うことへの抵抗がさまざまな形を取って表れるが，それらが逆に分析プロセスを活性化し，分析が行われるその内容となるのである。転移の定義を，関係性に関する患者の体験とするならば（Gill & Hoffman, 1982)，転移も，基本規則に従う恐れに動機づけられた抵抗とつながっているといえる。もしも転移が存在しな

ければ，精神分析は知性化だけの，中身のない抜け殻となってしまうだろう。
したがって分析者たちの間では，たとえそのタイミングについては異論がある
にしても，転移とわれわれが呼んでいる抵抗を分析することがもっとも重要で
あるという点について，意見の相違はほとんど見られていない（Gill &
Hoffman, 1982; Wolf, 1984）。「抵抗」という言葉は，古典的な精神分析では，
超自我に受け容れられない本能的要求に気づくことへの抵抗を指していたため
に，この言葉は今でも誤解を受けているかもしれない。自己心理学の文脈の中
で私が「抵抗」という言葉を使う時はいつも，自己が傷つくことへの恐れに動
機づけられた，自己の構造と境界を守るために取られる行動のことを意味して
いるのである。

分析者の恐れ

　たいていの分析者も，同じように自己愛が傷つくことを恐れており，それに
由来する分析者の防衛が，分析機能を適切に働かせることへの抵抗となりうる
ことを認識している。分析者は単なる観察者や解釈を伝えるコメンテーター以
上の存在であり，分析的な対話の積極的な関与者でもある，ということに異論
を唱える分析者はほとんどいないだろう。分析者の考えや気持ちや行動は，分
析のプロセスや患者に影響を与えている。それらはたいていコントロールされ
ているが，まったくその影響をなくすことはできないものである。中立的で真
っ白なスクリーンとしての分析者というのは，現実の世界においては決して望
ましいものではなく，また不可能なことである。しかし分析者の自己が傷つく
ことへの恐れは，このように分析者が機能することへの障害，すなわち望まし
くない逆転移となりうる。

　逆転移は，転移と同じようにあらゆるところに現れるものであり，時に障害
物となり，時に分析プロセスを促進するものとなる。分析者のおかれている状
況は，被分析者の状況と非常によく似ていることを思い出してほしい。すなわ
ち分析者も自己表現を抑制することが求められており，また被分析者と同様に，
平等に漂う注意を実行するために習慣的な考えを捨てるように命じられている
のである。これらの制限や抑制は，分析者の側の退行を促進することにつなが

162 第2部 治　療

る。分析者の退行は被分析者ほどには強くなく，コントロールされるが，分析者の自己対象欲求もまた刺激される。たとえば，共感的に「波長が合うこと」に対する分析者の欲求が高まることは，分析者が彼の患者をよりよく理解することにつながるのである。

　ギル Gill（1982）は，「転移」は「関係性についての患者の体験」と言い換えることができると述べている。私もそれに賛成だが，さらにこの言い換えは分析者の逆転移にも当てはめることができると思う。つまり逆転移は「関係性についての分析者の体験」を意味することになるのである。このように表現すれば，転移と逆転移は共に分析プロセスの重要な側面となり，われわれはそこに病理を見るのではなく，分析者がどのように被分析者との分析作業に関与しているか見ていく勇気を得ることができる。転移と逆転移という概念は，分析状況における両関与者の主観性に記述的に迫る手段である。これらの概念によって，われわれは，分析プロセスを弁証法的なプロセスとして語ることができるようになる。アトウッドとストロロウ Atwood & Stolorow（1984, p.119）によって提唱された「間主観性 intersubjectivity」という言葉を使えば，相互交流する主観的世界のシステムについて論じることができる。相矛盾した者同士が，それらをすべて包含したさらに高次の真実の中に共に溶け合っていくプロセスを示すのに，ヘーゲルが「弁証法」という言葉を使ったことに習わなければ，われわれは，主観性の弁証法について，さらにそれ以上明確に語ることはできないのではないかと思われる。

　とくに「弁証法」という言葉は，分析の間の自己－自己対象関係について語るのに適している。分析の中で，われわれは自己の主観性と自己対象の主観性との間にある矛盾がさらに広範に拡張し，その後もっと高次に組織化された自己の中に溶けあっていくことを体験する。完全に中立的であり，被分析者に対するバイアスから完全に自由な分析者など存在しない。いかに十分に分析を受けてきた分析者でも，映し返されたり，理想化自己対象からの反応を得たいという，分析されていない自分の太古的な期待の残余を分析にもち込んでしまうのである。さらに日々の生活の切迫した事情が分析者にのしかかり，分析者は被分析者に対して，意識的，無意識的な期待を抱いてしまうこともあるだろう。分析者の自己は被分析者の自己より強く，また，より自覚的で，自己を喪失す

る恐れなしに，より効果的に自分自身を使うことができるが，それ以外の点に
おいては，分析者は被分析者と何ら変わりはないのである。したがって，まれ
に分析者の自己がもつある特定の弱さが，ある特定の患者の分析を不適切なも
のにしてしまうことがあるかもしれない。そのような例としては，分析者自身
の映し返しへの欲求，つまり，分析者自身の自己確証的な自己対象反応への欲
求が，彼の分析態度に過剰な影響を与え，適切な分析行為が妨げられてしまう
ことが挙げられる（Wolf, 1983, 1984b）。

分析者の傷つきやすさ

　分析者自身の映し返しへの過剰な欲求は，（1）発達早期の自己対象環境が
不適切だったために歪曲され，過剰で執拗となった太古的自己対象欲求のなご
りに由来するものか，あるいは，（2）分析状況における過度な欲求不満によ
り，分析者の退行が，創造的な共感の使用にとって望ましい範囲を越えたもの
になってしまうため，いつもは正常で予想できる程度の映し返しへの欲求が，
過剰に強まってしまったことに由来するかもしれない。後者の分析者の欲求不
満は，以下のようなことに関係している可能性がある。(a) 患者は自分自身の
映し返しへの欲求を満たすことに没頭していて，一人の人間として応対された
いという分析者の欲求にはまったく目もくれない場合。そのような患者は，分
析者を自分の自由になる単なる「家財道具」のように扱っている。(b) 分析
者は，患者から分析者に向けられた理想化から自分を守ろうとしているのかも
しれない。こうした防衛は，距離を置いたクールで冷淡な態度を分析者に喚起
するため，分析者は患者に必要な映し返しを行いながら接近していくことがで
きなくなってしまう。(c) 非常によく生じることだが，患者の恐れや防衛が分
析プロセスの進行の障害になっているような場合，分析者はどのように機能す
べきか教えられたことを，その通り完璧に実行したいと欲するかもしれないが，
それは結局不可能なことなので，その結果，分析者は自分自身の能力に疑いを
抱き，自分の専門家としての立場が脅かされたように感じるかもしれない。
(d) そして最後に，分析者が分析の外の日常の生活において，あまりにも外
傷的な欲求不満を体験している場合，重い負担を抱えている分析者の自己は，
分析的機能を満足に果たすことができなくなるかもしれない。

164　第2部　治　　療

　しかし，以上列挙したこれらの可能性のすべては，病的なものと考えるべき
ではない。むしろそれらは，分析者と被分析者の間で展開される弁証法的な分
析プロセスについて分析者が洞察を深め，それらを統御するため，そしてさら
に分析者自身のために，分析者がワークスルーできる認識可能なものとして考
えることが必要である。分析プロセスは，分析者と被分析者という両関与者を
巻き込んで展開していく。いわば両者が分析されるのである。まれには分析者
が逆転移をワークスルーできなくて，解釈を通して作業関係を回復させること
ができず，分析プロセスが断絶してしまうことがあるかもしれない。もし自己
の機能不全に陥った分析者が，自己分析を通して自己を立て直すことができな
ければ，患者を他の分析者に紹介することが必要だろう。

分　　類

　これまで転移と逆転移のテーマは，さまざまな理論家たちによって，それぞ
れ異なった立場から検討されてきた。そして今では，転移と逆転移を分類する
こと自体が，ひとつの問題となってきている。現在では多くの分析者たちが，
「転移」あるいは「逆転移」として別々に分類されてきた2人の関与者の分析
内体験を，全体としてひとまとめにして考えるようになっている[1]。
　しかし，過去から転移された真性の転移／逆転移と，現在の今ここでの状況
によって喚起された反応とを一緒にしてしまうと，混乱が生じるかもしれな
い。

　臨床例A：患者は，自分が友人に入院するよう勧めたことを治療者に報告し
　た。彼女はまた，今自分が非常に孤独であるとも語った。治療者は，これまで
　友人が彼女に与えてくれていた自己対象反応を失ってしまうことについての彼

---

1) Gill & Hoffman (1982, p.4) は，「転移」に関して，「"転移"という言葉は，"関係性に
　ついての患者の体験"という言葉と相互に同じ意味で使われうる……」と述べてこのジレ
　ンマを解決している。また，彼らは，患者の体験の中の「葛藤と抵抗を起こしている」す
　べての側面を転移と考えてもいいことを強調している。彼らは，転移と非転移を，前者は
　現実に基づいていないか，最近の現実にごくわずかの関係しかもたないものであり，それ
　に反して，後者は現実に基づいたものである，という理由によってそれらを区別しようと
　する考え方に真っ向から異議を唱えている。

女の不安を解釈した。次のセッションで，患者はいくつかの退行的な行動を報告したが，むしろよそよそしく，うっとうしそうだった。患者は連想していくうちに，今入院している友人が提供してくれていた自己対象反応からの分離不安に関する治療者の解釈に，自分が馬鹿にされたように感じたことを思い出した。非常に抵抗する友人を入院させるために，いろんな手段を使い，とうとう友人を説得した彼女の技能と力を治療者はまったく認めなかったため，彼女は治療者に腹を立てていたのである。また，それより数日前には，彼女の友人について入院した方がいいかもしれないことを治療者は示唆していたのに，患者が模範的に行動できた時，治療者がそのことを認めなかったという事実もさらに彼女を傷つけたのである。

　この臨床例では，患者の絶え間ない自己確証への欲求，すなわち鏡転移という患者の過去の要因と，患者の映し返しへの欲求に治療者が共感的に波長を合わせることに失敗したという治療者の要因とを区別することが可能である。これは，治療者が患者の行動を褒めるべきだったと言っているのではない。そうではなくて治療者は，友人と一緒にいたい欲求よりも治療者から自己確証を得たいという欲求の方が，その時の患者には重要だったということに気づくべきだったのである。そうすればさらに治療者は，患者の承認への欲求を，治療者と患者にはもう知るところとなった患者の子ども時代における出来事やその出来事の意味につなげることもできたかもしれない。

　真性の転移，すなわち患者の承認的な自己対象体験への太古的欲求と，治療者が患者への「波長を合わせ」に失敗したことに対する患者の反応，つまり「共感の失敗」と言われるものの要因とは区別することができる。私の考えでは，そうした太古的要素は患者の人格の重要な側面であり，それは遅かれ早かれ治療プロセスの中に表現されるようになって，患者もその意味に気づくようになるだろうと予想しておかねばならない。また治療者による「共感の失敗」についても，たとえそれが相互交流的な体験の全体に決定的な影響を与える引き金になったとしても，恐らくそれは事前に十分予想できることだと思われる。このように考えれば，この出来事は，結局，治療者に対する反応というよりも，むしろ主に真性の転移のひとつの表れだと考えることができるかもしれない。

　しかし，この分析が進展するかどうかは，治療者がそこに寄与していたとい

うこと——すなわち，治療者が患者の真意をピッタリとわからず，そのため自己対象関係の断絶を引き起こすのに一役かっていたということ——にまず最初に治療者が気づけるかどうかにかかっているといえる。それがあって初めて，患者は自分を受け容れられた関与者として体験することができ，自分の太古的な流れと現在の状況の両方で生じている自分自身の思考や感情や行動の観察者となることができるのである。こうして患者は，そのような断絶の体験から治療的な恩恵を得るようになる。「癒し」とは，言葉による解釈や説明の結果生じるのではなく，外傷的な太古的な布置を，より力強く豊かな資質をもった自己として再体験することから生じるのである。すなわち，説明や解釈を試みる際に示される治療者の分別ある態度によって，適切な分析的雰囲気が強化され，それにより可能となった自己対象体験の中で，患者の自己は力強さを身につけることができるのである。

　臨床例Ｂ：長年治療を続けていたある患者は，あるセッションで，郊外に住んでいる娘が彼女の家を訪ねてくれて，今も待合室で待ってくれているはずだと語った。その当時，患者は，治療者と自分が深い関わりをもっていることを誇りに思うという強い理想化転移の状態にあり，また，成功した娘のことも誇りに思っていた。そのセッションの後，待合室に出た治療者は，患者の娘と思われた若い女性に軽く挨拶した。しかし治療者は，患者が彼を娘に紹介する時間的余裕を与えることなく，すぐにオフィスに戻っていった。次回のセッションで，患者は治療者に失望したことを語った。彼女は治療者が娘に会おうとしなかったことに，抑うつと怒りを体験していたのである。

　この臨床例では，患者と治療者の両方の要因を観察することができる。患者の自己は，理想化自己対象とつながりをもつという自己対象体験を必要としていた。治療者が患者の娘を避けたことは，患者にとって，彼女の自己も娘も共に治療者が関心を向けるに値しない存在として見なされた，と体験されたのである。普通，期待される社会的な礼儀であれば，患者が娘を治療者に紹介し，習慣的な友好的挨拶を交わす間合いを治療者がとることが期待されただろう。彼がそうしなかったことは，他の状況ならば失礼だと思われただろうし，実際この状況においても，患者に失礼だったと思われる。

治療者は自分の行動を，治療者として適切な中立性や禁欲の表れとして合理化していたが，実はそこにはこの行動を決定した彼個人の恐れの感情が存在していたのである。それは，その時待合室に一緒にいた彼の次の患者が関係していた。もしその社交的なやり取りをその患者が見て，面接の中でいろいろとしつこく彼に質問してくると厄介なことになると彼は思い，そうした事態を避けようとしたのである。次の患者が起こす反応がどのようなものであろうと，それを分析することをしなければいけないのに，治療者は患者にいろいろつつかれて自分自身の自己愛が傷つくことを恐れたのである。

治療者を娘に紹介したいという患者の期待は，理想化自己対象関係への患者の欲求だけでなく，通常の社会的礼儀としても求められるものだったと思われる。彼女の抑うつ反応は，理想化に対する失望によるものと説明することもできるが，彼女の当惑や抑えられた怒りは，治療者の無礼さに対する適切な反応でもあったのである。治療者は，患者へ波長を合わせるのに失敗したことにひとたび気がついたら，それを患者に認めるべきだったのである。ただし，治療者が自分自身のことで気づいた洞察を，すべてその時に患者と共有する必要はない。また，その時に，怒りを表現することへの患者の恐れや患者の理想化転移を解釈することが適切かどうかは，そのタイミングの判断や治療者の技術の問題にかかっている。この断絶について，患者の側の要因を解釈するのは，患者の自己がこの外傷体験から立ち直るまで延期する方がおそらく生産的だと思われる。したがって先ほどの分類の点からすれば，これらの治療者と患者の相互交流は，太古的自己対象欲求に由来する真性の転移というよりも，むしろ，主に治療者への患者の反応から成り立っているものと考えられるのである。

転移・逆転移の偏在性

分析状況が患者に課す制限，すなわち通常の社会的交流や行動をやめて，その代わりにすべてを言語化するように要請されることは，普通の社会生活で苦労して身につけてきた様式とはまったく異なる要請なので，患者に退行を起こさせることになる。

これと類似した要因は治療者に対しても働いており，治療者も同様に退行的な吸引力を体験する。治療者もまた自分の中で，これまで抑圧あるいは否認さ

168　第2部　治　　療

れてきた自己充足への渇望が，特定の自己対象体験への欲求の強まりと共に動きだすことを体験するのである。このように，治療者に逆転移が生じることは，患者に転移が生じることと同様に避けることはできない。したがって，どこにでも転移が偏在していることを嘆く必要がないのと同様に，逆転移が常に存在していることも遺憾に思うことはないのである。転移と逆転移は，両方が同等に治療プロセスの本質的な側面なのである。

　通常生じる逆転移とは，一人の関与者として分析プロセスの中に引き込まれた治療者が，分析状況に対して起こす，ある程度無意識的な反応の表れである。これらの逆転移には，分析者自身があまりにも急激に退行してしまうのを避けるために，自分自身の自己構造へのコントロールを維持しようとする欲求が含まれている。

効果性の快

　誰にとっても，自分が何かに対して効果を発揮できた時の快は，その人の自己評価を高めるものである。実際，早期の乳児においてさえ，したいと思うことができた時には自然と喜びを表すのを容易に観察することができる。たとえば，光るおもちゃに触れた時や，音の出る輪をあやつれた際に歓喜の叫びをあげる場合などがそれである。こうした喜びは，大人の自己促進的な自己対象体験のもっとも初期の基本形態のように思われる。われわれは皆，身体的あるいは心理的に困難な課題を解決できた時に抱く，自分はよい存在であるという感覚と，自分は全き存在であるという感覚をともなった自己充足感を知っている。おそらく，この自分自身の肉体的あるいは心理的な技能を発揮できたという自己対象体験によって自己が強められることが，発達途上の子どもの自己対象欲求に関係していると思われる。大人の場合，自分の技能を発揮して物事を達成することが，理想化された他者にとって自分が価値のある存在になれたり，あるいは気に入られる分身のようになれる——つまり自分自身が望ましい存在になる——という無意識的ファンタジーといかにつながっているかを，しばしば分析の中で観察することができる。しかし，そのようなファンタジーを乳児に当てはめるためには，「成人モデルに喩えた」想像を広げることが必要だろう。しかし，ともかく乳児もそのような体験から自己の力を獲得しているように思

われる。そして精神分析家もまた，分析的手腕を適切に発揮できたことから自己の力を得ているのである[2]（78 〜 81 頁も参照のこと）。

真性の逆転移

治療者に生じる真性の逆転移は，主として分析者自身に残っている太古的自己対象欲求に基づいている。しかし，これは一生続くと考えられる，わずかな量の正常な映し返しや理想化やその他の自己対象体験への欲求とは違う。むしろこれは，ある特定の患者と治療状況に入ることによって喚起された特異的な欲求だと考えられる。こうした例では，患者に自分がある程度認められたいという治療者の正常な欲求や，潜在的に優れた患者を治療したいという欲求——言い換えれば，映し返しや理想化をある程度求める正常な欲求——の存在だけでなく，準病理的な自己対象欲求を治療者の中に観察することができる。たとえば，患者によって，治療者の中に「科学者」が呼び起こされるかもしれない。そうした治療者は，今や全知の存在でなければならなくなり，人の痛みや苦しみを無視して，すぐさま「真実」を追求しようとする無慈悲な人間になってしまうかもしれない。そのような治療者は，自分が常に正しいことが必要な治療者になっている。治療者のある種の盲信的な教条主義的態度は，逆に，治療者にとって万事がうまく運んではいない証拠として治療的雰囲気に浸透していくことだろう。これらの逆転移を洞察するためには，それらをコントロールの下に置き続けることが必要だが，自分で気づくことや自己分析がその対策として不十分な時には，正式の精神分析を受けることが最善の解決策となるかもしれない。

反応性の逆転移

患者の自己対象体験への強い欲求によって誘発される逆転移は，もうひとつの逆転移のカテゴリーに属している。患者の執拗な鏡映自己対象体験への欲求

2）コフートは，専門家が自分の技術や手法の有効性や正確さを盲信し，それらにすべてを委ねてしまうことに内包されている不健康な影響について述べている。そのような理想化された方法論への信奉は，結局，科学からの孤立をまねき，内的にも硬直化をもたらして，活力や探索する熱意を喪失させることにつながるのである。

は，治療者に自分を無能者のように感じさせるため，それを耐えられないもの
と思う治療者がいるかもしれない。また患者から向けられた理想化に，自分自
身の誇大的空想が過剰に刺激された治療者は，自己卑下的なコメントをするこ
とによって，その理想化にともなう不快感に耐えようとしたり，それらの内的
な緊張感を軽くしようとするかもしれない。しかし多くの患者は，そうした治
療者の反応に出会うと，理想的な他者との自己対象体験を経験したい欲求が受
け容れられなかったことに苦痛を感じる。したがって，そのような治療者の自
己卑下は，反治療的であり反分析的である。適切な反応とは，治療者が自分自
身の誇大性や防衛としての否認を同時に（個人的に）分析しながら，患者のも
っている自己対象欲求を分析することである。患者の中には，自分が自己対象
と融合し，一体になることを体験したいという欲求をもっている患者がいる。
そのような患者の欲求は，ある治療者にはとくに当惑させられる自己対象転移
となるかもしれない。こうした患者は治療者を，もはや独立した一個の人間と
してではなく，自分のまさに延長物になったと感じている。そして患者の心の
中にどんなことが起こっているかを治療者はすべて知っていて，患者の情緒的
体験や意見や判断も治療者は共有してくれているに違いないと，これらの患者
は想定しているのである。自己の凝集性があまりしっかりしていない治療者に
とっては，これらの体験は脅威的なものとなるので，自己を守る緊急の体制を
取らねばならなくなるだろう。先に述べた教条主義的態度や硬直した態度は，
そうした体制に共通する防衛的戦略なのである。

第 12 章

分析における現実

直示的な認識と記述的な認識

　30 年ほど前，哲学者 ジェローム・リッチフィールド Jerome Richfield によって精神分析に導入された「直示的な洞察 ostensive insight」という概念は，現在，精神分析における現実が論じられる中でほとんど言及されていない。リッチフィルード（1954）は，体験的に知ることによって得られた認識と，記述されたものによる認識を区別する必要があることを指摘した。**体験的に知ることによる認識** Knowledge by acqaintance とは，どんな推論プロセスや他の事実認識にもよらずに得られた認識である。たとえば，私はモルヒネもアルコールも知っている。私は，モルヒネは苦く真っ白な結晶の麻薬であり，アルコールは透明で中毒性のある，揮発性と引火性のある液体であることを知っている。しかし私は，アルコールは実際にそれに慣れ親しんでいることから知っているが，モルヒネは何らかの記載を通して知っているにすぎない。すなわち私は，アルコールの効果を実際に体験したことがあり，直接それに親しんだ経験によって認識しているのである。これは特定の具体的な認識であり，アルコールの効果について論じたものから生み出されたものではない。一方モルヒネの効果については，私は，そのような直接的な認知的体験をもっていない。モルヒネについて私の知っていることは，ただ類推と推論によっている。リッチフィルードは，その人の身に生じた事象を直接知ることを通して獲得された認識を表

すのに，**直示的な** ostensive という言葉を使ったのである。

変容的な洞察と記述的な洞察

　リッチフィールドによる直示的な認識と記述的な認識の区別は，大切な臨床的問題を明確にするのを助けてくれる意味で，精神分析にとって非常に重要である。精神分析は心的現実と呼ばれる内的体験についてのデータを扱っている。これらのデータに対してわれわれは，内省と共感を通して接近していく。それは，このわれわれの心的現実についての認識が，直示的なプロセス，すなわち直接それに慣れ親しんでいくことを通して認識していくプロセスであることをはっきりと示している。確かに，理論化を試みている時，われわれは心的現実を，あたかもそれが今いる世界の外側に存在しているかのように描写し語っている。しかし，精神分析で扱われるデータの臨床的な意味は，直示的な把握，つまり直接的な体験によってのみ把握されるのである。

　われわれが，内省と共感が精神分析の特徴であり，他の分野との違いを表しているとしているのは，要するにこのことなのである。私が示唆したいのは，被分析者が分析の中にもち込んでくる現実は，分析の中で得られる直示的な認識の外側で構築されたものなので，分析者の助けによって被分析者が分析中に構築する新しい分析的現実とは異なるものだということである。分析者が提供する記述的な認識は，それによって被分析者が新しい何かを体験することにつながるなら——言葉を変えれば，それが被分析者の新たな現実を構成するプロセスの一部となる主観性に直接つながるものなら——その時のみ効果をもつといえるだろう。したがって何年も前にジェームズ・ストラッキー James Strachey（1934）によって紹介された概念である「変容的な洞察 mutative insight」とは，単なる記述的な洞察ではなく，直示的な洞察のことであったに違いない。つまり，たとえば，もし分析者による解釈が，被分析者にとって，そしておそらく分析者にとっても，新鮮で，いつも驚きとなるような直示的な体験につながるのでなければ，それは被分析者に対して変容的な力をもつことはほとんどないのである。情緒的に非常に重要な人物に関する解釈は，もし，その人物がたまたまその時その部屋に実際にいて，その人物自身がその解釈をするならば，それは，たとえばすでに亡くなり，十分に喪の仕事がすんだ親戚

のような，ずっと遠く離れてしまった人物に関した解釈をするよりも，直接的な体験を喚起する可能性ははるかに大きいといえるのである。

転移解釈の優先性

　転移解釈が優先されるという考え方は，転移外解釈 extratransference interpretations よりも転移解釈の方が治療的に意義が高いと主張するギル（1982）らの主張を支持する考え方である。しかし，常に転移解釈が転移外解釈よりも治療的に有意義であると結論するのは間違っている。解釈が，分析内の解釈なのか分析外の解釈なのか，あるいはそれが転移についての解釈なのか，転移の置き換えられたものについての解釈なのかは，大した問題ではないのである。決定的に重要な問題は，解釈が，直接体験的に知ることによって得られる新しい認識につながるかどうか，すなわち解釈が記述的なものとして体験されるよりも，むしろ直示的なものとして体験されるかどうかということである。たとえば，しばしば分析セッションが長期に及び，解釈が直示的なものではなく，記述的なものとして体験されるようになると，転移解釈は，転移に対する防衛や転移に気がつくことへの防衛によって，まったく無効なものになってしまうだろう。逆に分析の初期の頃は，その時点でエネルギー価の高まっている身近な分析外の関係に関する転移外解釈の方が，より直示的，直接的に体験されるように思われる。したがって転移に気づくことへの抵抗が減少し，転移解釈が十分治療的に有益になるまでは，転移外解釈の方がより効果があるといえるのである。分析状況における分析者の仕事とは，解釈を巧みに使うことを通して，新しい直示的な認識を患者に引き起こすことであると定義することができるのである。

変容的な解釈と修正感情体験

　これまで述べてきたことは，解釈を通して洞察をもたらすという昔ながらの考え方のように聞こえたかもしれない。しかし私は，単なる情報では不十分であり，生きた体験が喚起されることが必要であることを明らかにしてきたつもりである。すでに記したように，私はアレキサンダーの「修正感情体験」に帰れと言っているのではない。現在の関係の中で直示的な真実を体験するという

ことと，アレキサンダーが主張する，分析者が取ったひとつの役割を体験するということととは，まったく異なるものなのである。アレキサンダーは，患者は子ども時代に体験した彼らの親とは異なる存在として分析者を体験するだろうと考え，この最終的な目標に向けて，患者の親がかつてそうであったと考えられる姿とは意図的に異なる態度を取ろうとした。アレキサンダーは，患者の親とは異なる情緒的役割を取り，それによって患者に修正感情体験を提供しようと考えたのである。それと比較して，私が変容的な解釈のために必要な要素として示している直示的な直接体験は，分析者が患者の親と非常に異なるから有効なのではない。そうではなくて，分析者も時によって，親がそうであったのとまったく同じように欲求不満の源となったり，冷たかったり，理解してくれなかったりすることが体験されるにもかかわらず，これらの直示的な体験を通して，これまでとは異なった新しい現実の構築につながるところが有効なのである。

　そのような分析者との間の新しい現実の構築は，実際もっとも治療的なものである。なぜなら分析者との直示的な体験は，親との間の太古的な体験に非常によく似てはいるが，被分析者の自己は今や子どもの頃よりずっと強く，また子ども時代のように親の現実を自分の現実として受け容れるよう強いられることもなく，自分自身の自己の構築と調和した新しい現実をより構築しやすい状態になっているからである。分析者が犯した小さな，時には微細な共感の失敗すらも，非常に苦痛に満ちた，しばしば侮辱を受けたようなトラウマとして体験してしまうことは，被分析者にとって正当で避けられない必然性をもっているのであり，分析者はそのこともまた共感をもって理解する。まさにこの点において，分析者は患者の子ども時代の両親と異なっているのである。

　このように，早期の子ども時代に養育者との間で体験された外傷的で太古的な体験と，分析者との間で，今ここにおいて体験された治療的な体験との間の重要な違いは，後者では被分析者が受容され，被分析者の体験はありうる正当な体験のひとつとして受け容れられるという点にある。しかし，被分析者の体験を正当なものとして受け容れるために，分析者は被分析者と同じ体験をもつ必要はない。そのために，分析者が被分析者の考え，空想，願望，計画に賛成したり，同意したりする必要はないのである。分析者にとって必要なことは，

患者の現実を分析者自身の現実として受け容れるのではなく，現実に関する患者の体験を自明のものとして認識し，理解し，受け容れることにある。それどころか，むしろ分析者の体験と被分析者の体験の食い違いは，両者の体験をもっともなこととして受け容れて説明するという解釈作業にとって，適切な素材となるのである。子ども自身の体験が悪いものとして否定されてしまうという，子ども時代のトラウマの悲惨さとは，ウィニコットの言う，子どもの「真の自己 true self」の代わりに「偽りの自己 false self」を創り出してしまうところにあるのである。

　要約すると，子どもが親の現実を奇異な恐ろしいものとして体験したのとちょうど同じように，被分析者は分析者の現実をしばしば体験する。しかし，子どもの頃，真実は何かについて親と子の体験が異なることは，親にも子にも認識されず，ましてや親と子がそれをめぐって話し合うこともなく，ただ，どちらかの見方が優先されるだけだったに違いない。たいていの場合，現実に関して親の体験が意味するものが正しく，子どものそれは誤ったものとされただろう。それが子どもに外傷的影響を与えることになるのである。しかし分析状況においては，そのような倫理的にどちらが正しいか誤りかといった意味合いは存在しない。そこでは数限りない現実が構築され，共存して，両者に受け容れられるのである。

現実に関する体験の食い違い

　精神分析の中で，新しい現実はどのように生まれるのだろうか。精神分析において新しい現実がもっとも頻繁に，もっとも効果的に構築されるのは，分析状況に関する分析者の体験と被分析者の体験の間に食い違い discrepancy が存在する時であると私は考えている。分析者と被分析者は必ず相互に交流し合う。そして必然的に彼らはこの交流を異なって体験する。解釈と呼ばれる介入を患者がどのように体験しているかをいくら正確に理解しようとしても，また，たとえ適切な理論と共感を備えたもっとも偏りのない分析者であっても，必然的に，分析者は，遅かれ早かれ，患者の体験を誤解し，患者の心的プロセスを誤認することがあるだろう。人は他人の現実を想像したり推論したりできるかも

しれないが，それを本当に知ることはできない。同様に患者も必然的に分析者を誤解したり，分析者が患者をどのように体験しているかの判断を誤ったり，分析者の意図を間違って理解したり，逆に実際の分析者の誤解を以前の患者の体験に合うように，半分真実で半分フィクションの話に誇張して，読み間違ったりするかもしれない。2人の異なった人間が同じ状況を，異なった視点から異なった見方で，異なった感情反応をもって知覚し，何が起こっているのかについて異なった体験をするのであるから，誤解は避けることができないのである。したがって，どちらが正しくどちらが誤っているかということは問題ではない。どちらもありうるのである。それよりも分析されなければならない重要なこと，すなわち両者によって理解されなければならないことは，両者の主観性の間の食い違いなのである。しかし，おそらく分析者は自分自身の分析をしてきた経験上，被分析者よりも「隠された早期の体験や人間関係の反復(Sandler, 1976, p.39)」によって自分の体験が左右されることがより少なく，また被分析者よりも分析者の体験は，今ここでの状況における共同の目標によって決定されていることが期待されるかもしれない。とは言ってみても，分析状況にある両者において，どちらかの体験がどちらかの体験よりも優越していると主張することなどできない。精神分析の目的は，被分析者を分析することにあるので，分析者や分析状況に関する被分析者の体験，すなわち被分析者によって体験された分析的雰囲気を分析することから始めなければならないのである。したがって臨床実践において，患者の体験について理解を深め，それを（そして患者を）詳細に精査する前に，まず，患者の体験を正当なものとして受け容れ，認めることが，分析者に求められるのである。

　他者の体験それ自体を疑問視すること，たとえば，患者に「あなたは本当は他のことを感じているか，考えているんです」と示唆することは，その人の正気，あるいは正直さを疑うことになる。たとえあまり深く考えていなかったり，細心の注意を払ってのことであっても，分析者という権威によってこうしたことが行われた時，それが被分析者と分析自体に及ぼす影響はしばしば破壊的なものとなる。このような明らかな技法上の誤りは，普段気づかれている以上に頻繁に生じていると思われるが，われわれの概念化が示している二つの明らかに異なった体験の関係，すなわち現実について2人は明らかに異なった受けと

め方をしているという事実を，われわれの臨床理論の中に加味することによって，そのような誤りを大幅に防止することができるであろう。

分析者の関与

精神分析的な治療についての議論のほとんどは，患者の中で何が起こっているか，すなわち患者の心理力動に集中している。しかし，治療の中で「現実の状況 actual situation」を参照することがあるということは，発生論的 genetic な素材である転移とは関係のない知覚を患者は有していることを示している。すなわち，もちろん転移は今現在の体験のされ方に影響を及ぼしてはいるが，患者の知覚は，早期幼児期の太古的な心理力動によって必ずしも常に引き起こされているわけではないのである。「現実の状況」について語り，その中での患者と分析者の相互交流を，患者の新しい体験につながるものとして検討することは，間違いなく適切なことである。しかし，分析プロセスについての議論の多くは，分析者もまた，被分析者の体験とはまったく異なる何かを実際に体験している，ということには言及していないように思われる。この分析者の体験と被分析者の体験の食い違いは，そこから分析が軌道を外れてしまうかもしれない障害に容易になりうる。われわれの論理実証主義的な伝統意識は，相互交流や相互関係に対する客観的な観察者という安全な地平を手放すことを躊躇させる。われわれは，コメントする観察者としてではなく，その相互交流の中に関与する者として自分自身がそこに巻き込まれることを許してしまうと，われわれの個人的な偏りや解決されていない葛藤の無意識的な投影がそこに影響し，科学的な観察という純粋さが汚染されてしまうことを恐れるのである。

もちろんわれわれは，自分たちが，好むと好まざるとにかかわらず，分析的関係の中の能動的な関与者としてそこに**存在**していることはわかっている。さらにわれわれは自分自身の人格をもってそこに関与しており，その関与におけるわれわれの体験は，認知的なものであると同時に感情的なものであることを認めている。しかし，これまでの分析の書物の多くは，こうした分析者の感情的な関与については匂わせることもせず，われわれの主観性の関与をほのめかすこともしないで，分析者をただ客観的な観察をする科学者としてのイメージをもって論じていた。あるいは，それらの重要性は形式的には認められていて

も，それを越えて，分析者や被分析者の体験の質として語られるのを聞くことはほとんどなかったのである。このように，ユニークで喚起的な分析状況の中で両者によって体験されていることは，分析作業の経過を左右しているにもかかわらず，転移や逆転移の様相を見定める際のわれわれの着目点とはならず，むしろ末端の問題のままで留まっていたといえる。相互交流における間主観的な側面は，まだ科学的なデータとして扱われてはおらず，このような側面における分析者の作業は，非常に高い技能を必要とする「芸術のような精神分析」として言及されることが多かった。

　私は，かつて，異なった文脈から，分析者と被分析者に相互に作用する反応について述べたことがある（Wolf, 1979）。

　　　……明らかに自己対象転移には，自己対象への執拗な欲求という太古的な様式の再活性化だけでなく，それ以上のものが関係していると思われる。ひとつは，被分析者の年齢相応の自己対象欲求は，再活性化した太古的欲求と混ざり合っているので，……それらは容易に抵抗として読み間違えられてしまうかもしれない。第二に，分析状況が退行を促進する結果，太古的自己対象への欲求はより顕著となるだろう。……そして第三に，分析者は，患者が最初に示した分析へのためらいに対する自分の反応に，しばしば内省的に気づかされる。こうした分析者の反応は，彼の分析作業に対する健全な自己愛的没頭と，被分析者を「分析に抵抗している」と見る，誤ったとらえ方に由来している。……被分析者とまったく同じように，分析者も特定の自己対象への欲求をもって分析状況に入っている。確かに分析者には，自分自身の分析によって自分の太古的様式の欲求をワークスルーしていることが期待されている。……しかし，あらゆることがなされた後でさえも，映し返しへの渇望や融合への願望はいつも満たされないまま残っている。……したがって自己対象逆転移 selfobject countertransference は，そこから共感的にデータを集め，精神分析的な仮説を立てるための主なチャンネルとして，精神分析的な治療に不可欠なものなのである。(pp.585-86)

　また，アトウッドとストロロウ（1984）は次のように概説している。

　　　……精神分析的な治療とは，患者と分析者の二つの主観性が交差することによって構成される，特定の心理的な場の中に現れる現象を明らかにしよう

とするものである。この概念化においては，もはや精神分析を，ひとつの孤立して存在する「心的装置」の中で起こっていると仮定される出来事に焦点を当てる精神内界の科学としては見ていない。また，研究領域の外に観察のポイントを置いて，そこから治療的相互作用の「行動的事実」を探究する対人相互関係 interpersonal の科学とも考えていない。ここではむしろ，精神分析は，観察する者と観察される者というまったく異なった主観と主観の間で生じる相互交流に焦点を当てた間主観性 intersubjective の科学として示されている。したがって，ここでの観察のスタンスは，観察される間主観性の場に，あるいは「文脈のユニット（Schwaber, 1979）」の外側ではなく，常にその内側にあるのである。この事実は，内省と共感が中心的な観察方法になることを裏付けている。(p.41)

誰の現実なのか？

適切に行われている分析においては必ず，分析者と被分析者の間の主観的体験の食い違いがワークスルーのプロセスの中心になっているように私は思う。そうした食い違いを検討することは，分析者と被分析者の現在の関係をどのように解釈するかを考えるうえで，過去の影響をどの程度考慮するべきかを明らかにしてくれるだろう。被分析者の今ここでの主観的体験だけが，過去によって色づけされたり，彼にしかわからない意味が込められたりしているのではなく，分析者の主観性にも，分析者が考えついた解釈にも，まったく同じことが当てはまる。したがって治療者は，どちらか一方だけが体験を歪めて取っているとか，不当な誤った体験をしているといった意味の介入は避けるように注意しなければならない。なぜなら，それらの体験が不当だというは，相手がそう見ているだけのことだからである。

このようにして分析者は，異なる主観性の間の食い違いを識別することが可能となり，それらを理解し説明することができる——言葉を変えれば，分析可能となる——ような分析的雰囲気を創り出す。そうした食い違いに焦点を当て，検討することに被分析者もパートナーとして加わることが理想である。もちろん被分析者は，相互の分析作業に分析者と同じように長けている必要はないが，分析プロセスへの本質的貢献においては分析者と同等に尊重される。現実についての二つの受けとめ方の間のずれを，体験が異なればそれに基づいて意味も

必然的に異なってくると理解することによって,両者はお互いの受けとめ方を,無条件ではないが,個々に異なる文脈においては適切なものとして共に受け容れることができるようになるのである。

結局,患者の体験に対する分析者の共感的知覚の増加は,分析者に課せられている分析の仕事に対する患者の側の共感性の増加と対になっている。したがって,新たに構築される分析的現実には,次の三つの要素があると考えられる。(1) 被分析者の現実。これは多分に私的なものであるが,分析者は,ある程度,共感によってこれに近づくことができる。(2) 分析者の現実。これも多分に私的なものだが,被分析者はある程度,共感によってこれに近づくことができる。(3) 2人の間の食い違いが理解され説明される,相互に共有された現実。この相互に共有された現実は,それが拡大するにつれて,今ここでの現実の側面を保証するものとなり,2人のうちのどちらかが,唯我論的にひとり遥か彼方に離れてしまうことを防ぐものとなる。

分析的現実においては,この三つの現実の構成要素をすべて適切に相互に受け容れ合うことが,もっとも高次のレベルの共感に相当し,両者の自己の凝集性を強化することになるのである。新たに獲得されたこれらの強さによって,両者の自己は自分自身の欠点さえ受け容れられるようになり,それを自ら分析しようとするようになる。見えたものを本当に見ることのできる強さを獲得することによって,彼らはお互いに,自分が新しい現実構築——分析における現実——の一部になるという新しい知覚を体験し,それを通して利益を得ることになるのである。

ここで,ひとつの臨床例を紹介しよう。

　　ある患者によれば,彼のこれまでの人生は実に波乱に満ちたものだった。彼は何度も災難に遭ってきたが,そのたびに,最後はいつも彼にとって有利な結果となっていた。彼は,この幸福な展開を「運」のお陰だとしていた。そして彼は,自分は,いつも幸運に恵まれて難を逃れることになっている人々の中のひとりなんだ,という確信をもっていたのである。

このような彼の現実に対する解釈を,私は「魔法の神話 myth of magic」と名づけたい。これはクリス Kris (1956) の「個人的神話 personal myth」の一

種と見ることができるだろう。

　確かに，彼の人生の大半は，初めは大きな苦しみをともなう出来事でも，後にはそれは本当は幸運なことだったんだと患者が思えるような体験の連続だったようである。しかし，彼個人として成し遂げたことの中でもっとも注目されるべき功績とは，失敗は必ず成功に転ずるという「魔法の神話」を創り上げたことだったといえるだろう。

　　たとえばある10代後半の患者は，職場で誰の目にも明らかな実績を自分はいつも上げていると思っていたにもかかわらず，今まで職を何回も解雇されてきた。彼の仕事の状況を細かく分析的にみたところ，彼は適当なレベルの技術や能力をもっていたが，何でも自分は知っているかのように振舞う傲慢な態度が，雇い主や同僚に，好ましくない人物との印象を与えていたのである。解雇されてすぐ，彼は自分の誇大的で過大な自己評価や，その結果である希薄な人間関係が，仕事を失ったことに関係していることにうすうす気がついたが，同時に抑うつ状態となってしまった。ところが彼はすぐに，もっと条件のいい新しい職を見つけることができたのである。これは彼にとって，人生の難関をひとつの幸運の訪れ——この場合は，失職がもっといい職につながったという幸運——として見直す機会となった。彼は東ヨーロッパに生まれ育った。彼の家族は戦禍に巻き込まれ，多くの縁者が亡くなった。彼は西半球に逃げ，幸運にも生きのびた。しかしこの幸運な逃亡は，彼個人にとっては単なる生き残り以上の意味をもっていた。実際それは幸運なことだったが，戦争がまったく起こらなかったら，こんなに裕福になることはなかっただろうと思うほど，戦災は現在の恵まれた環境を彼に与えたのである。しかしこの後者の考えは，親族の大半を失い，破滅につながった出来事から自分は利益を得た，という大きな恥の感覚をともなうものだったのである。さらに彼の症状には，何か困難な課題を達成したことで褒められた時，いつも軽い不安を感じることがあった。彼は「自分は幸運だったのであって，何も特別なことはしていないんだ。ただ，しかるべき時に，しかるべき場所にいただけなんだ」と主張した。幸運の女神が，実際の失敗だけでなく，空想上の失敗にも由来している差恥心や自尊心の喪失から彼を守っていたのである。
　　彼は4人兄弟の長男として生まれたが，2歳下の妹が彼の早期の人生にひとつの大きな役割を果たしていた。彼の誕生日の前日に妹が生まれたことが，子ども時代を通して彼の不満の源になっていた。なぜなら待望の妹の誕生祝いが，

いつも翌日の彼の誕生祝いの影を薄めてしまい，彼は妹より自分は大切ではないんだと感じていたからである。彼はそのうち，自分の自己評価が被った手痛い打撃を慰めるために，より発達した知的・肉体的技能を使って，妹に屈辱を与え，彼女を泣かす方法を見つけた。彼はこれらの挑発的な行為を母親の目を盗んでやり続け，妹が赤ん坊のように泣きわめいて叱られても，彼は叱責をまぬがれていた。同時に彼は一人息子として，自分は母親のお気に入りの存在と感じており，母親が自分の側につくように操作でき，どんな言い合いでも自分を守ってもらえると思っていた。しかし父親との関係は，もっとアンヴィバレントなものだった。かつて順調だった父親の仕事は，患者が8歳だった大恐慌の時代に失敗した。今や父親は，彼の兄の手に委ねられた親族会社の大して重要でもないポストに甘んじなければならなくなったのである。両親のどちらの側の伯父たちと比較しても，患者の父親はやさしくて知的でもあったが，実際に彼の役に立ってくれる父親ではなかった。さらに父親が青年期に病弱で学校を中退していたことも，父を理想化したいという患者の欲求の妨げになっていた。こうした家族間の布置の結果，患者は不十分な自己構造のままで青年期に入ることとなった。あまりに早く，あまりにも突然の父に対する失望は，彼の太古的な理想化自己対象欲求が適切に発達することを阻害し，自己を壊れやすい状態のままで理想と価値の極にとどまらせたのである。彼は，必要な理想化自己対象の応答性の源泉となる強い男性を，学校の教師たちの中に探し求めた。彼はいつも漠然と，いとこや友人たちよりも自分は劣っているという感覚を抱いていたが，一方で，人には知られていないが実は自分は知的に人よりずっと優れている，という自己イメージをもっていた。この自己イメージは彼の母親が鼓舞し，創り上げたものだった。母親はこれまで，彼の社交的不器用さを非難したことはなく，逆に将来の彼の専門家としての成功を心に思い描いて，それを強く確信していることを彼に言って聞かせていたのである。しかしその後，彼の現実感覚が発達し，母親の中の彼への偶像視にひびが入ってきていることに気づかざるをえなくなった彼は，必要な鏡映自己対象機能を，幸運の女神という彼独自の解釈の中に移し代えたのである。

現実の錯覚的解釈

われわれはここで，患者の父親に対する失望に由来した理想化自己対象の機能不全から，最初は母親が果たし，後には代償的構造としての幸運に象徴されるような，補正的な鏡映自己対象機能へと移行が生じていることに気づくだろ

う。ここから彼は，特殊で歪んだ現実の解釈を構築したのである。この代償的構造は，彼を多くの困難から魔法のように助けたが，それはまた彼の傲慢さを強め，彼に不利益をもたらす結果にもなっていた。彼は，周囲と自分との関係を繰り返し無視していたからこそ，幸運と彼が呼んでいる特別な守りの中に自分がいるという確信をもち続けることができたのだといえる。私のこの患者と同様に，前出のクリスの患者も，自分自身をよりよく感じるのに必要な自己イメージにもっとも適合した体験を過去の経験の中から選びだし，彼独自の心的現実を創っていた。こうした行為を，現実についての錯覚的解釈の創造と呼ぶことにしたい。被分析者は（そして，人はすべて）そのような錯覚を，絶対的真実として体験しているのである。

現実か錯覚か：クリスの概念「個人的神話」の再検討

これまでの討論では，人が現実と呼ぶものの変遷と主観的な性質に焦点を当ててきた。古い諺をもじって言うならば，ある人の現実は他の人にとっては錯覚であるといえるだろう。エルンスト・クリス Ernst Kris（1956）は，これらの問題の検討に重要な貢献を残している。ここで，彼の「個人的神話 personal myth」の概念を，精神分析的自己心理学の枠組みによる臨床理論の視点から再検討してみることは適切なことだろう。以下のクリスの記述（1956, pp.297-98）にも明らかなように，「現実」や「錯覚」だけでなく，「記憶」さえも，個人の心理的な欲求に応じて，その個人によって創造されたものなのである。

> ……伝統的に幼児性健忘と呼ばれる時期には，選択的な特徴が存在している。すなわち，そこには自己体験は存在しているが，その時期に獲得される現実検討識や技能，概念化，あるいは情報などの影響は除外されているのである。自己が関係するすべての領域において，記憶は自叙伝的 autobiographical なものとなる。また広い意味での自律性はまだ十分に確立されておらず，歪曲をおこす影響も決してなくなってはいない。こうして想起記憶は欲求や感情と結びついたままになっているのである。(Kris, 1956, pp.297-98)

184 第2部 治　療

隠蔽記憶

　フロイトは，「隠蔽記憶」(1899) の中で，忘れられたものよりも，憶えられているものに焦点を当てた。クリスが「個人的神話」の中で示唆したように，フロイトは記憶を再構成 recasting することの目的について以下のように示唆している。

> ……詳しく検討すれば，記憶は偽造される傾向をもっている。すなわち，それらの傾向は，嫌で不快な印象を抑圧したり，置き換えたりする目的に役立っていることが明らかなのである。(Freud, 1899, p.322)

　しかし，記憶の中から自叙伝的な自己イメージを作っていくプロセスを再検証するにつれて，フロイトの次のコメント (1899) は，ますますその重要性を増してくるだろう。

> とりわけ，次のような点があると言わねばならない。すなわち，重要であり，また疑う余地のない子ども時代の光景を思い出す中で，たいてい人は自分自身を子どもとして見ているのであり，その子どもは自分自身であることを認識しているということである。しかし，これは，その状況から外に出て，観察者として外側からそれを見ているのであって，……そのような情景の記憶は，もともとの印象を正確に反復しているはずがないことは明らかである。その時，人は，子ども時代のその状況の真っ只中にいたのであって，自分自身に注意を向けていたのでもなく，また，外界に注意を向けていたわけでもないのである。
>
> 　記憶の中で，その人自身がこのように，たくさんの対象のうちのひとつとして現れている時はいつでも，行為する自己と思い出している自己との間に著しい差異があることを示しており，それはもともとの印象がその後に作り直されている証拠といえるかもしれない。(Freud, 1899, p.321)〈ウルフ訳〉

心的現実と客観的現実

　このフロイトのコメントが意味しているのは，その人自身がいくつかの対象のうちのひとつとして現れているような自叙伝的な記憶はすべて，後からさらに付け加わったものだったに違いなく，したがっていろいろな意味で，それは

第 12 章　分析における現実　*185*

もともとの体験とは異なったものであるということである。この観察は，記憶
されている当の体験が本当はどうだったのかを「その場の外からの観察者」な
ら正確に描写できるという可能性に，疑問を投げかける。ここに，心的現実
対 客観的現実という重要な問題が生じるのである。フロイトは，記憶の中に
おいてさえ，われわれの心的現実は不快な印象を排除し抑圧するという目的に
沿った形で体験されるだけでなく，外的世界と現実検討識がわれわれに課して
くる，いわゆる客観的現実にも沿ったものとしても体験されるため，われわれ
は心的現実の記憶の想起を常に抑圧している，とはっきりと述べている。これ
らの二つの現実は，われわれの注意と関心を二分し合うが，どちらが真実でど
ちらが誤りかは，どんな基準をもってしても示すことはできないものなのであ
る。

現実を選択すること

　絶対的な真の現実など存在しておらず，心的空間や心的時間におけるさまざ
まな位置から観察している観察者の数だけ，多くの現実が存在していると考え
られるので，われわれは，自分の「現実」を選択し，それを定義しなければな
らない。「古典的」な精神分析的解釈と自己心理学的な解釈との違いは，せめ
ぎ合っている多くの現実の中から異なった現実が選択されているがために生じ
ている，というのが私の考えである。クリスの解釈は，客観的現実を外部の観
察者が捉えたものとしてできるだけ厳密に見出そうとする試みといえる。一方，
自己心理学的な解釈は，患者の体験している現実をできるだけ厳密に見出そう
とする試みである。それはちょうど 2 人の観察者が，同じ景色を違う場所から
違う種類の望遠鏡を通して見ている状況に相当する。彼らが見ている異なった
眺めは同じであるはずがなく，またどちらも間違ってはいない。このようにわ
れわれは観察する手段，つまり理論を選択しなければならないのである。

　しかし，普通，われわれは自分が現実を選択していることに気づいていない。
なぜなら，われわれの感覚や記憶は直接的に体験されており，それらは非常に
強力で自明のことなので，われわれはおめでたいことに，自分自身の選択と対
立する他の見方はすべて誤りだと思うのである。フロイト（1899）もまた，外
部の観察者にとっての現実を，彼の真実の規準として選択していたといえる。

子ども時代のたくさんの重要な体験の記憶の中で，同種の非常にはっきり
としたすべての記憶の中にも（たとえば，大人の想起記憶によって）確かめ
れば偽造されたものだったことがわかるものもある。（Freud, 1899, p.322）

フロイトの選択

たとえばフロイトが上記のように「偽造 falsification」（p.322）という言葉
を使う時，あるいはクリスが，彼の被分析者との関係の中で「二重性 duplici-
ty」（p.276）という言葉を使う時，そこにわれわれは，観察者の真実に対する
フロイトの強い思い入れ commitment を，そしてクリス（1956）の例で言え
ば，観察者のモラルに対する強い思い入れを見ることができる。フロイト
（1914）は，子どもに向けられた愛情深い親たちの態度を検討する中で，はっ
きりと彼の現実の選択について述べている。彼は，親たちの強迫的な態度を以
下のように指摘している。

> 親は強迫的に，子どもに完全性を求めようとする。そこには冷静な観察を
> 行う余地はない。子どもの欠点にはすべて目が伏せられ，隠され，忘れ去ら
> れる。……病気も，死も，楽しみの断念も，自分自身の意志に加えられた制
> 限も，子どもには関係のないことである。自然の法則さえも，子どものため
> に棄却される。子どもは，再び創造の中心，あるいは中核となるのである。
> つまり，われわれ自身もかつて自分のことをそのように想像していたように，
> 子どもは「赤ん坊陛下」なのである。（Freud, 1914, p.91）

中核にある主観的体験

フロイトは，外部の観察者なら皆そう考えたように，彼の観察した親の子ど
もへの態度は「節度ある観察」とはまったく対照的なものであり，それは子ど
もへの親の過大な評価から生じていると考えた。しかしまたフロイトは——
「かつてわれわれも自分自身でそのように空想していたように」——赤ん坊の
体験を，創造の中心や中核に存在するものとして認めてもいたのである。

ここで，赤ん坊の至福に充ちた万能感の体験，あるいは大人の患者の万能的
な力の体験について少し考えてみよう。われわれはそのような相手の万能的な

主張に対して，どのような態度を取るべきなのだろうか？　そうした主張が，転移の中で言動としてないしは行動で表現されているにせよ，こちらが共感的にただ推測したものに過ぎないにせよ，われわれはそのような相手の主張に対してどのような態度を取るべきであろうか？　あるいは，彼らのその確信の根拠を検証するのだろうか？　あるいは，彼らの自己認知や確信が意味するものを明らかにしようとするのだろうか？　そして，われわれが真実の規準として選択している特定の現実の見方によらない態度を，われわれは本当に取ることが可能なのだろうか？

分析者の選択

　あらゆる意識的，無意識的動機がそうであるように，たとえ被分析者の知覚や確信が，彼らの体験，偏見，そして当てにならない記憶によって形作られていたとしても，われわれはそれらを真実として受け止めることが可能であり，またそうしなければならないと私は考えている。われわれは被分析者の真実を受け容れなければならないのである。なぜなら彼らが真実として体験していることを，われわれが真実として受け容れることによってのみ，われわれはこの真実の意味を見定めていく分析的対話を始めることができるからである。すなわち，この真実が絶対的なものではなく，それがどのような文脈で体験されたかによって変わりうる相対的なものであるということが，分析者だけでなく被分析者にとっても明らかにされるような分析的対話が，そこから始まるのである。こうして体験は，さまざまな見地から見直され，評価されることのできる地平へと開かれるのである。

　被分析者に対する分析者の共感的スタンスは，生活体験全体に対する被分析者の共感的スタンスになる。被分析者が他の人とは異なった真実を体験しているかもしれないことを認識させるために，分析者が彼らを教育しようとすることは，まさにぴったりのタイミングの時には適切かもしれないが，ほとんどの場合，彼らはすでにそれを知っており，そうした分析者の教育的努力を自分の知性への侮辱として受け取るかもしれない。実際の過去は，それがどのように起こり，どのように体験されたかを，高い信頼性をもって確かめることは不可能なので，その状態をそのまま認め，今，語られていることを，それを語って

いる人の現在の心の状態が語られているものとして捉えることが必要となる。「赤ん坊陛下」という言葉は，赤ん坊の自己の現在の状態をわれわれに伝えている。同様に，深い無力感を訴える被分析者も，そうした彼の自己の状態をわれわれに伝えているのである。自分がスーパーマンであるという確信をわれわれの前で行為化して表している被分析者も，何らかの彼の自己の状態についてわれわれに伝えようとしているのである。真実についてわれわれが抱いている規準によって他の人の真実の価値をはかることが，われわれの仕事ではないし，またわれわれの現実に対する見方と一致するように患者の現実への見方を修正するのも，われわれの仕事ではない。われわれの仕事とは，被分析者の状態について集めたすべての情報を使って，彼の自己の状態，自己の表現，そして自己の防衛を彼が認識できるように助け，それが生じた要因をつきとめることを助け，そして自己を変化させ強化するために，彼ができることは何かを彼自身が見つけるのを助けることである。こうして自己が強化されれば，壊れやすい統合性を守るために知覚を変えねばならないという必要性がより減少することが想定できる。実際，分析プロセスが自己の強化を導くにしたがって，自叙伝的イメージを含む被分析者の現実の知覚に徐々に変化が生じ，それはまた外部の観察者の現実ともより調和したものになっていくのを，しばしば観察することができるのである。

適切な現実

自己心理学では，真実に関する被分析者の体験を，被分析者の真実として選択しようと試みる。「試みる attempt」と言わねばならないのは，他人の体験には直接的に接近することはできないものだし，代理の内省，すなわち共感によっても，ぼんやりとしかつかめないものだからである。われわれは，偏ることなしに自己の状態を内省することの難しさを知っている。また自己や他者についての推論は，外部の観察者の真実のような，豊富で詳細で明確な証拠となるようなデータを欠いている。しかし科学的な証拠が不足していることが，そのまま，それが虚偽であることを意味するわけではない。中心的な問題は，信頼のおける再現性 reproducibility がどれだけあるかということではなく，目の前のその問題にそれが適切かどうかである。客観的な観察における真実より

も，むしろ主観的体験における捉えどころのない真実を追及することをわれわれが選択するのは，それが精神分析的な作業により即応し，適切であるという確信に基づいているからである。われわれが分析している患者たちの大多数は，彼らの周りの現実を教えてもらうことなど望んではいないし，また彼が周囲からどのように見られているかを教えて欲しいとも思っていない。そうではなくてわれわれは，患者が抑圧し拒絶してきた早期の体験を，不完全ではあるが蘇らせ，意識化させようと試みる。そうすることによって，自己や他者についての知覚は修正され，今ここで再演される re-enacted ことを通して，彼ら自身の姿が明らかになるからである。このことを行うためにわれわれは，外部の観察者から見れば錯覚とされるような患者の現実の中に，入り込んでいかねばならないのである。

科学的客観性

われわれは，患者の体験における現実を受け容れる態度と同じ態度で，患者の「個人的神話」に近づいていかねばならない。私は以前の著書（Wolf, 1980-1981）において，われわれ精神分析家は，客観的な科学者のハードな真実だけでなく，芸術家のソフトで，より主観的な真実も把握せねばならないことを明らかにしようとした。科学的なものの見方を教育されてきた懐疑的な世間の人々に，後者の真実を説明するのは容易なことではない。しかしそのことは後者の真実の価値をいささかも傷つけるものではない。結局われわれは，科学者が証明することのできないことを誤りとしてラベルするという，現代という時代の偏見を避けなくてはならないのである。われわれには，コレリッジ Coleridge が「疑いの念を自ら一時保留すること」と呼んだ詩的信念 poetic faith が必要なのである。科学的客観性と詩的信念は相反するものではない。それらは統合的，あるいは弁証法的にむすびつくことで，人間の一生に光をあてることができるのである。

観察されるものへの観察者の影響をコントロールできるとする客観性という理想は，物理学において重要であるのと同じように，精神分析においても重要である。物理学においても，日常の生活のマクロな構造を扱っている際には，これらの影響は非常に微量なので，大して重要ではないものとして無視するこ

とができる。観察者の影響が重要になるのは，素粒子のようなミクロな構造を観察している時だけである。この点に関して，精神分析においてはどうだろうか？　コフート（1977, p.31n）は，観察者の観察されるものへの影響に関して，臨床でのやり取りは，物理学の素粒子の領域における観察と類似していることを示唆している。

絶対的真実か，相対的真実か

しかしフロイト（1933）は，それとは異なった見方を取っていた。彼にとって真実とは絶対的なものであり，相対的なものではなかったのである。

> 普通の人々は，普通の世界観の中で，一種類の真実しか知らない。彼らはより高次の，あるいはもっとも高次の真実が何であるのかを想像することができない。真実は，彼らにとって死と同じように不変不動のもののようである。そのため彼らは，美から真実へと飛躍することができない。おそらくあなた方も私と同じように，彼らがこうなるのは仕方のないことだ思うだろう。（Freud, 1933, p.172）

誇大的錯覚

先ほど私が報告した，幸運の神話を自叙伝の中で創り出した被分析者は，フロイト（1908b）が初期の頃の論文の中で言及した「想像上の人物」のことを思い出させる。作家アンツェングルーバーが創作したシュタインクロッパーハンス[訳注]なる人物も，「どんな災いも私には降りかからない」と豪語し，あらゆる危険の存在を嘲笑している。

> この自分だけは絶対大丈夫だというところから，われわれはただちにかの「自我皇帝陛下」（His Majesty the Self）のことを，そしてあらゆる白昼夢や小説の主人公のことを思いつくだろう。（Freud, 1908, p.150）〈ウルフ訳〉

フロイトが後に「赤ん坊陛下」（1914）と呼んだ，この「自我皇帝陛下」は，

訳注）シュタインクロッパーハンスとは，日本の昔話に登場する「力太郎」に類似した男子の呼び名のことである。

外部の観察者から見れば錯覚に過ぎない，現実の体験の典型である。実際にそれを体験しているおのおのの見方からすれば，それらはどれも正しいといえる。問題は，現実の見方を一方が他方に押しつけようとする時に起こる。相手の知覚を疑問視することは，少なくとも相手に不安を起こさせ，最悪の場合は相手に破壊的な作用を及ぼすことになるのである。

発達的側面の考察

コフート（1978, p.438）は，トロロープの小説『バーチェスターの塔』の中から，母親と乳児の間の恍惚とした喜びに満ちた関係について書かれた描写を引用している。母親と乳児の相互の讃え合いは，まさしく無上の幸福の体験と呼ばれるものに通じている。この時，赤ん坊はどんな考えや意図ももち合わせてはいないし，母親もよく考えればそんなことはないとわかっているが，この体験全体は，自分たちは他に類を見ない卓越した存在であるという錯覚の体験に相当する。赤ん坊陛下（Freud, 1914, p.91）という言葉は，次のような意味で適切な言葉といえる。すなわち，母親が「私たちは一緒よ。世界で一番かわいい子どもと，もっとも完璧なお母さんよ」と乳児にささやきかける瞬間に，2人は自己－自己対象ユニットとなって，誇大的な錯覚の中に自ら進んで入っていくのである。このような誇大的で錯覚的な体験は，自己と自己評価が正常で健康に発達するために必要な条件であると私は確信している。親が現実に傾斜しすぎると，現実の世界を知らねばならないという名目のもとに，子どもの小ささや弱さ，傷つきやすさ，欠点などを，子ども自身に突きつけることとなり，自分について誇張された信念を抱いている子どもに，それらを暴露することになるだろう。このようにして発達途上の自己が潰され，害されると，将来に自己障害という結果を招くことになるのである。科学的実験が生み出す価値，すなわち冷やかでハードな事実は，科学的な真実の素晴らしい産物だが，それは人生という人間的な特質を創造するには全体として不適当なものなのである。

錯覚の偏在性

もし，精神分析的な雰囲気が傷ついた自己の癒しを促すなら，上記の考察が

192 第2部 治　　療

当てはまるに違いない。フロイトが絶対的真実に傾倒したことが，逆に創造的
で治癒につながるプロセスの中に，彼の豊かな洞察のすべてが取り入れられて
いく妨げになったのではないかと思われる。乳児の錯覚の世界は，実際，子ど
もにとって，自分という確固とした感覚が確立されるために絶対に必要な現実
であり，大人もまた自分が効果的に機能するために必要な錯覚を，いくらか心
に抱いていることをフロイトは認識していなかったのである。これらの中でも
っとも普遍的なものは，不死の錯覚である。確かにわれわれはみな，自分はい
つか必ず死ぬことを「知って」いる。しかし実際，死に近づきつつある人は別
にして，私はこの存在をめぐる認識を，今まさに体験された生きた現実として
抱えている人にいまだかつて出会ったことがない。外部の実際の世界という現
実をどれだけ信じ，受け容れ，その世界で行動を制御させていようとも，われ
われの心的現実は，それとはまた別に存在し続けているのである。他の人には
錯覚であることが自分にとっては真実となるような心的現実の中で，われわれ
は生きており，また自らの正気さを危険にさらしてまでも，現実を拒否するこ
ともあるのである。しかしフロイト（1908b）は，子どもは遊びやファンタジ
ーの世界を現実としっかり区別していると考えた。

　　遊んでいる子どもは ……非常な真剣さをもってファンタジーの世界を創
　造している。すなわち，一方で子どもはファンタジーの世界を現実からはっ
　きりと分離させながら，大量の情動をそこに投入しているのである。
　（Freud, 1908, p.144）

錯覚からの現実の分離

　しかし，現実と錯覚の区別は，フロイトが考えたほどはっきりとはしていな
いと私は考えている。この世界にある，手に触れ，目に見える物は，自己対象
機能をもっている。それらの自己対象機能によって，物は，われわれの自己の
一部となり，われわれのもとに戻ってくる。時に，それらは，われわれに新た
な全体性を与えてくれる。子どもが大人になるにしたがって，人は，自分の外
側に現実が存在し，自分の内側にファンタジーやイマジネーション，すなわち，
錯覚の世界が存在していることを，他の人々との調和を保ちながらますます確

信するようになる。しかし，人は，自分のもっとも深い部分，つまり，中核自
己における現実の中で生きていることをもはや知らず，あるいは普通そのこと
を忘れているのである。

　被分析者たちが自叙伝的に語る自己イメージは，隠された性愛と攻撃性を満
たすためのものに過ぎず，結局われわれが扱っているのは偽造された二重の構
造であると考えることが，被分析者を正当に扱っているとは私にはとても思え
ない。患者がわれわれに明かす「個人的神話」は，壊れやすい自己の表現なの
であるから，それらは敬意をもって大切に扱われなくてはならないものなので
ある。

第 13 章

終　　結

　深層心理学的な治療の終結については，数多くの疑問が生じてくる。いつ終結の準備は整うのか？　終結はどのように行われるべきなのか？　終結のプロセスに特徴的な現象にはどのようなものがあるのか？（Shane & Shane, 1984）

　分析者と被分析者が，通常 2，3 年の長い歳月をかけて共に作業を成功裏に続けることができたならば，自己を強化するという目的がおそらく達成されて，終結の問題が出てくるだろう。ここでの終結とは，正式な週 4，5 回の分析セッションが終わることを意味している。しかしながら分析が成功していれば，ある意味で分析プロセスは，被分析者の中で自己分析の形を取って続いていくだろう。それはもちろん分析者の中においても同様である。実際に，その人の残りの人生において，自己による自己の分析が持続していくなら，それは分析体験が成功であった証しである。その意味で分析に終結はないといえるだろう。

　しかしここでわれわれは，分析者と被分析者の正式な分析セッションの終結のことを考えている。彼らは正式な分析関係を，いつ，どんな風に終結するかを，どのようにして決めるのだろうか？　通常，終結の問題を最初にもち出すのは患者の方である。治療を終了にもっていきたいという患者側の適切な願望が，この終結についての話し合いを始める動機づけになるかもしれない。あるいは患者は，治療者が時期尚早に終結をそろそろ考え出しているかもしれないことを怖れて，終結の話をもち出したかもしれない。しかし時には，治療者の方から終結の可能性について切り出すこともあるだろう。なぜなら患者は，治療から適切な利益をすでに得ていても，この安全な関係を手放したくないと思

っていることを治療者はよくわかっているからである。

　もし患者と治療者が，長期に及ぶ満足のゆく建設的な作業関係をもち続けていたなら，彼らは共に，終結に対して抵抗を体験するだろうことを認識しておくことは重要である。経験のある治療者は，不必要に治療を長引かせるどんな無意識的傾向にも気がついて，それを修正する行動を取ることができるだろう。こうして分析者・被分析者双方の自己の構造を強化する自己対象体験が，創造的な分析的対話を続けている両関与者によって引き出されていくのである。それでも，いくらかの不安や抑うつ，葛藤は残ることになるだろう。その人がいかに十分に分析されようとも，それらもまた人生の一部なのである。それでもやはり，自分にとって助けになってきた関係に終止符を打つことに，被分析者は躊躇を覚えるものである。

　私は経験上，被分析者が自己分析にたけてきて，また創造的活動が活発になり，社会的関係においてもやりやすさや満足度が増大することが，終結に向けて進んでいくタイミングの目安になってきた。コフート（1966）は，創造性，共感，自分自身の有限性を見据える能力，ユーモアのセンス，そして英知の出現を，自己愛が変容したしるしと考えた。転移や逆転移の側面は，それらが終結プロセスの適切な開始や進行を妨害する時には，分析される必要がある。

　もし終結について一般的に合意された規準に照らし合わせることができるなら，いつ終結するのかという問いに，容易に答えることができるだろう。治療者の側の規準は，しばしば治療を方向づけている理論によっている面があり，必ずしも患者の目的とは一致していないかもしれない。普通，被分析者は治療に入る時，気分がよくなりたいとか，家族や同僚とうまくやっていけるようになりたいとか，特定の行動や身体的な症状を取り除きたいといった曖昧な治療目的しかもっていないものである。治療過程において，これらの目的のいくつかは達成され変化するかもしれないが，他のいくつかは，依然としてどんな本質的な変化にも抵抗し続けるかもしれないし，あるいは患者にとってその問題の重要性が前より低くなっているかもしれない。

　　30歳後半の弁護士の男性が，クライエントのことでストレスを感じると発作的に怒鳴ってしまうという主訴で，精神分析を受けに来た。これらの自己愛憤

怒のエピソードは，仕事だけでなく，妻との夫婦関係をも脅かしていた。彼は妻が自分の非現実的な期待に沿わないと，妻を蔑視し，冷ややかに扱っていたのである。約4年の分析を経て怒りの爆発は完全になくなり，妻との関係もお互いにずっと暖かく支持的なものになって，彼はそろそろ終結を考えるようになった。分析の中で，彼は自己の傷つきやすさに関係しているある特定の敏感さに気がつくようになった。自己対象としての重要な人物から置いてきぼりにされ，見捨てられるという太古的な怖れは，今やほとんどなくなり，それが症状につながることも滅多になくなっていたが，やはりまだ存在しており，彼はそれを認め，受け容れなければならなかったのである。分析の体験は，彼の自己をさらに強いのものにし，以前のように断片化に脅かされることなく，対処できるだけの十分な洞察をもたらした。終結は，適切で時期を得たものだった。しかし，不安と敵意をさらに軽減させる目的で，分析を続けていくことは可能だったかもしれない。

　患者の考えている治療目的を，必ずしもそのまま採用することはないが，自己心理学的な方向づけをもった治療者は，患者の治療目的に綿密な注意を払う。もし患者が，転移から生じた怖れのために，到達可能な適切な目的に達する前に時期尚早な終結を希望したら，治療者はこれらの怖れを患者に説明し，治療を終了することによって行動化するのではなく，ワークスルーすることを患者に促さなければならない。しかし，そのような説明はいつも成功するとは限らないのである。

　中年の精神科医が，治療を受けにやって来た。患者に対する自分の逆転移反応で，心理療法を適切に行えなくなったためだった。治療が始まって間もなく，彼は自分が他の患者と同額の治療費を請求されたことを知って，怒りを爆発させた。彼は自分が特別扱いされるものだと思っており，治療者から与えられたどんな説明にも不満を感じた。彼は治療が本当に始まる前に，治療を中断してしまったのである。

　この例において治療関係を軌道に乗せる試みが失敗したのは，治療者の逆転移も一役買っていたと思われる。おそらく治療者の自己愛も，患者の厚かましさによって傷つけられたのである。さもなければ彼は，もっと効果的な説明を

第13章　終　　結　197

与えることができたかもしれない。このように患者の側の特定の転移と治療者の側の特定の逆転移が結びついてしまうと，協同的な治療関係は不可能になってしまう。しかし，そうした事態に陥ったことを批難するだけでは何の役にも立たないし，合理的でもないだろう。むしろそのような時は，他の治療者に患者を紹介することがもっとも望ましい。

　ここでもうひとつの例を挙げることにしよう。

　　１年目の分析が終わりに近づいた頃，ある被分析者は，治療者に激しい恋愛転移を発展させていた。彼女は，治療者の関心を激しく求めていたが，一方で，自分はそのような値打ちはないとも感じていたため，自分の恋愛転移に不安と困惑を抱いていた。この時期，治療者が長期休暇の予定を伝えた時に，彼女は次の面接をすっぽかし，さらに電話でその後の面接のすべてをキャンセルしてきた。つまり治療の終結を求めてきたのである。治療者は彼女に，予定していた次の面接に来るように説得した。そしてその時，自分の願いが受け容れられないことによる困惑の感情があまりにも激しくつらいために，自分が治療者から離れてしまうことで，これらの感情の源から自分を守ることを彼女は必要としているように思える，と治療者は彼女に説明した。次の週，患者と治療者はワークスルーを十分に行うことができ，早過ぎる終結を避けることができたのである。

　すでに述べたように，終結に関する治療者の規準は，彼らがどのような理論的枠組みで治療を行っているかに影響される。自己心理学の見地からすれば，治療者は，自己のまとまりと境界と活力を守るために取られる防衛的戦略に頼ることが，より少なくて済むようになるところまで，患者の自己を強化しようとするだろう。自己の弾力性が増し，傷つきやすさが減少すると，自己はもっと自分自身を表現できるようになり，より思い切って行動できるようになるのである。

　　治療を開始してから６年後，３人の子どもの母親である被分析者は，もはやかつてのように，子どもへの怒りをコントロールできなくなって，子どもを傷つけてしまうのではないかという恐れを抱かなくなっていた。彼女は，周囲の

人が自分に関心を示してくれないという体験をした時，自分が軽んじられ，脅かされたと感じることに対して，いかに傷つきやすいかを分析の間に気づいていった。同様の感情は，たびたび転移の中でも体験されることとなった。分析者からの波長の合っていない反応によって，同様の感情が喚起され，それは，ほとんど外傷的なほどの激しさを呈したが，その起源は，子ども時代の外傷的体験に遡るものだった。分析者は常に，被分析者のこれらの断絶した体験に適切な説明を加えることで，こうした転移関係を協力的な関係に修復させた。そして，そのようにして獲得された自己の堅固さによって，患者は有害な関係を避け，応答的な関係のために自分の人生を再構成することが少しできるようになったのである。その結果，彼女はより穏やかに，より強く，より無力感を感じなくなり，自己愛憤怒を前より体験しなくなった。また彼女は，芸術的で創造的な趣味を再び始めるようになり，それに大きな満足を見出すようになった。自分を慰めてくれる反応への欲求は減少したが，なくなりはしていなかった。しかし防衛的に人から距離を取ることはなくなり，彼女は自分に必要な応答的体験をもてるようになった。避けようのない欲求不満は，今や彼女をより穏やかに，より強くした。彼女はコントロールをなくすことなく，よりよく対処できるようになったのである。

　患者と治療者が，ひとたび正式な治療関係を終結することに同意したら，彼らは最適なタイミングを決定することができる。ほとんどの場合，終結する期日は，終結すること自体にまつわる強い不安をとくにワークスルーするために，数カ月後に設定するのが賢明である。終結の期日が近づいてくるにしたがって，ある程度の動揺やその恐ろしい日が来るのを延期したいという願望に気づくだろう。ほとんどの場合，最初に決めた期日を変更しない方がおそらく望ましいが，時に，それも柔軟に考えることが，もともとの終結の期日を決めた際の誤りを修正したり，新たに生じうる不測の状況を考慮しやすくなるだろう。

　患者の多くは，何らかの形で，分析終結後も治療者とコンタクトが取れる必要性を感じている。臨時の面接予約ができるように電話をかけたい患者もいれば，必要な時には，治療者に連絡を取ってもいいと思いたいだけの患者もいるのである。適切な応答的関係を大切にするという精神に基づくならば，治療者とコンタクトが取れることを奨励するのは適切なことなのである。

文　献

Agosta, L. (1984). Empathy and intersubjectivity. In: *Empathy I*, ed. J. Lichtenberg, M. Bornstein, & D. Silver. Hillsdale, NJ: Analytic Press, 1984, pp. 43-61.

Alexander, F. (1958). Unexplored areas in psychoanalytic theory and treatment—Part II. In: *The Scope of Psychoanalysis*. New York: Basic Books, 1961, pp. 326-331.

———— (1961). *The Scope of Psychoanalysis*. New York: Basic Books.

Angyal, A. (1941). *Foundations for a Science of Personality*. New York: Commonwealth Fund.

Atwood, G., & Stolorow, R. (1984). *Structures of Subjectivity*. Hillsdale, NJ: The Analytic Press.

Bacal, H. (1985). Optimal responsiveness and the therapeutic process. *Progress in Self Psychology*, Vol. 1, ed. A. Goldberg. New York: Guilford Press, pp. 202-227.

Basch, M. F. (1983). Some theoretical and methodological implications of self psychology. In: *The Future of Psychoanalysis*, ed. A. Goldberg, New York: International Universities Press, pp. 431-442.

———— (1986). Can this be psychoanalysis? In: *Progress in Self Psychology*, Vol. 2., ed. A. Goldberg, New York: Guilford Press, pp. 18-30.

Beebe, B., & Lachmann, F. (1988). Mother-infant mutual influence and precursors of psychic structure. In: Frontiers in Self Psychology: *Progress in Self Psychology*, Vol. 3, ed. A. Goldberg. Hillsdale, NJ: Analytic Press, pp. 3-25.

Brandchaft, B. (1986). British object relations theory and self psychology. In: *Progress in Self Psychology*, Vol. 2., ed. A. Goldberg, New York: Guilford Press, pp. 245-272.

Broucek, F. (1979). Efficacy in infancy: A review of some experimental studies and their possible implications for clinical theory. *International Journal of Psychoanalysis*, 60:311-316.

Demos, E. V. (1988). Affect and the development of the self: A new frontier. In: *Frontiers in Self Psychology: Progress in Self Psychology*, Vol. 3, ed. A. Goldberg. Hillsdale, NJ: Analytic Press, pp. 27-53.

Ellenberger, H. F. (1970). *The Discovery of the Unconscious*. New York: Basic Books.

Fairbairn, W. R. D. (1944). Endopsychic structure considered in terms of object-relationships. In: *An Object-Relations Theory of Personality*. New York: Basic Books, 1952.

Fenichel, O. (1945). *The Psychoanalytic Theory of Neurosis*. New York: W. W. Norton.

Freud, S. (1895). Case histories. *Standard Edition*, 2:21-181.

文　　献　201

―― (1899). Screen Memories. *Standard Edition*, 3:303-322.
―― (1900). The Interpretation of Dreams. *Standard Edition* 4 & 5.
―― (1905a). A Case of Hysteria. *Standard Edition*, 7:15-122.
―― (1905b). Three essays on the theory of sexuality. *Standard Edition*, 7:130-243.
―― (1908). Creative writers and daydreaming. *Standard Edition*, 9:142-153.
―― (1913a). Zur Einleitung der Behandlung. *Gesammelte Werke*, 8:454-478. Frankfurt a/M: S. Fischer, 1945.
―― (1913b). The disposition to obsessional neurosis. *Standard Edition*, 12:317-326.
―― (1914). On narcissism: An introduction. *Standard Edition*, 14:73-102.
―― (1920a). Beyond the pleasure principle. *Standard Edition*, 18:7-64.
―― (1920b). A note on the prehistory of the technique of analysis. *Standard Edition*, 18:263-265.
―― (1921). Group psychology and the analysis of the ego. *Standard Edition*, 18:69-143.
―― (1926). The question of lay analysis. *Standard Edition*, 20:183-250.
―― (1933). New introductory lectures on psychoanalysis. *Standard Edition*, 22:7-128.
Galatzei-Levy, R. (1988). Manic-depressive illness· Analytic experience and a hypothesis. In: *Frontiers in Self Psychology: Progress in Self Psychology*, Vol. 3, ed. A. Goldberg. Hillsdale, NJ: Analytic Press, pp. 103-142.
Gedo, M. (1980). *Picasso: Art as Autobiography*. Chicago: University of Chicago Press.
Gedo, J., & Pollock, G. (eds.) (1976). *Freud: The Fusion of Science and Humanism*. New York: International Universities Press.
Gill, M. (1982). *Analysis of Transference*. Vol. 1. New York: International Universities Press.
―― & Hoffman, I. (1982). *Analysis of Transference*. Vol. 2. New York: International Universities Press.
Goldberg, A. (ed.). (1978). *The Psychology of the Self: A Casebook*. New York: International Universities Press.
―― (ed.). (1980). *Advances in Self Psychology*. New York: International Universities Press.
―― (ed.). (1983). *The Future of Psychoanalysis*. New York: International Universities Press.
―― (1985). The definition and role of interpretation. In: *Progress in Self Psychology*, Vol. 1. New York: Guilford, pp. 62-65.
Grünbaum, A. (1984). *The Foundations of Psychoanalysis*. Berkeley: University of California Press.
Guntrip, H. (1961). *Personality Structure and Human Interaction*. New York: International Universities Press.
Hartmann, H. (1950). Comments on the Psychoanalytic theory of the ego. In: *Essays on Ego Psychology*. New York: International Universities Press, 1964, pp. 113-141.
Hendrick, I. (1942). Instinct and the ego during infancy. *Psychoanalytic Quarterly*, 11:33-58.

—— (1943). Work and the pleasure principle. *Psychoanalytic Quarterly*, 12:311–329.

Jones, E. (1954). *Hamlet and Oedipus*. New York: Doubleday.

Kohut, H. (1959). Introspection, Empathy and Psychoanalysis. In: *The Search for the Self*, ed. P. Ornstein. New York: International Universities Press, 1978, pp. 205-232.

—— (1966). Forms and transformations of narcissism. In: *The Search for the Self*, ed. P. Ornstein. New York: International Universities Press, 1978, pp. 427-460.

—— (1968). The Psychoanalytic Treatment of Narcissistic Personality Disorders. In: *The Search for the Self*, ed. P. Ornstein. New York: International Universities Press, 1978, pp. 477-509.

—— (1971). *The Analysis of the Self*. New York: International Universities Press.

—— (1972). Thoughts on Narcissism and Narcissistic Rage. In: *The Search for the Self*, ed. P. Ornstein. New York: International Universities Press, 1978, pp. 615-662.

—— (1976). Creativeness, Charisma, Group Psychology. In: *The Search for the Self*, ed. P. Ornstein. New York: International Universities Press, pp. 804-823.

—— (1977). *The Restoration of the Self*. New York: International Universities Press.

—— (1978). *The Search for the Self: Selected writings of Heinz Kohut: 1950-1978*, Vols. 1 & 2, ed. P. Ornsteinn. New York: International Universities Press.

—— (1982). Introspection, empathy and the semi-circle of mental health. *International Journal of Psychoanalysis*, 63:395-407.

—— (1984). *How Does Psychoanalysis Cure?* Chicago: University of Chicago Press.

—— (1985). *Self Psychology and the Humanities*. ed. C. Strozier. Chicago: University of Chicago Press.

—— & Wolf. E. S. (1978). The disorders of the self and their treatment. *International Journal of Psychoanalysis*, 59:414-425.

Kris, E. (1956). The personal myth. In: *The Selected Papers of Ernst Kris*. New Haven: Yale University Press, 1975, pp. 272-300.

Leider, R. (1983). Analytic neutrality. *Psychoanalytic Inquiry* 3:665-674.

Lichtenberg, J. (1983). *Psychoanalysis and Infant Research*. Hillsdale, NJ: Analytic Press.

—— (1989). *Psychoanalysis and Motivation* (in preparation).

Lichtenberg, J., & Kaplan, S. (eds.). (1983). *Reflections on Self Psychology*. Hillsdale, NJ: Analytic Press.

Meyers, S. (1988). On supervision with Heinz Kohut. In: *Frontiers of Self Psychology; Progress in Self Psychology*, Vol. 4, ed. A. Goldberg. Hillsdale, NJ: Analytic Press.

Miller, J. (1985). How Kohut actually worked. In: *Progress in Self Psychology*, Vol. 1, ed. A. Goldberg. New York: Guilford Press, pp. 13-30.

Miller, J., Sabshin, M., Gedo, J., Pollock, G., Sadow, L., & Sclessinger, N. (1969). Some aspects of Charcot's influence on Freud. In: *Freud: The Fusion of Science and Humanism*, ed. J. Gedo & G. Pollock. *Psychological Issues*, 34/35. New York: International Universities Press, 1976, pp. 115-132.

Montaigne, M. (1588). Of anger. In: *The Complete Essays*, trans. D. Frame. Stanford: Stanford University Press, 1958, pp. 539-545.

Murdoch, I. (1953). *Sartre: Romantic Rationalist*. New Haven: Yale University Press.

Ornstein, P., & Ornstein, A. (1985). Clinical understanding and explaining: The empathic vantage point. In: *Progress in Self Psychology*, Vol. 1, ed. A. Goldberg. New York: Guilford Press, pp. 43-61.

Oxford English Dictionary, Compact Edition. (1971). Oxford: Clarendon Press.

Papousek, H. (1975). Cognitive aspects of preverbal social interaction between human infants and adults. In: *Parent-Infant Interaction* (CIBA Foundation Symposium). New York: Associated Scientific Publishers.

Pollock, G. (1968). Josef Breuer. In: *Freud: The Fusion of Science and Humanism*, ed. J. Gedo, & G. Pollock, *Psychological Issues*, 34/35. New York: International Universities Press, 1976, pp. 133-163.

Richfield, J. (1954). An analysis of the concept of insight. *Psychoanalytic Quarterly*, 23:390-408.

Rycroft, C. (1968). *A Critical Dictionary of Psychoanalysis*. New York: Basic Books.

Sander, L. (1983). To begin with—Reflections on ontogeny. In: *Reflections on Self Psychology*, ed. J. Lichtenberg & S. Kaplan. Hillsdale, NJ: Analytic Press.

Sandler, J. (1976). Dreams, unconscious fantasies and "identity of perception." *International Review of Psychoanalysis*, 3:43-47.

Sartre, J.-P. (1938). *Nausea*. New York: New Directions, 1964.

Schwaber, E. (1979). On the "self" within the matrix of analytic theory—Some clinical reflections and considerations. *International Journal of Psychoanalysis*, 60:467-479.

——— (1984). Empathy: A mode of analytic listening. In: *Empathy II*, ed. J. Lichtenberg, M. Bornstein, & D. Silver. Hillsdale, NJ: Analytic Press, pp. 143-172.

Shane, M. (1985). Summary of Kohut's "The Self-Psychological Approach to Defense and Resistance." In: *Progress in Self Psychology*, Vol. 1, ed. A. Goldberg. New York: Guilford Press, pp. 69-79.

——— & Shane, E. (1984). The endphase of analysis: Indicators, functions, and task determination. *Journal of the American Psychoanalytic Association*, 32:739-772.

Stepansky, P., & Goldberg, A. (eds.). (1984). *Kohut's Legacy: Contributions to Self Psychology*. Hillsdale, NJ: Analytic Press.

Stern, D. (1974). Mother and infant at play: The dyadic interaction involving facial, vocal and gaze behavior. In: *The Effect of the Infant on its Caregiver*, ed. M. Lewis & L. Rosenbaum. New York: Wiley.

——— (1984). Affect attunement. In: *Frontiers of Infant Psychiatry*, Vol. 2, ed. J. D. Call, E. Galenson, & R. L. Tyson. New York: Basic Books.

——— (1985). *The Interpersonal world of the Infant*. New York: Basic Books.

Stolorow, R. D., & Lachmann, F. (1980). *Psychoanalysis of Developmental Arrests: Theory and Treatment*. New York: International Universities Press.

Stolorow, R., Brandchaft, B., & Atwood, G. (1987). *Psychoanalytic Treatment: An Intersubjective Approach.* Hillsdale, NJ: Analytic Press.

Strachey, J. (1934). The nature of the therapeutic action of psychoanalysis. Reprinted in: *International Journal of Psychoanalysis,* 1969, 50:275-292.

Strozier, C. (1985). Glimpses of a life: Heinz Kohut (1913-1981). In: *Progress in Self Psychology,* Vol. 1, ed. A. Goldberg. New York: Guilford Press, pp. 3-12.

Tolpin, M. (1971). On the beginnings of a cohesive self. In: *Psychoanalytic Study of the Child,* Vol. 26. New Haven: Yale University Press, pp. 273-305.

———— (1986). The self and its selfobjects: A different baby. In: *Progress in Self Psychology,* Vol. 2, ed. A. Goldberg. New York: Guilford Press, pp. 115-128.

Tolpin, P. (1980). The borderline personality: Its make-up and analyzability. In: *Advances in Self Psychology,* ed. A. Goldberg. New York: International Universities Press, pp. 299-316.

Weissman, S., & Cohen, R. (1985). The parenting alliance and adolescence. *Adolescent Psychiatry,* 12:24-45.

White, R. W. (1959). Motivation reconsidered: The concept of competence. In: *Psychological Review,* 66:292-333.

Winnicott, D. W. (1954). Metapsychological and clinical aspects of regression within the psychoanalytical set-up. In: *Collected Papers.* New York: Basic Books, 1958, pp. 278-294.

Wolf, E. S. (1976a). Ambience and abstinence. *Annual of Psychoanalysis,* 4:101-115.

———— (1976b). Recent advances in the psychology of the self: An outline of basic concepts. *Comprehensive Psychiatry,* 17:37-46.

———— (1978). The disconnected self: Modern sensibility in the writings of Kafka, Sartre and Virginia Woolf. In: *Psychoanalysis, Creativity and Literature,* ed. A. Roland. New York: Columbia University Press, pp. 103-114.

———— (1979). Transference and countertransference in the analysis of the disorders of the self. *Contemporary Psychoanalysis,* 15:577-594.

———— (1980a). The dutiful physician: The central role of empathy in psychoanalysis, psychotherapy and medical practice. *The Hillside Journal of Clinical Psychiatry,* 2:41-56.

———— (1980b). Introduction to "Self psychology and the concept of health." In: *Advances in Self Psychology,* ed. A. Goldberg. New York: International Universities Press, pp. 133-135.

———— (1980c). On the developmental line of selfobject relations. In: *Advances in Self Psychology,* ed. A. Goldberg. New York: International Universities Press, pp. 117-130.

———— (1980-1981). Psychoanalytic psychology of the self and literature. *New Literary History,* 12:41-60.

———— (1982). Comments on Heinz Kohut's conceptualization of a bipolar self. In: *Psychosocial Theories of the Self,* ed. B. Lee. New York: Plenum, pp. 23-42.

———— (1983). Empathy and Countertransference. In: *The Future of Psychoanalysis,* ed. A. Goldberg. New York: International Universities Press, pp. 309-326.

———— (1984a). Disruptions in the treatment of disorders of the self. In: *Kohut's*

Legacy, ed. P. Stepansky & A. Goldberg. Hillsdale, NJ: Analytic Press, pp. 143-156.

—— (1984b). The inevitability of interaction. *Psychoanalytic Inquiry,* 4:413-428.

—— (1985). The search for confirmation: Technical aspects of mirroring. *Psychoanalytic Inquiry,* 5:271-282.

—— Gedo, J., & Terman, D. (1972). On the adolescent process as a transformation of the self. *Journal of Youth and Adolescence,* 1:257-272.

—— & Wolf, I. P. (1979). We perished, each alone: A psychoanalytic commentary on Virginia Woolf's *To The Lighthouse. The International Review of Psychoanalysis,* 6:37-47.

付録 1

薬物治療

　この精神薬理学的な薬物の使用に関するディスカッションは，急速に進歩しているこの領域を，あくまで精神分析家の観点から取り上げたものである。したがってこれは，どんな精神薬理学の専門的見識にも基づいておらず，あくまで心理学的な原理にのみ基づいたものである。薬の指示や薬理学，投与量に関して，精神分析的な治療者は，適切な資格のある精神科医と協力して仕事をするように教育されている。

　心理療法，あるいは精神分析と並行して薬物を使うことについては，治療者の中ではっきりと意見が分かれている。一方の人々は，明らかに心理的な病だとわかっている場合には，どんな薬物の使用も，治療プロセスの適切な展開を妨げるため，勧められないものだと考えている。さらに，薬物を治療者が処方することは，転移関係を歪曲する可能性があると考えている。なぜなら，薬物を処方する治療者は，観察された精神力動的プロセスの協同解釈者という治療者の役割を逸脱して，いくぶん魔術的で，親のような行動を取っているように見なされうるからである。

　他方，おそらく心理療法家の大半は，薬物の並行的処方が心理療法のプロセスを脅かすというのは理論上の話で，実際はそんなことはないと考えているようである。心理療法の中で，患者に薬を処方するというのは，かなり一般的に行われていることであり，治療者だけでなく，多くの患者がそれを助けになると感じているというのが私の印象である。

　私は自分の心理療法の実践においてはもとより，精神分析の実践においても，自分のアプローチを，その患者ひとりひとりに合わせて作る（tailor）ように

している。全体的な方向性としては，私は薬理学的な方法よりも心理学的な方法を用いることを好む。しかし精神薬理学的な薬物の使用が，心理的な努力を支え，促進する場合がある。たとえば抑うつの患者の中には，抗うつ剤によって症状がいくらか軽減されなければ，心理療法的作業をしようにも，努力することができない患者がいる。同様に慢性の不安をもつ患者は，治療が抗不安薬によって補われている時には，治療によりよく反応するだろう。これは，さまざまな恐怖症的な症状の患者にとくに当てはまる。しかし薬理学の目ざましい進歩を考えると，精神分析的な実践と精神薬理学的な実践の両方において，ひとりの治療者が最新の情報に通じている状態であり続けるのは不可能なことである。したがって一般的に，薬の使用が勧められる時には，心理療法と並行して使用するにせよ，それを心理療法的な作業の代わりにするにせよ，私は精神薬理学が専門の同僚と相談しつつ協力して治療を進めるか，あるいは患者を同僚にリファーしている。

　多くの患者は，自分が服用している薬剤に独特の意味合いを付与しているものである。患者の中には服薬を，治療者から特別なケアや関心を向けてもらうためのあかしとして体験している患者がいる。また他の患者は，どんなに役に立つ薬でも，心の中に侵入してくるものとして非常に懐疑的に見ており，薬で彼らの自己の統合が脅かされると感じている。彼らは，自分の思考プロセスがまだ自分自身のものかどうかを心配しているというよりも，むしろ苦痛や不快感をそこで体験しているのである。このような患者の混乱した考えは，まったく非合理的で，治療者にとっては現実から程遠いものであるが，それでも患者の体験は尊重されなければならない。安全性に関する懸念，たとえば自殺や他殺の恐れや他の危険な行動化の防止のために，強制的な介入が必要となる場合でなければ，患者の希望に反して，薬を服用するよう患者に強制的圧力をかけるべきではない。そのような場合，治療者の行動が，妄想の発展をより促進させてしまい，これから先のどんな心理療法的な協同作業も困難になってしまう可能性があることを治療者は認識しておかねばならないだろう。

付録 2

第三者関係

　精神分析的な治療は，人格のより深い層に徐々に浸透していくプロセスである。必然的に，患者のもっとも心の奥にあるプライベートな考えや感情，ファンタジーは，ある程度限定されてはいるが，治療者のそれと共に，分析的な治療プロセスを促進させる素材となっていく。その中で患者は，自分の心の奥の生活が誰かの軽蔑にさらされる可能性や，自分自身に自己非難の矢が向くことを恐れている。われわれはこれまでの章で，どのように抵抗が生じるのか，そして治療状況が関与者の2人に隠し立てなく明らかにされた時，抵抗を乗り越えるための雰囲気が作り出され，適切な解釈を行うための骨の折れる努力がいかになされるかを見てきた。そこでの第三者の介入は，治療プロセスの発展にとって計ることのできない障害となりうる。通常，大人の治療においては，第三者の介入は可能な限り避けられる。

　第三者からの心理療法や精神分析的作業への干渉は，治療者と患者の双方を共に困惑させる。そうした干渉によって，必要なセッションの回数が取れなくなったりセッションが中止されたりする際，その悪影響は明らかである。精神分析的方法で治療が成功するには，そのために必要とされる強い感情の動員を促すのに十分な面接頻度が許されていなければならない。患者は，初めて現れた記憶やそれにまつわる連想を，共感的で理解ある治療者と話し合えるという保証がある場合にだけ，心の痛みをともなう自己探究を行うことができるのである。深層心理学的な治療に関心をもち，心理学に関する教養のある人でさえも，セッションを週2回から週4，5回に増やすことが，しばしば心理療法の成否を分けることを理解するのは難しい。しかしこれは，すべての患者が精神

分析で治療されるべきだということを意味していないし，またすべての患者に週4，5回会う必要があるという意味でもない。私の経験では，週に3回面接すれば，よい分析的作業ができる人たちがいると思う。いずれにせよ作業の頻度と継続性と濃密さが増せば，その効果はさらに高まるだろう。

　保険会社は，ますます患者の診断と治療に関する詳細な情報を求めてきている。この侵入行為は，医者－患者関係の守秘性を脅かし，治療プロセス自体への脅威となる。心の奥底にある考えや感情が他人の前であからさまにされる恐れを乗り越え，治療者にそれらを表すことができて初めて，心理療法的な努力は価値ある成果を納めることができるのである。したがって守秘性が保持されない時は，治療的営みそのものが危機にさらされる。私は今までのところ守秘性を破ることなく，保険会社の求めに適切に応じて質問書に回答してきた。しかし守秘性を破るよう治療者にプレッシャーがかけられると，警戒心や抵抗が呼び起こされ，それらがいっそう強まってしまうように思われる。

　親や配偶者，友人，または雇用者といった第三者も，守秘性を破るよう治療者にプレッシャーをかけてくることがあるかもしれない。彼らは通常，治療者がその要求に従えば，治療プロセスにどれだけ破壊的な効果を及ぼすかを認識していない，悪気のない人々である。守秘性を破ることは有害であるだけでなく，多くの患者たちは，治療者と他の人との間で自分のことが話題にされることに不安を感じるだろう。患者が大人である場合，治療プロセスを展開させ続けるために，あるいは治療プロセスを確立させるために，治療者は，患者の友人や家族との接触を，避けられない最小限のものだけに留めておくことが必要なのである。

自己心理学の用語解説

競争的攻撃性 Competitive Aggressiveness

自己の満足という目標を阻止している障害を，力をもって克服することを目的とする，潜在的には激しい攻撃性のひとつの形態である。競争的攻撃性は，欲求不満が克服されると自然に消滅する。

効力感の欲求 Efficacy Need

効果的な行為者，すなわち自己対象反応を引き出すことができる発動者として，自己を体験したいという欲求である。関連する「**効力感の快** efficacy pleasure」は，自分が相手に効果的な影響を及ぼす体験を通して，強化された自己を強く意識するところから生じると考えられる。

共感 Empathy

コフートによると，代理の内省 vicarious introspection と同義である。それは，他者の体験の中に自分自身が入って感じることにより，相手の心理的状況に接近していくプロセスである（フロイトの Einfuehlung（1913a）を参照のこと）。共感によって精神分析的なデータを獲得していく際の信頼性は，潜在的な逆転移による歪曲の可能性を注意深く自己モニターすることだけでなく，共感を適切にコントロールして使う訓練や経験によっている。共感は同情や優しさと混同されてはならない。また共感は感情的な態度でもない。それは純粋にひとつのデータ収集の方法なのである。

自己愛憤怒 Narcissistic Rage

自己対象が自己の継続的なまとまりや存在を脅かすものと体験された時，とくにこの自己への脅威が自己に無力感を抱かせる時に，その邪魔をする自己対象を破壊することを目的とした，潜在的には激しい攻撃性のひとつの形態である。自己愛憤怒は，自己への脅威が消失しても消えることはない。むしろそれは燻りながら後に残り，些細な現実あるいは刺激を知覚することによって，激しい怒りが再び爆発する下地となる。しかし別の自己対象によって共感的に理解され，それを信頼し受け容れることができた時には，自己愛憤怒は徐々に消滅していく。

自己愛転移 Narcissistic Transference

自己対象転移 Selfobject Transference を見よ。

自己 Self

コフートによれば，人格の核を指す深層心理学的概念である。自己はさまざまな構成要素から成っている。それらは遺伝的因子と，自己対象をめぐる早期の体験を含む環境的因子とが相互に作用し合う中で，ひとつに溶け合って，まとまりと持続性を有するひとつの構成態となるのである。おのおのの自己は，ひとつの歴史，すなわち過去，現在，未来を有している。時を経て存続していくユニットである自己は，ひとつの心理的構造として，規則的にゆっくりと発達していく。人格の核となる自己の属性として，自己はイニシアティブの中心であり，さまざまな印象の受け手であり，そして中核をなす野心，理想，才能と技量に関する特定の布置の器となっている。これらの属性は，自己推進的，自己主導的，自己維持的なユニットとして機能するよう自己を動機づけ，それらを可能にする。こうして自己は，その人の人格にとって中心となる目的を提供し，その人の人生に意味の感覚を与える。さまざまな野心，技能，目標のパターン，それらの間の緊張，それらが創り出す行動プログラム，そして，その結果としての，その人の人生を形作る活動，それらのすべてが，時空間において継続的なものとして体験され，その人に，自分は独立したイニシアティブの中心であり，独立した印象の受け手であるという，自分自身である感覚 sense of selfhood を与えるのである。

自己の構成要素 Constitution of the Self

自己は以下の三つの要素からなっている。(1) 力と承認を得たいという基本的な欲求 strivings が生まれる極。(2) 導きとなる理想を保持している極。(3) 上記の二つの極の間に生じる緊張弧で，基本的な才能と技量を促進するもの。コフートは最初自己という言葉を使った時，野心の極と理想の極という自己の二極構造を強調するためと，他の文献に出てくる自己とそれを区別するために，**双極性自己** bipolar self という表現を用いた。

しかし自己が，それ自体の発達レベルや構造の状態に応じて，いくつかの特徴的属性をもっていることがわかってきたので，自己心理学は以下のようなさまざまな**タイプ**の自己の概念や自己の状態を描写するようになった。

- **虚像としての自己** the virtual self とは，親の心の中にある新生児の自己のイメージである。このイメージの如何によって，親が，まだ可能性として潜在しているにすぎない新生児の自己に対して，どのように応じていくかが左右される。このように親が新生児に自己があるかのように対応することによって，これらの潜在的な自己が形をなしてゆき，その結果，生後2年の間にまとまりのある構造としての自己が出現するのである。これを**中核自己** nuclear self と呼んでいる。
- **まとまりのある自己** the cohesive self は，正常で健康に機能している，相対的に凝集性の高い構造をもった自己を指している。
- **誇大自己** the grandiose self は，至福の喜びをもって，自らをすべての存在における万能的な中心として体験する，早期の幼児的な顕示的自己を表している。
- **断片化した自己** the fragmented self は，自己対象反応の失敗や退行促進的な状況に由来する，自己の凝集性の低下を表している。それは，断片化の度合いによってマイルドな不安をともなう当惑から，自己構造の全般的喪失につながるようなパニックまで，ひとつの連続線上でさまざまな程度に体験される。

自己心理学の用語解説 *213*

- **空虚な**自己 the empty self は，自己の存在とその自己主張に対して，歓喜をもって反応してもらう体験が欠如していることに由来する，自己のエネルギーの枯渇から生じる活力の喪失と抑うつを表している。
- **負担過重の**自己 the overburdened self は，万能的な自己対象が有する落ち着き calmness に自己が融合する機会をもてないできたために，自己を慰める能力が不十分なままとなっている。
- **刺激過剰の**自己 the overstimulated self は，子ども時代における自己対象の非共感的な過剰反応や発達的に不適切な反応の結果，過剰な情緒的反応や興奮状態を起こしやすい傾向をもっている。
- **バランスを欠いた**自己 the imbalansced self とは，自己の主な構成要素のうち，二つを犠牲にして，ひとつだけを過剰に強調することによって，何とか自己のまとまりを維持している状態にある。そのうちのひとつの形は，相対的に価値の極が野心の極に比べて弱いために，価値の極から生ずる適切な導きがなく，そのため野心が病的に強くなる場合である。二つ目の形は，価値の極が過剰に強すぎて，罪悪感に悩まされたり過剰に抑制されている場合である。三つ目は，それぞれの極自体が比較的弱く，生得的な才能や習得された技量が生じる二極間の緊張弧が，過剰に強調されている場合である。この三つ目の場合のバランスを欠いた自己は，たとえば自分自身の個人的野心に欠き，また倫理的な価値の問題に対しても正常な関心を欠いたまま，完璧な技術の完成だけに自分の一生を捧げようとするような技術的専門家を生み出すことになる。このようなバランスを欠いた自己には，外見上は正常な「組織人間」から精神病様のアドルフ・アイヒマンまで，さまざまな段階があるといえる。

自己心理学 Self Psychology

ハインツ・コフートと共同研究者たちが，自己愛と自己に関する精神分析的概念をより精密にして，発展させたものである。自己心理学は，自己の構造の変遷と，それと関連した主観的な意識的，無意識的な自分についての体験の変遷に力点をおくところに特徴がある。自己心理学は，以下に示す個人の欲求を，人間心理のもっとも根本的な本質と考えている。それは，すなわち（1）自分

の心理的体験を，ひとつのまとまりある形態，つまり自己に組織化する欲求であり，もうひとつは（2）この自己と，自己の構成要素である構造的な凝集性，勢いある活力，バランスある調和を喚起，維持，強化する機能を有している環境との間に，自己支持的な関係を築き上げる欲求である。

　自己心理学の研究領域は，一般的な精神分析の領域，すなわち深層心理学の研究と同一の領域にある。この領域の方法論の特徴は，代理の内省 vicarious introspection，すなわち共感（定義を参照）を用いることにある。つまり，データ収集のプロセスにおいては，他の観察法も用いながら，とりわけ関与者として関わるのである。人間に関する他の科学の知見と矛盾しない整合性や，理論や仮説の概念的な明確さや，データ評価における科学的基準との厳密な照合性などに固執することは，科学的な正当性や体裁，公認性を保証することを目的とした教義にすぎないのである。

自己対象 selfobject

　この用語は，自己の構造化につながる形態，機能，または特定のタイプの関係を有する関与者や対象などを表すのに，しばしばあいまいに使われている用語である。厳密に定義するなら，自己対象は，自己でも対象でもない。それは自己−維持的機能に関する**主観的**な側面のことであり，自己と対象の関係がこの機能を担っている。対象は，その存在と活動によって，自己と自分らしさ selfhood の体験を喚起し，維持するのである。したがって自己対象関係とは，精神内界 intrapsychic における体験のことであって，自己と他の対象との間の実際の対人相互的 interpersonal な関係のことではない。それは自己を支えるために必要なイマーゴに関する体験を意味しているのである。

　特定の**タイプ**の自己対象との関係は，それらに特有の機能に言及することで描写することができる。

・**幼児的**自己対象 infantile selfobject は，通常，早期の乳幼児期に自己を支えている自己対象である。しかし，これらの幼児的自己対象への欲求が慢性化，あるいは大人になってから復活した時，ある程度病理性をともなう**太古的**自己対象 archaic selfobject と呼ばれることになる。

自己心理学の用語解説 *215*

・**鏡映**自己対象 mirroring selfobject は，自己が受け容れられ，自己の素晴らしさ，良さ，完全さが確証されるような体験を提供することによって自己を支える。

・**理想化**自己対象 idealizable selfobject は，理想化された自己対象がもつ落ち着き，力，英知，そして良さに自己が融合する体験を与えることによって自己を支える。

・**分身**自己対象 alter-ego selfobject は，自己が他者の自己と本質的に似ていると感じる体験を提供することによって自己を支える。

・**対立**自己対象 adversarial selfobject は，自己が反対の立場を取りながら前向きに自己主張してくるのを許すことを通して，自己がイニシアティブの中心であるという体験を提供し，それによって自己を支える。

自己対象障害 Selfobject Disorders（自己障害 Self Disorders とも呼ばれる）
コフートによって提唱された障害。これらの障害の特徴は，自己の凝集性，活力，調和の達成において重大な失敗が生じていることや，それらがまだしっかりと確立されておらず，これらの質に重大な喪失が生じているところにある。自己対象障害の主要な臨床的診断カテゴリーは，自己対象の応答性の失敗から二次的に派生した損傷 damage が，自己の構造的な統合性や強さに及んでいることを意味している。これらの損傷の結果，自己の構造的な凝集性，活力，調和が損なわれ，そこから以下のような状態が現れる。

・**精神病** Psychosis では，自己の受けた損傷は深刻で，永続的あるいは長期に及ぶものであり，それらを防衛する構造をもってしても，その欠損 defect を補うことができない自己対象障害である。一般的に，自己に損傷を与える心理学的な病因と結びつくような生得的な生物学的傾向の存在が，不可欠の前提として想定される。

・**境界状態** Borderline States では，自己の損傷は深刻で，永続的あるいは長期に及ぶものであるが，その欠損が行動上や体験上に表れるのは，複雑な防衛によって覆い隠されている。

・**自己愛行動障害** Narcissistic Behavior Disorders では，自己の損傷は一時

的なものであり，適切な精神分析的治療を通して修復可能である。症状は，策略的な行動を通して，必要な自己対象体験（たとえば，対人的な関係における慰撫反応）を周囲から引き出そうとする他者変容的 alloplastic な試みであったり，自己対象機能が修復されたという知覚を生み出そうとする企て（たとえば，嗜癖，性的倒錯，非行など）であったりする。

・**自己愛人格障害** Narcissistic Personality Disorders では，自己の損傷は一時的で，適切な精神分析的治療を通して修復可能である。症状は，自己の損傷にまつわる緊張や自己対象機能を修復させる自己変容的 autoplastic な試みにおける緊張（心気症，抑うつ，過敏性，関心の喪失など）を表している。

・**抑うつ** Depressions を，コフートは次の三つのタイプに分類している。

前言語的抑うつ preverbal depression：根源的な外傷に関連した無気力や，死んでいるような感覚 sense of deadness や，蔓延した怒りに表れる。

空虚抑うつ empty depression：喜びに溢れた自己対象反応の欠如の結果生じた自尊心や活力の枯渇である。それは，自己が存在している世界を，野心も認められず理想もない世界として体験することにつながる。

罪悪感抑うつ guilt depression：非現実的に高まった自己否定や自己批判が蔓延した状態での抑うつである。これは，自己が形成される重要な時期に，理想化された人物の平静さに自分を重ね合わせ，取り入れていくという体験，すなわち理想化された自己対象との融合体験を重ねていく機会を奪われたことによる。

自己対象転移 Selfobject Transference

応答的な自己対象基盤 selfobject matrix への被分析者の欲求が，分析者へと置き換えられ，分析者に向けられることである。自己対象転移には，太古的な幼児的自己対象欲求が退行的に変形した形で再動員されることから生じている部分と，現在の年齢や発達段階に相応した自己対象欲求から生じている部分と，分析者や分析状況への反応の中で動員された自己対象欲求から生じている部分とが含まれている。自己対象転移は，分析者への直接あるいは暗黙の要求，あるいは，これらの要求への防衛を通して現れる。自己対象転移は，以下のよう

なタイプに分けることができる。

- **融合転移** Merger transference は，自己を拡張して，分析者を自己の中に取り込むことを通して，発達早期の（自己）対象との同一化を再現することである。たとえば融合転移は，分析者がイニシアティブの中心とはならず，患者の片腕のようになって，患者のイニシアティブに従属することを期待することに現れている。時に，それには，患者が自分の欲求や考えをはっきりと言葉に出していなくても，分析者は，それを知っているものとして，ピッタリと波長を自分に合わせてくれると期待することも含まれている。

- **鏡転移** Mirror transference という言葉は，融合転移，分身転移，そして鏡転移の三つを総称するものとして，理想化転移と対比した形でコフートが使用した言葉である。これらの中の真性の鏡転移とは，自己対象基盤によって自己が受け容れられ，承認されるという発達早期の欲求の再現を指している。真性の鏡転移は，自分が認められ，誉められ，賞賛されることを患者が分析者に要求することの中に現れている。自己対象転移，融合転移，分身転移，理想化転移も参照のこと。

- **分身転移** Alter-ego transference とは，自分に似た誰かに出会って，その人に自分が理解されたい，そしてまた自分もそのような人を見出して，その人を理解したいと願う，潜伏期の欲求の再現である。コフートは最初，分身転移を鏡転移のうちのひとつのタイプとして分類したが，その後，それを独立したひとつのタイプの転移として強調するようになった。分身転移は，一般に，容貌や振舞い，外見，考え方において，分析者に似ていたいという欲求として現れる。発達的に，分身自己対象との関係は，想像上の遊び相手というファンタジーに通じるものであり，また才能や技量の獲得においても，それは重要なものである。

- **理想化転移** Idealizing transference は，落ち着いていて，強くて，賢くて，よい自己対象と融合したいという欲求の再現である。それは，分析者の人格や価値観への多少大げさな賞賛として現れたり，逆にこの転移への防衛となって，分析者を見下げるような行動が長期化したり，あからさまにな

って表れたりする。

・**創造性の転移** Transference of creativity とは，創造的な人物が，大きな創
造的仕事に取りかかっている時，ある特定の自己対象と融合することを求
める一時的な欲求に対してコフートが名づけた転移である。フロイトが
『夢判断』（1900）を執筆している期間，フリースを必要としたことが，
その例に当たるだろう。

分割 splitting

コフートによれば，自己は垂直あるいは水平に分割される。**水平分割**におい
ては，心の奥底から生じる痛みをともなった空想や受け容れがたい考えは，意
識の外に排除される。たとえば，自己についての誇大的空想は，自己が現実に
さらされることで傷つくことから自己を守るために，水平分割を通して抑圧さ
れ続けるかもしれない。しかしそのような人は，そのために，慢性的に自分自
身を劣った，弱い，抑うつ的な人間として体験するかもしれない。**垂直分割**に
おいては，外的現実の知覚が否定されたり，否認されたりする。たとえば，愛
する人が死んだことを意識的には知っているが，垂直分割によって，そのこと
をしっかり認識することは否定して，喪失の衝撃から自分を守ろうとするかも
しれない。そしてその結果，その人はまるで，その愛する人の死という出来事
が，まったく起こっていないかのように行動するかもしれない。

変容性内在化 Transmuting Internalization

自己−自己対象交流がもたらす機能の諸側面が，適量の欲求不満から生じる
プレッシャーのもとで内在化されていく，構造形成プロセスのことを指すコフ
ートの用語である。

訳者あとがき

　本書は，アーネスト・ウルフ Ernest S. Wolf, M.D.による "TREATING THE SELF: Elements of Clinical Self Psychology"（The Guilford Press, New York, London 1988）の全訳です。原題は『自己を治療する——臨床的自己心理学の要綱——』ですが，本訳書では『自己心理学入門——コフート理論の実践——』としました。本書は，自己心理学の基本概念から実際の治療実践までが明快に大変わかりやすくまとめられた，優れた概説書であり臨床書だと思うからです。

　著者のウルフは，自己心理学の創始者ハインツ・コフートが終生そこに身をおいたシカゴ精神分析研究所でコフートと共に自己心理学の研究と発展に貢献し，現在も活躍し続けているコフート派の精神分析家です。彼はコフートとの共著論文も発表しており，またコフートの盟友だったことでも知られています。

　ウルフは 1920 年，ドイツで生まれています。その後，アメリカに渡って 1950 年にマリーランド大学医学部に入学し，オハイオ州のシンシナティー総合病院で精神科レジデントを終え，1955 年からはノースウエスタン大学で学生精神保健管理部の長を務めながら，シカゴにて精神分析のプライベート・プラクシスを始めています。そして 1962 年からはコフートが活躍していたシカゴ精神分析研究所で分析のトレーニングを開始し，ノースウエスタン大学助教授，シカゴ精神分析研究所講師，シカゴ社会心理研究センター副所長を歴任して，1974 年に訓練分析家の資格を取得しています。ウルフはその後，自己の心理学に関する論文を次々と発表しています。コフートとウルフの共著論文「自己の障害とその治療 The Disorders of the Self and Their Treatment」が国際精神分析学会誌に発表された 1978 年は，ちょうどシカゴで第 1 回自己心理学年次総会が開催され，自己心理学が名実共に古典的正統

派精神分析からの独立を確立した記念の年でした。そのわずか3年後にコフートは世を去りますが，その後もウルフは数々の研究を発表しながら，現在も自己心理学会の重鎮のひとりとして精力的に活躍しています。このようにウルフは，コフートのすぐそばにいて自己心理学の発展の歴史に参画し，彼の治療の真髄を体験的に知っているコフートの後継者のひとりであり，自己心理学の臨床的な入門書の著者としては，まさにふさわしい人物だと思われます。本書はすでに1993年にイタリア語，1996年にドイツ語に訳出されています。

　しかし本書は，自己心理学の優れた概説書であるだけに留まらず，ウルフ独自の理論的展開と深い臨床的洞察が随所に盛り込まれています。たとえばウルフは，映し返し，理想化，分身，融合への欲求にさらに「対立への欲求」と「効力感の欲求」を付け加え，さまざまな自己対象欲求がライフサイクルに沿ってどのように変化していくものかを明確に示しています。また，自己心理学的な治療が患者に治癒をもたらすメカニズムの中心として考えられている「自己対象転移の断絶－修復プロセス」については，それを四つの段階に分けて具体的にわかりやすく詳説しています。「分析における現実」の章では，"現実とは何か"という心理療法の最先端のテーマについて，「共感」とからませながらエキサイティングな議論を展開しています。

　昨今は，心理療法のどのような要素が患者に治癒をもたしているのかという，心理療法における効果性や治癒因子 curative factor についての研究が，国際的に盛んになっています。心理療法の目的とはどのようなものであるべきかについても，現在，さまざまな議論が生じています。21世紀に入り，心理療法の本質についてあらためて問い直す動きが活発化しているといえるでしょう。そうした問題に対して，自己心理学はこれまでになかった新しい視点を提示しています。また現代は自己愛の時代といわれますが，自己愛の健康な発達や自己愛病理と治療についての自己心理学の理論は，最近の臨床における患者の理解や一般の人々のメンタルヘルスを考えるうえで，今後ますます有効なものとして重視され，援用されるようになるだろうと思います。

　本書訳出の経緯について少しふれたいと思います。1993年，私が留学先の米国メニンガー・クリニックから帰国する折に，当時メニンガーでレジデント

をされていた岡野憲一郎先生から記念にいただいた一冊の書物が, 本書でした。読みだしてすぐに, 本書はコフートの自己心理学のポイントが非常にわかりやすくまとめられた, 優れた自己心理学の概説書であると感じました。その後, ことあるごとに何度も読み返していましたが, 今回, 「共感」とコフートの研究で知られる角田豊氏と共に本書を訳出できたことは, 感慨深いものがあります。

　訳語に関しては, 自己心理学の中心的概念のひとつである mirroring の訳語を統一するかどうかで迷いました。Mirroring は, 訳者によって「映し返し」, 「照り返し」, 「映し出し」, 「ミラーリング」, 「鏡映」などさまざまに訳されています。検討を重ねた結果, 本書では, mirroring が単独で用いられた場合は「映し返し」, mirroring selfobject は「鏡映自己対象」, mirroring experience は「鏡映体験」, mirror transference は「鏡転移」としました。また, 文脈に応じて cohesive は「凝集した」や「まとまった」, response は「反応」や「応答」に訳し分けました。Interpersonal は, 対人関係の相互交流の意味を強調して「対人相互的」としました。Ambience は, 主観的に体験された環境という意味で「雰囲気」と訳しました。また「調律する」と訳されることのある attune は「波長を合わせる」としています。第3章のサルトルの『嘔吐』の引用部分の訳出については, 白井浩司訳の『嘔吐』(人文書院)を参考にしました。その他の訳語については, 先行訳を参考にしました。しかし翻訳上においても表現上においてもさまざまな問題が生じていることと思います。読者の皆様から忌憚ないご意見, ご指摘を頂戴し, 今後さらに訂正を重ねたいと思います。なお翻訳は, 安村が下訳を行っていたものを角田が各章ごとにチェックし, 検討し合いながら, 最終的に安村が全体の調整を行いました。訳出は下訳を始めてから数えると6年の歳月を要したことになります。

　最後になりましたが, 岡野憲一郎先生には序文をいただいた上に, 翻訳に関して数々のご助言, ご指摘をいただくことができました。岡野先生への感謝の思いは筆舌に尽くせません。深くお礼申し上げます。また訳語については, メイヨー・クリニックの丸田俊彦先生, 自己心理学を研究されている和田秀樹先生にご意見を伺いました。出版にあたっては, 金剛出版編集部の山下博子氏, 立石正信氏, 小寺美都子氏に大変お世話になりました。山下氏は

その後退職されましたが，彼女が本書に興味を示していただいたことが出版の幸運に恵まれることにつながりました。小寺氏には訳文全体にていねいに目を通していただき，本書がわかりやすくなるために細部に渡ってご指摘をしていただきました。お世話になりました皆様にこの場を借りて深く感謝申し上げたいと思います。

2001 年，夏

訳者を代表して，安村直己

索　引

あ行

相性の不一致と治療の失敗　130
アイヒマン Eichmann, Adolt　69
アレキサンダー Alexander, F.　126, 158, 174
アンナ・O Anna O.　16, 17
イナイ，イナイ，バーの遊び　78
隠蔽記憶（フロイト）　184-186
ヴァージニア・ウルフ Virginia Woolf　45, 58
ウィニコット Winnicott, D.W.　19
ウイルソン Wilson, Woodrow　44
映し返し／鏡転移　72-74, 148-159
　以前に剥奪されたものの代理としての
　　―　154
　―自己対象　215
　―における太古的な欲求と現在の欲求
　　151
　―の定義　148
　―の利用と誤用　154-159
　―への欲求　163-165
生まれつきか環境か　47
エディプス期　75
エロス　97

か行

『嘔吐』（サルトル）　56, 58
オニール O'Neill, Eugene　58
親イマーゴの脱理想化　76
親になる時期　77

解釈
　転移―　173
　―の定義　122
介入　121, 123
過去から現在への転移　60, 62
カフカ Kafka, Franz　58
カリスマ的リーダー　66
偽造　186
気分変調性障害　116, 144
逆転移　130, 160
　効果性の快　168
　真性の―　169
　反応性の―　169
　被分析者の恐れと―　160
　分析者の傷つきやすさと―　163-164, 167
　弁証法としての―　162
　―と終結　196

―の分類　164-167
―の偏在性　167
救世主的リーダー　60, 66
鏡映自己対象体験　84
境界例/境界状態　41, 116, 215
　　―の退行　142, 143
共感　32, 49-54, 155, 210
　　―と抵抗分析　133
　　―の加工処理機能　50-52
　　―の自己を支える機能　52
　　―の失敗　165
　　―の定義　155
　　―の特徴づける機能　50
凝集性／自己のまとまり　42, 85, 89,
　　116, 125, 152, 211
　　―の定義　24, 26
競争的攻撃性　210
　　→「自己愛憤怒」も参照
虚像としての自己　24, 212
緊張弧　47, 68
空虚な自己　69, 213
クライスト Kleist, Heinrich von, 58
クリス Kris, Ernst　180
　　個人的神話　180, 183-193
　　二重性　186
グループ
　　アラブとイスラエルの葛藤　103
　　団結心　102
　　―自己　102
　　―の自己愛憤怒　102, 104
ゲーテ Goethe, J.W.　15
結婚生活の時期　77
ゲド Gedo, M.　44
健康の定義（コフート）　124
現実
　　心的―と客観的―　184

　　共感的な分析者　187
　　適切な―　188
　　分析における―　171, 193
　　―の錯覚的解釈　182
抗うつ剤　207
好奇心　48
行動化　59, 93, 94
行動にして表すこと（行為化）の定義
　　122
抗不安薬　207
効力感の体験　78-81
　　―の快　210
　　―への欲求　210
ゴーギャン Gauguin, Paul　68
個人的神話　180, 183, 193
誇大自己　212
コフート Kohut, Heinz　18, 24, 26, 34,
　　39, 44, 47, 58, 60, 63, 64, 145, 148, 149,
　　210, 216
　　攻撃性と破壊性　97
　　防衛的構造と補償的構造　132

―――――――さ行―――――――
錯覚と現実の区別　192
錯覚の瞬間（ウィニコット）　20
錯覚の偏在性　191
サルトル Sartre, Jean-Paul　56, 58
シェイクスピア Shakespeare, William
　　15, 58
自我
　　フェアバーンのいう―　19
　　→「自己」も参照
刺激過剰の自己　90, 213
刺激不足の自己　88
自己　38, 39, 42, 43, 67, 69, 81
　　虚像としての―　24, 212

索　引　225

空虚な—　69, 213
グループ—　102
誇大—　212
刺激過剰の—　90, 213
刺激不足の—　88
双極性—　47, 67, 212
　野心の極　68
　理想と価値の極　68
断片化した—　89, 212
中核—　68, 212
調和のとれた—　85
バランスのとれた—　68
バランスを欠いた—　213
負担過重の—　90, 213
弱い—を強くする　118
—の活力　85
—の構成要素　212-213
—の障害　39, 83
—の定義　42, 84, 211-213
—を強くする治療　124
　→「古典的精神分析」も参照
　→「自我」も参照
自己愛　19, 21, 43, 58, 150
自己愛行動障害　87, 94, 215
自己愛人格障害　87, 91, 216
　—の行動パターン　91-93
自己愛転移　154, 211
自己愛憤怒　96, 104, 211
　グループの—　102, 104
　→「競争的攻撃性」も参照
自己心理学
　—における性　144
　—における理論の役目　30
　—の定義　213-214
　—の歴史的展開　18
自己心理学的精神分析

コフートによる展開　39
精神病と境界例に対する—　41
—と社会的問題　63-66
—の起源　63-66
—の臨床における起源　47
　→「古典的精神分析」も参照
自己対象　38, 39, 69-72, 214-215
鏡映—　84, 215
精神内界での—　72
太古的—　118, 214
対立—　215
分身—　85, 215
幼児的—　214
理想化—　72, 84, 215
—機能　69
—基盤　44-45
—障害　215
—体験　24, 28-29, 55, 70-72, 81
　—の発達段階　74-78
　—の発達ライン　71
　精神内界的→「対人相互間」参照
—転移　82, 216-218
　—のタイプ　147-150
—の定義　24
—反応　42
自己対象関係障害　83, 95
　—と行動化　93
　—の精神病理　88-91
　—の性格論　91-93
　—の定義　83
　—の病因論　83-86
　—の分類　86-88
自己対象欲求　72-74
　年齢相応の—　73
　幼児的な—と成熟した—　73
思春期　76

終結 194-198
　患者の治療目標と— 196
　逆転移と— 196
　分析者の理論的枠組みと— 197
修正感情体験 155, 158, 159, 173, 175
情動調律 121
シラー Schiller, Friedrich von 45
人生のプラン 68
精神神経症 88
　—と退行 143-144
　—の古典的症状 17
　—の分類 88
精神病 41, 215
　—と退行 142
精神分析
　社会的な親密さの禁欲 119
　フロイト派と新フロイト派 63, 64
　—における定義 33
　—の困難性 22
　—のデータ 31-33, 49
　—の歴史的展開 15, 21
　—への批判的視点 33
　→「自己心理学的精神分析」も参照
青年期 76
接触回避型人格 93
セルバンテス Cervantes Saavedra,
　Miguel de 15
潜在期 75
双極性自己 67, 212
　—と緊張弧 47, 68
創造性の転移 44, 149, 218
外側からの観察と内側からの観察 49

————————— た行 —————————

退行 55, 59, 141-144
　境界例の— 142, 143

精神神経症と— 143
精神病の— 142
治療的— 141
激しい— 142
—と治療可能性 142
—への恐怖 151
太古的自己対象 118, 214
太古的な乳幼児期 74
第三者関係 208, 209
対象関係論 18, 19
対象の定義 24
対面法 109
対立自己対象 85, 215
　—欲求 73
対立転移 149
代理の内省 34, 49, 188
タナトス 97
『ダロウェイ夫人』（ウルフ） 58
断片化 42, 59, 117
　—と症状 55-59
　—の定義 24, 27
断片化した自己 89, 212
チャーチル Churchill, Winston 65
中核自己 68, 212
中年期 77
中立性 53, 108, 119, 120
治療
　自己を強くすること 124
　—の原則 115-123
　—の失敗 130
　—プロセス 131
　—への動機 62
　—目的 124, 129, 196
治療同盟 53
治療場面設定 107-114
　カウチ 109

→「対面法」も参照
　―における雰囲気　107-110, 118, 127,
　　128, 131, 144-146, 156
DSM-Ⅲ-R　143
抵抗　161
　―分析　132
転移　61, 118, 123, 130, 164
　鏡―　217
　自己愛―　154, 211
　自己対象―　82, 216
　　―のタイプ　147
　創造性の―　44, 149, 218
　対立―　149
　分身―　149, 217
　防衛のための―　152, 154
　融合―　147-148, 217
　理想化―　149, 166, 217
　―解釈　145-146, 173
　―性治癒　53
　―と境界例　86-87
　―と退行　136
　―の修復　137-139
　―の断絶　135, 138
　―の動員　134
　―の偏在性　167
　→「映し返し／鏡転移」の項も参照
洞察
　記述的な―　172
　変容的な―　172
統制　78
『灯台へ』（ウルフ）　58
トーマス・マン Mann, Thomas　58
トロロープ Trollope, Anthony　58, 191

―――――――な行―――――――
内省

代理の―　188
　―と外観　49
ナチス　65, 69
二重性（クリス）　186
乳幼児　79, 80
認識　171-175
　記述的な―　171
　直示的な―　172

―――――――は行―――――――
『バーチェスターの塔』（トロロープ）
　191
バランスのとれた自己　68
バランスを欠いた自己　213
ピカソ Picasso, Pablo　44
ビスマルク Bismarck, Otto von　44
フェアバーン Fairbairn, W.R.D.　19
負担過重の自己　90, 213
フリース Fliess, Wilhelm　149, 218
プルースト Proust, Marcel　58
ブロイアー Breuer, Josef　16-17
フロイト Freud, Sigmund　15-21, 22-23,
　27, 31, 43, 48, 58, 63, 121, 146, 192
　赤ん坊陛下　150, 186, 190
　イナイ，イナイ，バーの遊び　78
　隠蔽記憶　184-186
　狼男　119
　偽造　186
　心的現実と客観的事実　184
　絶対的真実　190-192
　統制について　78
　『夢判断』　149, 218
　―とアンナ・O　16-17
分割　218
分身
　―渇望型人格　92

―自己対象（体験）　75, 77, 85, 215, 217
―転移　148-149, 217
―への欲求　73, 75
分析者
　現実に関する体験の食い違い　175-183
　社会的な親密さの禁欲　119, 120
　分析的現実における―の関与　177
　―の傷つきやすさと逆転移　163-164, 167
　―の中立性　108, 112-114, 119-120, 161
　―の適量の応答性　156
分類の限界　94
分裂病　86, 116, 144
ヘリング－ブロイアー反射　16
『変身』（カフカ）　58
変容性内在化　218
変容的体験を呼び起こすこと　122, 123
防衛的構造と補償的構造（コフート）　132
防衛のための転移　152, 154
ホロコースト　69

──────── ま行・や行 ────────

マードック Murdoch, Iris　58
魔法の神話（症例）　180, 182
メルヴィル Melville, Herman　58
モンテーニュ Montaigne, Michel de, 96
薬物治療　206, 207
野心の極　68
融合渇望型人格　93
融合転移　147-148, 217
ユダヤ－キリスト教文化　20, 43
『夢判断』（フロイト）　149, 218

幼児的誇大感　74, 150, 154, 157-158, 191
幼児的自己対象　214
抑うつ　86, 216

──────── ら行・わ行 ────────

リーダー
　カリスマ的―　66
　救世主的―　60, 66
理解すること　121
理想化自己対象　215
理想化自己対象体験　84, 85
理想渇望型人格　92
理想化転移　149, 166
理想と価値の極　68
リッチフィールド Richfield, Jerome　171
リヒテンバーグ Lichtenberg, J.　79, 80
両親同盟　77
ルーズベルト Roosevelt, Franklin D.　44
老年期　78
ワークスルー　179, 182
ワードワース Wordsworth, William　30
若い成人期　76

■訳者略歴

安村 直己（やすむら　なおき）
1986年，大阪教育大学大学院教育学研究科修士課程修了。臨床心理士，JFPSP認定精神分析的心理療法家。
現在　甲子園大学心理学部現代応用心理学科教授。
著書　「ポスト・コフートの精神分析システム理論——現代自己心理学から心理療法の実践的感性を学ぶ」（共著，誠信書房，2013）など。
訳書　「臨床的共感の実際——精神分析と自己心理学へのガイド」（D. M.バーガー著，共訳，人文書院，1999），「自己心理学の臨床と技法——臨床場面におけるやり取り」（J. D.リヒテンバーグ他著，共訳，金剛出版，2006）

角田 豊（かくた　ゆたか）
1991年，京都大学大学院教育学研究科博士後期課程教育方法学専攻（臨床心理学）修了。博士（教育学），臨床心理士，JFPSP認定精神分析的心理療法家。
現在　京都教育大学大学院連合教職実践研究科教授・京都産業大学文化学部教授。
著書　「共感体験とカウンセリング」（福村出版，1998），「カウンセラーから見た教師の仕事・学校の機能」（培風館，1999），「ポスト・コフートの精神分析システム理論——現代自己心理学から心理療法の実践的感性を学ぶ」（共著，誠信書房，2013）
訳書　「臨床的共感の実際——精神分析と自己心理学へのガイド」（D. M.バーガー著，共訳，人文書院，1999），「自己心理学の臨床と技法——臨床場面におけるやり取り」（J. D.リヒテンバーグ他著，共訳，金剛出版，2006）

自己心理学入門［新装版］
コフート理論の実践

2001年10月25日　初版発行
2016年2月1日　新装版発行
2016年7月20日　新装版二刷

著　者　アーネスト・ウルフ
訳者　安村直己／角田 豊
発行者　立石正信

発行所　株式会社 金剛出版　〒112-0005　東京都文京区水道1-5-16
tel. 03-3815-6661　fax. 03-3818-6848　http://kongoshuppan.co.jp

印刷・製本　株式会社デジタルパブリッシングサービス
http://www.d-pub.co.jp　　　　　　　　　　　　　　　　　AH000

ISBN978-4-7724-1481-4 C3011　Printed in Japan © 2016

自己心理学の
臨床と技法
臨床場面におけるやり取り

［著］=ジョゼフ・D・リヒテンバーグ　フランク・M・ラクマン
ジェームズ・L・フォサーギ
［監訳］=角田 豊

●A5判 ●上製 ●310頁 ●本体 **4,600**円+税

クライエントの自己感に焦点を当てることによって、
アートとしてのセラピーの側面を強調した、
自己心理学技法のプラクティカルな指導書。

ピグル
ある少女の精神分析的治療の記録

［著］=ドナルド・W・ウィニコット
［訳］=妙木浩之

●B6判 ●並製 ●304頁 ●本体 **3,200**円+税

児童分析の大家ウィニコットによる、
ピグルというニックネームをもつ少女の
2歳半から5歳2カ月までの
心理療法記録の全貌。

クライン派の発展

[著]=D・メルツァー
[監訳]=松木邦裕
[訳]=世良 洋 黒河内美鈴

●A5判 ●上製 ●640頁 ●本体 **8,500**円+税

フロイト－クライン－ビオンを読み解き、
観察技法、臨床実践、分析理論をトレースしながら
クライン派精神分析の系譜学を樹立する連続講義。

現代クライン派
精神分析の臨床
その基礎と展開の探究

[著]=福本 修

●A5判 ●上製 ●304頁 ●本体 **4,200**円+税

転移－逆転移、抵抗、夢解釈の概念、
精神病圏、気分障害、パーソナリティ障害、
倒錯などの症例を考察し、
現代クライン派精神分析の臨床的発展を論じる。

新訂増補
子どもの精神分析的
心理療法の経験
タビストック・クリニックの訓練

[著]=平井正三

●A5判 ●並製 ●240頁 ●本体 **3,200**円+税

改訂新版では、初版では不十分であった
わが国での訓練の現状を批判し、
何が必要であるかについて、
著者の考えを述べた章を追加。

スーパーヴィジョンの
パワーゲーム
心理療法家訓練における
影響力、カルト、洗脳

[編著]=リチャード・ローボルト
[訳]=太田裕一

●A5判 ●上製 ●432頁 ●本体 **6,000**円+税

スーパーヴァイザーの
絶対的権力が君臨するスーパーヴィジョンが
本来の意義を回復するための
「創造的スーパーヴィジョン論」。